● 톨스토이, 82세에 죽기 2년 전인 1908년 촬영

● 톨스토이, 21세

● 고향의 서재에서 제자 블라디미로 체르토프와 회견(1909년)(위)
● 고향에서 승마하는 톨스토이(1909년)(아래)

모스크바에 있는 톨스토이의 집

- 톨스토이의 어린 시절 장난감 목마(위)
- 고향의 초등학교 방문(1908년)(아래)

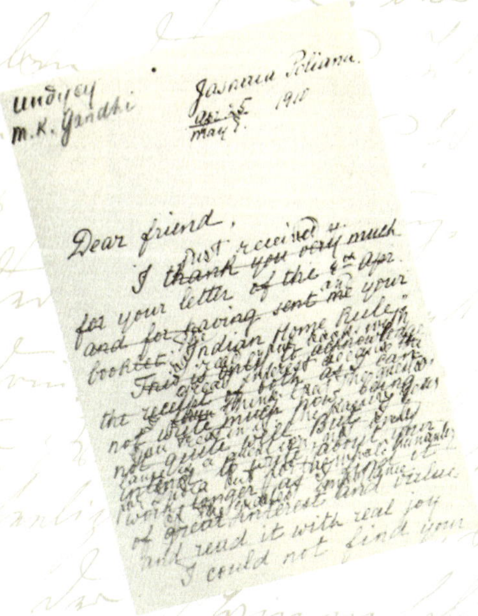

Undyey
M.K. Gandhi

Jasnaia Poliana
Apr 25 1910
May 8

Dear friend,
I just received your letter of the 4th Apr.
and for having sent me your
booklet Indian Home Rule.

[illegible]

of great interest and value.
will read it with real joy
I could not find your

● 남아프리카에서 일하는 변호사 간디에게 보낸 편지(위)
● 가족들과 야유회 사진(68세)(아래)

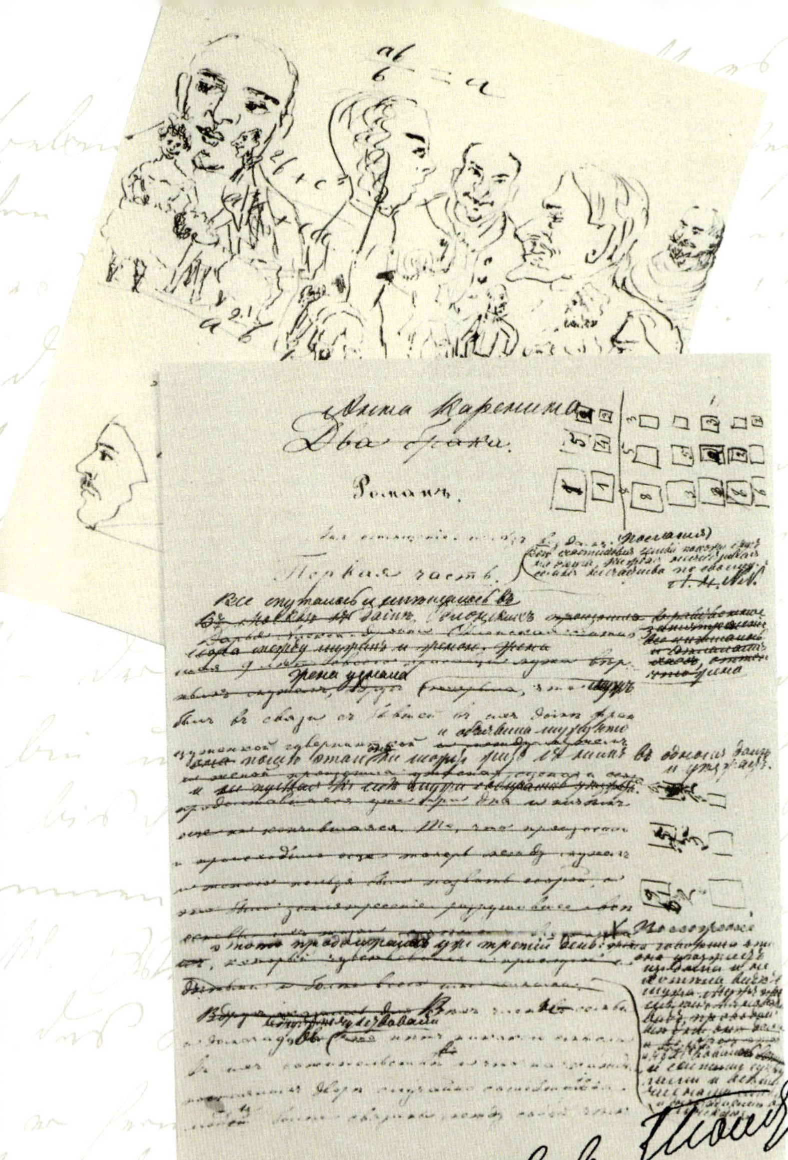

- 톨스토이의 스케치와 안나 카레니나 자필 수정 원고(위)
- 톨스토이의 서명(아래)

● 화환에 둘러싸인 톨스토이의 데드마스크(위)
● 톨스토이의 무덤(아래)

365일 에센스
톨스토이 잠언집

365일 에센스 톨스토이 잠언집

초판 1쇄 2010년 7월 20일 발행
2쇄 2012년 5월 25일 발행

지 은 이 | 톨스토이
옮 긴 이 | 이동진
펴 낸 곳 | 해누리
펴 낸 이 | 이동진

편집주간 | 조종순
마 케 팅 | 김진용

등록 | 1998년 9월 9일(제16-1732호)

주소 | 서울시 마포구 성산1동 239-1번지 성진빌딩
전화 | (02)335-0414 팩스 | (02)335-0416
E-mail | henuri0101@naver.com

ISBN 978-89-6226-019-9 (03890)

365일 에센스
톨스토이 잠언집

365 Days of Tolstoy's Wisdom

톨스토이 편저 | 이동진 옮김

해누리

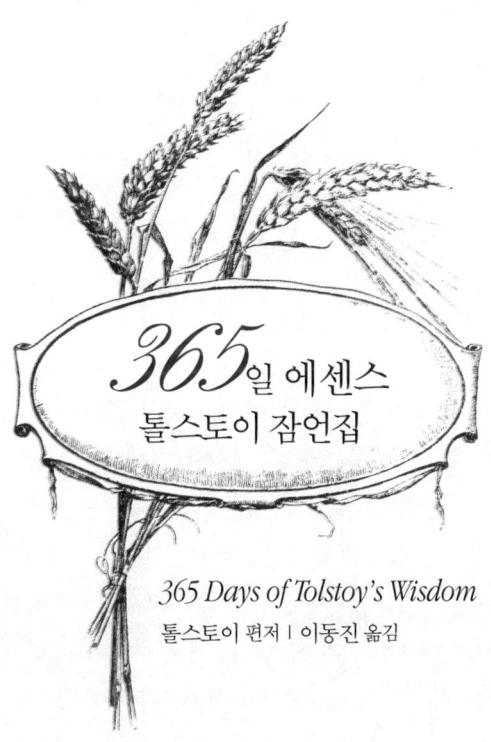

사람은 어떻게 살아야만 하는가?

사람은 많아도 사람다운 사람은 흔치 않다. 말은 많아도 말다운 말은 역시 드물다. 또한 좋은 말이 아무리 많다 해도 어둠 속에서 길을 밝혀주는 등불과 같은 지혜의 말을 찾아보기란 그리 쉽지 않다. '인생은 나그네 길' 이라고 하는 속담은 동양에도 서양에도 있다. 길거나 짧거나 한 세상, 나그네 길을 걸어가는 우리 각자에게는 길잡이 역할을 해 주는 지혜의 말, 즉 잠언이다. 특히 궤변과 억지, 위선과 허위, 선동과 무책임, 그리고 반 지성주의와 폭력이 난무하는 요즘의 세태에 비추어 볼 때, 우리에게 잠언이 얼마나 소중하고 절실히 필요한 것인지는 두말할 나위도 없다.

"톨스토이 잠언집" 에는 톨스토이 자신의 명언은 물론, 역사상 커다란 발자취를 남긴 많은 인물들의 명언 중 가장 중요한 것들만 선정, 수록되어 있다. 한편 이 책은 톨스토이 자신이 만년에 날마다 읽으면서 삶의 길잡이로 삼았던 것으로, 출간된 지 백 여 년이 흐르는 동안 무수한 사람들이 이 책을 통해서 삶의 보람을 찾기도 하고, 괴로울 때나 외로울 때 더없이 많은 위안을 얻었다. 그래서 이 책은 여러 잠언집들 가운데에서도 독보적인 불멸의 고전으로 우뚝 서있다.

각종 욕망이 매일매일 우리의 등을 떠밀어 무조건 앞으로 달려가게 만든다. 우리는 욕망에 눈이 멀어 넘어지고 자빠지고 고꾸라지는 사람이 한둘이 아니다. 또한 초조하고 불안하거나 스트레스를 심하게 받아 건강을 해치고 심지어는 암에 걸리는 경우도 적지 않다. 이렇듯 더 많이 가지려고 발버둥 친들, 결국 우리가 얻는 것은 과연 무엇일까? 문자 그대로 부귀영화를 이무리 많이 누려본들 궁극적으로 남는 것은 허망한 추억밖에 더 있겠는가? 그렇다면 단 한 번 살아가는 이승의 삶에서 본질적으로 무가치한 것이나 추구하면서 아까운 세월을 낭비할 이유가 어디 있을까?

개인의 삶의 목적도 인류 전체의 역사가 나아가는 방향도 진정한 자유, 참된 사랑과 행복에 도달하는 것이라면, 하루 또 하루 우리가 살아가는 현재의 모습은 제대로 된 것, 바람직한 것이란 말인가? 욕망의 굴레, 이기주의의 감옥에서 벗어나지 못한다면, 우주선을 타고 다른 별로 관광여행을 다니는 시대가 온들, 사람들은 여전히 지금과 똑같이 온갖 고민에 시달릴 것이 분명하다.

모든 문제의 원인은 사람에게 있다. 동시에 모든 문제를 해결하는 열쇠도 또한 사람에게 있다. 우주가 무한히 넓은 것처럼 각 개인의 내면의 세계 역시 그만큼 무한히 넓다. 아무리 인체의 게놈 제도를 완성하고 유전자를 마음대로 요리한다 해도 "사람은 무엇인가?"라고 하는 질문에 대해서는 완벽한 대답을 찾지 못할 것이다. 그래서 사람 자체가 모든 문제의 알파와 오메가인 것이다.

그러나 우리에게 현실적으로 더 중요한 질문은 "사람은 어떻게 살아야만 하는가?"라고 하는 것이다. 그것은 현재 우리가 삶을 계속 지속하고 있기 때문이다. 물론 여기에 대해서도 완전한 정답은 없다. 시대, 장소, 사람에 따라 무수한 대답이 존재할 것이다. 그럼에도 불구하고 가능한 한 많은 사람이 수긍할 만한 대답을 발견하려는 노력은 필요하다. 그러한 대답은 이미 발견되었는지도 모른다. 아니면 "톨스토이 잠언집"이 그러한 해답의 발견에 큰 도움이 될 것이다. 이러한 생각 때문에 나는 이 책을 번역했고, 보람 있는 삶을 살아가려는 모든 독자들에게 필독서로 간곡하게 권하고 싶은 것이다.

2010년 7월 15일

서울 신림동 가하(架下) 서재에서

CONTENTS 1~6월

CONTENTS 7~12월

Leo Tolstoy
(1828. 8. 28~1910. 11. 7)

톨스토이의 생애와 작품

레오 톨스토이는 1828년 8월 28일 러시아의 남부 야스나야 폴랴나 지방에서 백작의 둘째 아들로 태어났다. 가난한 귀족이었던 톨스토이의 아버지는 대지주의 딸과 결혼하면서 비로소 귀족 가문의 기반을 잡기 시작했다. 톨스토이의 어머니 마리아 볼콘스키야는 남편보다 다섯 살 연상으로 5개국어에 능통한 지성인이었으나 톨스토이가 태어난 지 2년이 못 되어 죽고, 아버지 역시 7년 후에 타계했다. 따라서 톨스토이의 형제들은 먼 친척뻘이 되는 타치야나의 손에서 자랐다.

타치야나는 원래 톨스토이 부친의 첫사랑이었으나 그가 돈 많은 상속녀인 볼콘스키 귀족의 딸과 결혼하자 눈물을 머금고 물러났던 여자였다. 그러나 타치야나는 개의치 않고 톨스토이의 형제들을 정성껏 사랑으로 길렀다. 톨스토이는 먼 훗날 유년시절의 추억을 회고하면서 '타치야나는 내 마음속에 사랑을 심어

준 최초의 여자' 라고 말하고 있다. 타치야나는 톨스토이의 유년기에 가장 큰 문학적 영향을 끼쳤으며 80세로 죽기까지 톨스토이가 가장 사랑한 어머니같은 여자였다.

1844년에 카잔대학에 입학한 톨스토이는 재학 때부터 일기를 쓰기 시작하여, 비교적 자세한 생애의 기록을 남긴 작가 중의 하나이다. 그는 대학시절 당시 '죄와 악덕', '정욕의 포로' 등 깊은 고뇌에 빠진 도덕적 회한들을 치밀하게 기록해 놓고 있다. 청년시절 톨스토이의 정신적 우상은 자연주의자 장 자크 루소였으며, 영향을 준 작가는 영국의 찰스 디킨스, 러시아 작가 푸시킨과 고골리, 프랑스 철학자 몽테스키외 등이었다.

그는 1847년 19살에 돌연 카잔대학을 중퇴하고 귀향하여 노예처럼 사는 가난한 농민들을 위해 노동운동을 벌여 귀족들의 농민에 대한 불신과 적대감에 저항했다. 그러나 그의 젊은 이상주의는 참담한 실패로 끝났고, 크게 실망한 그는 모스크바로 돌아가 방탕한 생활에 빠져버린다.

그러던 중 1851년에 형의 권유로 군에 입대하여 카프카스에서 사관후보생이 된다. 그는 당시의 심정을 일기에 다음과 같이 쓰고 있다. '나는 도대체 누구인가? 퇴역 장교의 아들로 태어나 일곱 살에 고아가 되어 남의 손에 자라서 공부를 하고 열일곱 살에 겨우 자유의 몸이 되었다. 나는 재산도 없고 사회적 지위도 없으며 사상도 주장도 없다. 돈을 낭비하고 젊은 시절 한 때 아무런 목표도 없이 헛되이 보냈으며 빚을 지고 카프카스로 달아난 사

내에 불과했다.'

당시 카프카스는 러시아 지식인들에게는 낭만적인 모험의 땅이었으며 억압된 젊은 러시아인들에게는 도피의 땅이었다. 또한 당대의 작가 푸시킨과 레르몬토프가 쓴 소설 속에서 토착민의 반란의 무대로 유명했다. 훗날 톨스토이의 전쟁소설은 대부분 이곳의 경험이 토대가 되었다.

이어 그는 본격적인 집필 활동에 들어가 3부작 〈유년시대〉, 〈소년시대〉, 〈청년시대〉를 발표했으며, 〈세바스토폴 이야기〉 등은 군 복무시절에 쓴 작품들로, 그는 제대할 무렵에 이미 작가로서 탄탄한 기반을 닦았다.

1854년 1월에 군 장교가 된 톨스토이는 이후 전쟁의 화염에 휩싸인 크리미아 반도로 전속명령을 받고 포병 여단에 배속되어 전투에 참가, 당시의 체험을 〈12월의 세바스토폴리〉라는 소설로 형상화했다.

1862년 톨스토이는 모스코바에서 의사 베르스의 딸 소피아를 만나 사랑에 빠진다. 그는 소피아에게 사랑의 감정을 단어의 첫 자만 따서 백묵으로 테이블 위에 써서 사랑을 고백한다. 그 장면은 훗날 그의 대표작 〈안나 카레리나〉에서 묘사가 되어 나온다. 그 무렵 소피아는 한 사관생도와 반 약혼상태에 있었지만 평소에 톨스토이의 열렬한 팬이었던 그녀는 그의 청혼을 즉각 받아들였다. 따라서 그는 서른네 살에 독신생활을 청산하고 열여덟 살의 아름다운 소녀 소피아와 결혼하면서 정서적 안정을 찾아

창작에 전념한다.

그때 쓴 작품들이 나폴레옹의 모스크바 침공을 배경으로 러시아의 귀족 사회를 그린 불멸의 명작 〈전쟁과 평화〉와 〈안나 카레리나〉이다. 〈전쟁과 평화〉는 역사소설의 한계를 뛰어넘는 웅장한 러시아의 서사시이자 인생의 백과사전으로 평가받고 있으며, 세 가족의 연대기를 통해서 보여주는 소설 〈안나 카레리나〉는 당대의 문호 도스토예프스키가 "유럽 문학에서 이 소설과 비교할 수 있는 작품은 하나도 없다."고 극찬할 정도였다.

그러나 그 무렵 그는 인생에 깊은 허무에 빠져들면서 삶에 대한 회의와 죽음의 공포로 정신적 갈등을 일으킨다. 그 기간 동안에 쓴 톨스토이의 참회록 제2장을 보면 톨스토이가 얼마나 자신의 현실을 비극화시켰으며 가혹한 번민에 사로잡혀 있었는지를 알 수 있다.

'나는 수년 동안 공포와 혐오감과 마음의 고통으로 지냈다. 전쟁에서 사람을 죽였고 결투를 했으며, 카드 놀음으로 큰 돈을 잃었다. 농민들을 착취하고 형벌에 처했으며 거짓말, 강탈, 강간, 음주, 살인… 그게 내가 저지른 범죄들이었다. 그럼에도 불구하고 사람들은 작가인 나를 존경하고 숭배했으며 도덕적 인물로 치켜세웠다. 나는 10여 년을 그렇게 방탕하게 살면서 집필을 계속했다. 참으로 허영과 욕망과 오만의 세월이었다.'

그는 비극적 삶 속에서도 점차 신앙에 접근해가고 있었다. 과학이나 철학 혹은 예술에서 얻지 못했던 해답을 종교에서 찾으려고 노력했던 것이다. 따라서 문학 창작생활을 접고 신학과 복음서 연구에 몰두하여 〈교의신학비판〉, 〈요약 복음서〉, 〈참회록〉 등의 저서를 내면서 자신의 인생관과 철학 사상을 체계화시켜 갔다.

그것이 바로 오늘날 우리들이 말하는 소위 톨스토이주의 사상이다. 톨스토이는 그리스도교의 계명을 자신의 입장에서 이렇게 바꾸었다. 예를 들면 "어린이를 죽이려고 하는 강도는 죽여도 좋은가?" 라고 그에게 질문했을 때, 그는 "어린이의 생명이 강도의 생명보다 더 귀중한 것이라고 누가 정했습니까?" 라고 반문하는 것이었다.

톨스토이는 이렇게 신이 정한 규칙을 실현하는 것을 우리 인생의 뜻으로 삼았다. 당시 작가 투르게네프가 톨스토이에게 쓴 편지를 보면 그가 종교에 너무 심취한 나머지 주위의 문학가들을 안타깝게 했다는 사실을 알 수가 있다.

"현재 러시아에서 당신과 어깨를 견줄만한 작가는 없다. 그런데 당신은 왜 작품을 안 쓰고 종교에 빠져 있는가? 당신은 성서와 복음서와 불가사의한 윤리서와 사이비 해설책들에 둘러싸여 있다는 것을 아는가? 이미 문학과는 담을 쌓았단 말인가? 러시아의 위대한 작가여! 문학의 세계로 돌아오라!"

그는 주위의 충고에도 아랑곳 없이 타락한 교회를 비판하고, 원시 그리스도교로 돌아갈 것과 악에 대한 무저항주의와 자기완성을 향한 사랑의 정신으로 인간성을 복원하자고 외쳤다. 그는 "악에 대해 힘으로 맞서지 말라."고 주장한다. 따라서 러시아에서 일어나는 어떠한 혁명적 투쟁도 반대한 철저한 보수주의자였다. 오스트리아의 작가 슈테판 츠바이크는 "톨스토이만큼 역사와 문명의 악을 의식한 사람은 없다."고 평가할 정도였다.

1882년 톨스토이는 자녀 교육을 위해 모스크바로 이사했다. 그곳에서 그는 처음으로 모스크바 빈민가의 참상을 목격했으며, 히트로프 공원과 라핀 수용소를 방문한 후 큰 충격을 받고 자신의 안락한 삶을 부끄러워한다. 이후 그는 사회제도의 모순을 깨닫고 그 부분을 개혁하기 위해 노력했으며, 그의 철학적 사상과 고뇌는 종교와 윤리문제에서 사회제도 개혁에 이르기까지 광범위하게 확대된다.

1886년에 그는 예술의 미학적 가치와 윤리적 가치를 결합한 소설 〈이반 일리이치의 죽음〉을 발표하여 창작 생활로 다시 돌아갔으며, 모스크바에서 창립된 민중극장을 위해 〈어둠의 힘〉이라는 희곡을 썼다. 그러나 그 작품은 잔혹한 사실적 묘사로 검열에 걸려 무대 공연이 금지당했다. 이후 그는 〈문명의 과실〉, 〈산송장〉 등 가난한 농민들과 모스크바의 귀족들의 대립을 다룬 희곡들을 발표했다.

이어 1889년에는 베토벤의 음악에 도취된 두 남녀의 사랑과 간통을 그린 화제작 〈크로이체르 소나타〉을 발표, 화제를 불러일으켰다. 그즈음 유럽의 문단은 훌륭한 작가들의 작품들이 등장하기 시작했다. 도스토예프스키의 작품에 대한 관심이 높아졌고, 톨스토이와 적대적이었던 니체가 독일에서는 철학의 대가로 등장했다. 또한 입센의 〈인형의 집〉이 발표되어 새로운 모더니즘이 형성되기 시작했다. 특히 근로자 계층을 옹호하는 막심 고리키의 〈풍운아〉가 발표되면서 혁명을 선동하는 분위기가 무르익어갔다. 톨스토이는 당시 〈예술론〉을 집필하고 있었으나, 1889년 12월에 그의 문학적 경력에 강력한 획을 긋는 작품 〈부활〉을 완성하게 된다.

톨스토이는 친구로부터 불행한 핀란드 소녀의 비극적 이야기를 듣게 된다. 한 핀란드 소녀가 러시아에 입양된 후 그 집 친척 남자의 아기를 임신하게 되고 그녀는 쫓겨나서 매춘부가 된다. 그 매춘부는 현금을 훔친 죄로 구속되어 재판을 받게 되었는데 배심원 중의 한 사람이 소녀를 임신시킨 남자였다. 양심의 가책을 받은 남자가 그녀와의 결혼을 결심했으나 소녀는 출옥이 될 즈음 감옥에서 장티푸스로 죽는다.

이 비극적인 이야기를 친구로부터 전해들은 그는 곧바로 집필에 들어가 〈부활〉의 유명한 주인공 '카추샤 마슬로바' 와 '네플류도프' 를 탄생시키게 된 것이다.

소설 〈부활〉은 러시아 시인 보리스 파스테르나크의 아버지 O.L 파스테르나크가 그린 삽화와 함께 잡지 《니바》에 발표되면서 검열로 550곳이나 삭제되었지만 독일과 영국, 프랑스에서 동시 번역 출판되어 큰 화제를 일으켰다. 이로 인해 톨스토이가 국제적인 작가로 주목을 받는 계기가 되었다.

톨스토이가 소설 〈부활〉의 완성을 서두른 것은 당시 러시아 정교회에 소속되지 않고 박해를 받던 두호보르(교회에서 성령을 부정하는 신자들) 4천여 명을 캐나다로 이주시키기 위한 자금이 필요했기 때문이었다. 그는 이 작품에서 동방 정교회에 비판을 가한 이유로 종무원에서 파문까지 당하게 된다.

1901년 그는 건강이 악화되어 아내와 두 딸의 보호를 받으며 크리마아로 이사해서 요양생활을 한다. 톨스토이는 〈부활〉 이후 〈신부, 세르게이〉 단편 〈무도회가 끝나고〉, 〈병 속의 알료샤〉 등을 썼으며, 논문집 〈종교와 도덕〉, 〈톨스토이즘에 대하여〉, 〈현대의 노예제도〉, 〈자기 완성의 의의〉, 〈유일한 수단〉, 〈세 가지 의문〉, 〈셰익스피어론〉 등을 발표했다. 그후 그의 마지막 대작 〈인생론 이세이〉을 쓰게 된다.

톨스토이의 아내 소피아는 남편과의 정신적 대립 속에서 계속 살았다. 그녀는 남편을 위선자로 의심했으며 남편이 '세상의 모든 재산을 버리고 성서적인 청빈 속에서 살아야 한다.'는 것과 그의 이론적 금욕주의에 대해서 매우 비판적이었다.

'가난하게 살아야 한다. 거지가 되어야 한다. 이것이 예수의 가르침이다. 이 가르침을 따르지 않고는 어느 누구도 하느님의 나라에 들어가지 못하며 세상에서 행복할 수가 없다.'

톨스토이가 늘 평소에 주장한 말이었다. 그러자 소피아는 톨스토이의 그런 이론들이 성인이 되려는 허영심에 가득 찬 것이라고 비판했다. 그 이유는 소피아가 남편의 설교에도 불구하고 자신은 두 아이의 어머니이자 남편을 보살피는 아내로서 남편의 금욕적인 생활을 수용할 수가 없었던 것이다. 게다가 근위장교 출신으로 톨스토이의 후견인이 된 체르트코프와 소피아와의 갈등과 불화는 그를 오랫동안 괴롭혔다.

마침내 1891년 톨스토이는 아내를 위하여 자신의 모든 재산과 출판 인세를 포기한다는 각서에 서명한다. 소피아의 기록에 의하면 톨스토이의 아홉 명의 아들과 딸들은 '모두가 난폭하고 낭비벽이 심해서 감당할 수 없는 아이들' 이었다. 그처럼 톨스토이는 말년에 가정의 불화 속에서 끝없는 탈출을 시도했다.

1890년 8월 28일, 톨스토이의 80주년 탄생 축제 때는 전세계가 톨스토이의 말 한마디에 귀를 기울일 정도였다. 그는 세계적인 대문호로서 세계의 눈과 귀가 집중되어 있었다. 그는 작가이자 예언가이며 종교 개혁가였고, 도덕적 교사이자 성인이었다. 그것이 톨스토이에게 주어진 명예였다. 그러나 세계적인 그의 명성과 달리 그는 가정적으로 더 깊은 불행에 빠져들었다.

그의 제자 체르트코프에 대한 소피아 부인의 질투와 증오심은 심각한 파문을 몰아왔고, 아내의 자살 기도까지 몰고 왔다. 마침내 톨스토이는 참지 못하고 소피아에게 편지를 남겨놓고 주치의이자 친구였던 두샨 마코비츠치와 딸 사샤와 함께 집을 떠나고 말았다. 그때가 1910년 10월 28일 새벽이었다.

톨스토이는 정처없이 기차에 올라탔으나 곧 이어 심한 폐렴 증세를 앓으면서 여행을 중단하고 무명의 시골역 아스타포브에서 내려 역장의 집 침대에 누워버렸다.

그의 며칠 동안의 도피 행적은 전세계 매스컴의 화제가 되었다. 가장 먼저 아스타포브로 달려온 사람은 체르트코프였다. 그 다음으로 달려온 사람은 아내 소피아였지만, 소피아는 불행하게도 그가 의식이 있는 한 면회가 허락되지 않았다. 그것이 톨스토이의 의사의 뜻이었는지, 아니면 반목과 대립 속에 있었던 후견인 체르트코프의 뜻이었는지는 확실하지 않다.

마침내 1910년 11월 7일, 대문호 톨스토이는 객지에서 쓸쓸하게 눈을 감고 말았다. 그의 유해는 곧 고향 야스나야 폴랴나로 옮겨졌고, 그를 추모하는 수많은 군중들의 애도 속에서 장례식이 치루어졌다.

편집자

Heinz Leider nicht ab[illegible]
[illegible] durch 6 Jahrgänge, [illegible]
[illegible] am Sonntag [illegible] ist; Die [illegible]
[illegible] nicht dort in Jena geboren.!! —
Der [illegible] was bringt der [illegible]
drin?!! Ein kleines Menschenkind [illegible]
der Welt erblickt zu seinen Eltern [illegible]
Seeligkeit. Wirklich Glück u. [illegible]
— der Himmelfahrt u. [illegible]
bei ungenügender [illegible] mich [illegible]
bis [illegible] mitkommen wo... [illegible]
[illegible] zur Begrüßung zur [illegible]
kl. Weltenbürger dann ich [illegible]
das Leben ihm hold sei. —
[illegible] des heitern Gemüt [illegible]
die Güte u. [illegible] [illegible]
[illegible] des Vaters als Patengeschenk
mitnehmen für seine Lasten.

JANUARY

1월

곤경에 처해 있을 때 나는 하느님께 도움을 간청한다. 그러나 내가 주님을 섬기는 것이 나의 의무이지, 그분이 나를 섬기는 것이 그분의 의무는 아니다. 이것을 깨닫는 순간, 나의 짐은 한결 더 가벼워진다.

톨스토이

January 1

1월 1일_독서

물질적 독약과 정신적 독약은 분명히 차이가 있다. 물질적 독약의 대부분은 역겨운 맛을 내는 반면, 사이비 언론이나 나쁜 책의 모습으로 돌아다니는 정신적 독약은 불행히도 입맛에 맞는 경우가 적지 않다. 톨스토이

무익하고 하찮은 것을 많이 아는 것보다는 유익하고 필요한 것을 조금 아는 것이 더 낫다. 톨스토이

가장 좋은 책들을 먼저 읽어라. 그렇지 않으면 너는 독서할 시간이 없다는 사실을 깨달을 것이다. H. D. 소로

사람들의 마음을 즐겁게 해주기 위해서만 존재하는 하찮은 책들이 너무나도 많다. 그러므로 의심할 나위 없이 좋은 책이라고 인정한 책들만 읽어라. 세네카

엄선된 책들만 모은 소규모의 서가에는 얼마나 많은 보물이 숨겨져 있는가! 그 책들을 읽으면 우리는 수 천 년에 걸친 전 세계의 모든 문명국의 가장 지혜로운 인물들과 가장 훌륭한 인물들을 친구로 삼을 수 있고 그들의 지혜를 얻을 수 있다. 그들이 자신의 가장 친한 친구들에게조차 드러내지 않았을 좋은 생각들이 전혀 다른 시대에 살고 있는 우리에게 분명한 말로 전해진다. 그렇다! 우리 생애에서 최고의 정신적 성과를 얻게 해주는 데 대해서 가장 좋은 책들에게 우리는 감사해야 한다. 에머슨

신앙, 종교_1월 2일

신앙이 없는 사람의 일생은 짐승의 일생이다. 톨스토이

지금까지 알려진 모든 편견 가운데 가장 나쁜 편견은 우리 시대의 소위 학자라는 사람들의 대부분이 지니고 있는 것이다. 그들은 사람이 신앙 없이도 살 수 있다고 주장한다. 톨스토이

수천 년의 역사를 통하여 어느 시대에서나 사람들은 자신의 존재의 원천, 기원, 그리고 최종 목적에 관해서 알고 싶어 하거나, 적어도 막연한 생각은 하고 있었다. 마치니

모든 종교의 핵심에는 모든 것을 통합하는 단 하나의 진리가 놓여 있다. 페르시아인들은 그들 나름대로 입는 옷이 있다. 유대인들은 챙 없는 모자를 쓴다. 그리스도교 신자들은 십자가를 목에 걸고 다닌다. 이슬람교도들은 초승달의 깃발을 들고 다닌다. 그러나 이 모든 것은 외부적 상징물에 불과하다는 것을 우리는 염두에 두어야 한다. 모든 종교의 일반적 본질은 이웃에 대한 사랑이다. 바로 이것은 마누프(Manuf), 조로아스터(Zoroaster), 석가, 모세, 소크라테스, 예수, 성 바오로, 그리고 마호메트 등이 모두 똑같이 요구한 것이다. 플뤼겔

January 3

1월 3일_의무

곤경에 처해 있을 때 나는 하느님께 도움을 간청한다. 그러나 내가 주님을 섬기는 것이 나의 의무지, 그분이 나를 섬기는 것이 그분의 의무는 아니다. 이것을 깨닫는 순간, 나의 짐은 한결 더 가벼워진다. 톨스토이

우리가 항상 기억해 두어야만 하는 가장 중요한 질문은 다음과 같은 것이다. 우리는 옳은 일을 하고 있는가? 우리가 인생이라고 부르는 이 짧은 기간 동안, 우리의 모든 행동은 우리를 이 세상에 내보낸 그 힘의 뜻에 맞는 것인가? 우리는 옳은 일을 하고 있는가?

톨스토이

네 삶의 목적이 오로지 너 자신의 행복에만 있다고 상상해 보라. 그러면 삶은 잔인하고 무의미한 것이 되고 만다. 너는 인류 전체의 지혜, 너의 정신, 너의 마음이 말해주는 것, 즉 삶의 의미란 너를 이 세상에 내보낸 그 힘을 섬기는 것임을 받아들여야 한다. 네가 그것을 받아들인다면, 너의 삶은 끊임없이 이어지는 기쁨이 될 것이다. 톨스토이

우리는 운명이 우리에게 맡긴 일을 성실하게, 그리고 비난의 여지없이 완수해야만 한다. 우리가 언젠가는 천사가 될 것이라고 바라든, 아니면 우리 자신이 하찮은 벌레로부터 진화된 존재라고 믿든 그것은 아무 상관 없다. 러스킨

인류, 역사_1월 4일

인류의 역사는 날로 더욱 광범위해지는 단결을 향한 인류 전체의 전진이다. 톨스토이

스스로 원하지 않는다 해도 우리는 자신이 인류의 다른 모든 구성원들과 연결되어 있다고 느낀다. 산업, 무역, 예술, 지식에 의해서, 그리고 가장 중요한 것은 인류 공통의 도덕에 의해서 우리는 그들과 연결되어 있는 것이다. 톨스토이

선한 사람들은 남을 돕는다는 사실조차 의식하지 못한 채 서로 돕지만 악인들은 악의를 품은 채 서로 해친다. 중국 속담

누구나 자신이 지고 가는 짐이 있다. 사람은 다른 사람의 도움을 받지 않고는 살 수 없다. 그러므로 우리는 위로, 충고, 상호 경고를 통해서 서로 도와야 한다. "신성한 사상의 책"

아담의 모든 후손들은 동일한 육체에서 나온 지체들이다. 한 지체가 고통을 당하면 다른 모든 제체들도 역시 고통을 당한다. 당신이 다른 사람들의 고통에 대해 무관심하다면 당신은 사람이라고 불릴 자격이 없다. 사아디

January 5

1월 5일_말조심

너의 말 때문에 사람들이 서로 나쁜 감정을 품어 인화단결이 깨지는 것을 두려워하라. 톨스토이

우리의 말이 초래하는 피해가 때로는 분명히 드러나지만 또 때로는 그렇지 않다. 그러나 우리의 말 때문에 피해를 입는 사람들이 우리가 눈으로 볼 수 없다고 해서 그 피해가 더 작아지는 것은 아니다. 톨스토이

총에 맞은 상처는 치유될 수 있지만 혀가 만든 상처는 결코 치유될 수 없다. 페르시아 속담

말에 실수가 없는 사람은 온 몸을 잘 다스릴 수 있는 완전한 사람이다. 이와 같이 혀도 인체의 아주 작은 부분에 지나지 않지만 엄청나게 허풍을 떤다. 아주 작은 불씨가 굉장히 큰 숲을 불살라 버릴 수도 있다. 야고보서 3:2, 5

어떤 사람이 남을 비방하는 말을 들을 때에는 너도 맞장구를 치면서 남을 비방하는 짓은 하지 마라. 남의 악행에 관한 말을 들을 때에는 그 말을 끝까지 듣지 말고 이미 들은 것도 잊어버리도록 노력하라. 그러나 남의 선행에 관한 말을 들을 때에는 그것을 기억하고 또한 다른 사람들에게 전하라. 동양의 지혜

남들의 말다툼에 귀는 기울여라. 그러나 너 자신은 거기 끼어들지 마라. 고골리

노력, 욕망, 선행_1월 6일

욕망을 극복하려고 아무리 여러 번 애써도 잘 되지 않는다 해도 그러한 노력을 결코 포기하지는 마라. 노력을 할 때마다 욕망의 힘은 더욱 약해지고 그것을 극복하기는 더욱 쉬워진다.

톨스토이

선행을 하려고 노력하는 것은 중요하다. 더욱이 악행을 피하려고 노력하는 것은 한층 더 중요하다. 톨스토이

절제는 너의 생활에서 습관이 되어야만 한다. 그리고 네가 미덕을 실천하는 것을 도와야만 한다. 왜냐하면 선행을 하기로 굳게 결심한 사람은 극복하지 못할 것이 전혀 없기 때문이다. 노자

헛된 욕망들을 버리기 위해 너의 힘 가운데 최소한 절반은 사용하라. 그러면 곧 더 큰 만족감과 행복을 얻을 것이다. 에픽테투스

신은 모든 사람을 시험한다. 어떤 사람은 재산으로, 또 어떤 사람은 가난으로 시험한다. 부자는 그가 자신의 도움을 필요로 하는 사람들에게 도움을 베푸는지 여부로 시험한다. 가난한 사람은 불평불만 없이 자신의 모든 고통을 잘 참고 신의 뜻에 복종하는지 여부로 시험한다. 탈무드

가장 빨리 달리는 마차만큼 빠른 자신의 격분을 멈추게 할 수 있는 사람을 나는 훌륭한 마부라고 부를 것이다. 다른 사람들은 그것을 멈추게 할 힘이 없고 다만 고삐를 쥐고 있을 뿐이다.

불교의 지혜의 책 담마파다

January 7
1월 7일_친절

친절은 대인관계에서 필요하다. 너는 남에게 친절하지 않다면 중대한 의무를 이행하지 않고 있는 것이다. — 톨스토이

사람은 친절할수록, 사려가 깊을수록 다른 사람들에게서 더 많은 친절을 발견할 수 있다. — 톨스토이

친절은 우리 삶을 윤택하게 만든다. 친절은 애매모호한 일들을 분명하게 드러내고, 어려운 일들을 쉬운 것으로 만들며, 지루한 일들을 유쾌한 것으로 전환시킨다. — 톨스토이

유혹에 시달리는 사람들에 대해서 냉혹한 마음을 품지 마라. 오히려 그러한 경우에 네가 위로를 받고 싶어 하는 바와 마찬가지로 너도 그들을 위로하려고 노력하라. — 신성한 사상들의 책

상대방이 아무리 비천하거나 어리석다 해도 너는 모든 사람을 존중해야 한다. 우리 안에 머물러 있는 정신과 똑같은 정신이 다른 모든 사람 안에도 머물러 있다는 사실을 기억해야 한다.

— 쇼펜하우어

그리스도교_1월 8일

나의 종교는 모든 생물에 대한 사랑이다. 톨스토이

그리스도교를 완성시키기 위해서는 우리가 그것의 왜곡된 부분을 바로잡고 그 순수한 상태를 회복시켜야 한다. 톨스토이

그리스도교의 가르침은 매우 단순하기 때문에 어린아이들도 그 의미를 이해한다. 진정한 그리스도교 신자가 아니면서도 신자로 보이기를 바라고 신자라고 불리어지기를 바라는 사람들, 오로지 그들만이 이해하지 못한다. 톨스토이

석가는 이렇게 말했다.
"자기 영혼을 위해 살아가기 시작하는 사람은 캄캄한 집에 등불을 가져다주는 사람과 같다. 그곳의 어둠은 곧 사라진다. 너는 이 일을 줄기차게 해야만 한다. 그러면 너의 영혼은 이 빛을 받을 것이다." 톨스토이

그리스도는 다음과 같은 그의 마지막 계명에서 자신의 모든 가르침을 표현한다.
"내가 너희를 사랑하는 것과 마찬가지로 너희도 서로 사랑하라. 너희가 만일 서로 사랑한다면 다른 모든 사람들은 너희가 나의 제자들임을 알게 될 것이다."
그는 "너희가 만일 나를 믿는다면" 이라고 말하지 않고 "너희가 만일 서로 사랑한다면" 이라고 말했다. 우리의 지식은 항상 변하기 때문에 신앙도 세월이 가면 변할 수 있다. 반면에 사랑은 결코 변하지 않는다. 사랑은 영원한 것이다. 톨스토이

January 9

1월 9일_지식

더 적게 책을 읽고 더 적게 연구하라. 그러나 생각은 더 많이 하라. 너의 선생들과 네가 읽는 책들로부터는 오로지 너에게 참으로 필요한 것, 네가 참으로 알고 싶어 하는 것만 배워라. 톨스토이

지식은 암기력이 아니라 이해력을 동원해서 얻은 것만이 진정한 지식이다. 톨스토이

생각이란 오로지 너의 영혼이 던지는 질문들에 대해 해답을 줄때에만 너의 삶을 올바른 방향으로 이끌어 줄 수 있다. 다른 사람에게서 빌려온 다음에 너의 정신과 기억력이 수용한 생각은 너의 삶에 그다지 영향력을 발휘하지 못하고, 때로는 너를 그릇된 방향으로 인도한다. 톨스토이

오로지 남이 우리에게 가르쳐준 것을 우리가 잊어버릴 때에만 우리는 진정한 지식을 지니기 시작한다. H. D. 소로

너에게 끊임없이 주입되는 다른 사람들의 생각들은 너 자신의 생각과 창의력을 멈추고 죽일 수 있다. 이것은 끊임없는 공부가 두뇌를 둔하게 만드는 이유다. 다른 사람들의 책에서 얻은 생각들에게 자리를 비워주기 위해 너 자신의 독창적인 생각을 멈추는 행위는 셰익스피어가 자신의 동시대 사람들이 여러 외국을 구경하기 위해 자기 땅을 파는 사람들이라고 논평한 말을 나에게 상기시킨다. 쇼펜하우어

자녀교육_1월 10일

종교적 양육은 모든 교육의 기초다. 톨스토이

모든 교육의 기초는 만물의 기원에 대한 우리 자신의 관계를 설정하고, 이 관계에 따른 우리의 행동양식에 관해 결론을 내리는 데 있다. 톨스토이

나를 믿는 이 보잘것없는 사람들 가운데 누구 하나라도 죄짓게 하는 사람은 그 목에 연자 맷돌을 달고 깊은 바다에 던져져 죽는 편이 오히려 나을 것이다. 마태오 18:6

아이들을 양육할 때 우리는 자신이 미래를 맡아 관리하는 존재라는 사실을 기억해야만 한다. 아이들의 교육을 향상시킴으로써 우리는 인류의 미래, 이 세상의 미래를 향상시킨다. 칸트

내가 보기에 부모와 교육자들의 중대한 의무는 아이들이 자기 내부에 존재하는 신성한 시작을 이해하게 만드는 것이다. 채닝

January 11

1월 11일_겸손, 봉사, 친구

네가 저지른 모든 악행을 기억하라. 그리고 악행을 다시 저지르지 않도록 노력하라. 너의 선행들만 기억한다면 그것은 앞으로 네가 선행을 하는데 방해가 될 것이다. 톨스토이

겸손이 없이는 완전한 사람이 되기란 불가능하다. "내가 이미 충분히 선한 사람이 되었는데 무엇 때문에 완전한 사람이 되려고 노력하지 않으면 안 되는가?". 톨스토이

지위가 높을수록 너는 더욱 겸손해져야 한다. 많은 사람이 높은 지위와 영광을 누리며 살고 있다. 그러나 이 세상의 신비들은 오로지 겸손한 사람들에게만 밝혀질 수가 있다. 다른 사람들과 다투려고 하지 마라. 너의 의무를 중요시하라. 배워서는 안 되는 것은 배우지 마라. 네가 이해할 수 있는 것보다 더 많은 것이 너에게 이미 밝혀져 있다. 비경전 고대문서

어떤 친구들은 너를 칭찬하고 또 어떤 친구들은 너를 비난하고 비판한다. 너를 비난하는 친구들에게 더 가까이 다가가고 너를 칭찬하는 친구들을 더 멀리하라. 탈무드

화살이 과녁에 적중하지 않을 때 궁수는 다른 사람이 아니라 자기 자신을 탓한다. 현명한 사람은 그와 마찬가지로 행동한다.

공자

정신적 유산, 진리_1월 12일

사람은 누구나 이 세상과 하느님에 대한 자신의 태도를 자기 자신에게 분명히 밝혀야만 한다. 톨스토이

어떤 사람들은 다른 사람들을 위해 결정을 내리고 하느님과 이 세상에 대한 그들의 관계를 결정하는 일을 담당한다. 또 어떤 사람들은, 그들의 거의 전부는, 그러한 권한을 다른 사람들에게 넘겨주고 다른 사람들이 말하는 것을 모두 맹목적으로 믿는다. 이 두 가지 종류의 사람들은 똑같은 범죄를 저지르고 있다.

톨스토이

사람은 과거의 현명하고 거룩한 사람들로부터 받은 정신적 유산을 사용해야 한다. 그러나 모든 것을 자신의 지능으로 시험하여 어떤 것은 받아들이고 어떤 것은 배척해야만 한다.

톨스토이

우리는 모두 어린아이들과 같아서, 처음에는 할머니에게 들은 의문의 여지가 없는 "진리"를 반복하고, 그 다음에는 선생님들에게 들은 "진리"를 반복하며, 나이가 좀 더 든 뒤에는 저명한 인사들에게 들은 "진리"를 반복한다. 에머슨

거짓 예언자들을 조심하라. 그들은 양의 탈을 쓰고 너희에게 나타나지만 속에는 사나운 이리가 들어 있다. 너희는 행위를 보고 그들을 알게 될 것이다. 마태오 7:15

January 13

1월 13일_신앙

신앙은 삶의 의미를 이해하는 것, 그리고 그것과 연관된 각종 의무와 책임을 받아들이는 것이다. 톨스토이

신앙이 없이도 네 영혼을 위한 평안을 발견할 수 있다고는 생각하지 마라. 톨스토이

사후에 일어날 일에 관해 지나치게 걱정하지 마라. 너 자신을 신성한 존재에게 넘겨주고 그 존재를 찬미하라. 너는 그것이 사랑이라는 사실을 알고 있다. 그러므로 네가 두려워해야만 할 이유가 어디 있는가? 그리스도는 죽을 때 "아버지! 나의 영혼을 당신 손에 맡깁니다."라고 말했다. 이와 똑같은 말을 혀로만 말하는 것이 아니라 마음을 다하여 말하는 사람들은 다른 말이 일체 필요가 없다. 나의 영혼이 자기 아버지에게 돌아간다면 그 아버지는 영혼을 위해 가장 좋은 곳이고, 다른 어떠한 것도 그보다 더 좋을 수가 없다. 톨스토이

누가 선한 사람인가? 오로지 의리를 지키는 사람만이 선한 사람이다. 의리란 무엇인가? 그것은 너의 의지가 세상의 양심, 세상의 지혜와 일치할 때 생기는 것이다. 중국 속담

우리가 해야만 하는 일은 오직 하나뿐이다. 그것은 우리의 마지막 운명이 어떠한 것이든 우리 자신을 신의 손에 맡기는 일이다. 앞으로 닥칠 일은 닥치도록 하라. 앞으로 닥칠 일은 좋은 것이다. 아미엘

사랑_1월 14일

사람들은 사랑으로 산다. 너 자신에 대한 사랑은 죽음의 시작이다. 다른 사람들과 신에 대한 사랑은 삶의 시작이다. 톨스토이

너 자신 안에 있는 것은 오로지 한 가지만 사랑해야 한다. 그것은 우리 모두의 내면에 있는 것과 똑같은 것이다. 우리 모두의 내면에 있는 그 똑같은 것을 사랑함으로써 너는 신을 사랑한다.

톨스토이

사랑은 다른 것의 원천이 아니다. 그것은 우리 모두의 내면에 존재하는 신성하고 영적인 시작에 대한 우리의 이해의 결과다. -

톨스토이

"선생님, 율법서에서 어느 계명이 가장 큰 계명입니까?" 예수께서 이렇게 대답하셨다. "네 마음과 네 목숨을 다하고 뜻을 다해 주님이신 너희 하느님을 사랑하라. 이것이 가장 큰 첫째 계명이고, 둘째 계명은 네 이웃을 네 몸같이 사랑하라. 이 둘째 계명도 첫째 계명 못지않게 중요하다." 마태오 22:36

하느님은 사랑이십니다. 사랑 안에 있는 사람은 하느님 안에 있으며 하느님께서는 그 사람 안에 계십니다. 요한 1서 4:16

January 15

1월 15일_의무

너와 하느님 사이에 장애물을 놓는 모든 것을 조심하라.

톨스토이

그리스도의 가르침 가운데 가장 위대한 진리는 사람(하느님의 아들)과 하느님(그분의 아버지) 사이의 직접적 연결이다. 톨스토이

그리스도의 성격 가운데 가장 중요한 면이 무엇인지 너는 묻는다. 그것은 인간 영혼의 위대성에 대한 그의 확신이라고 나는 대답할 것이다. 그는 사람 안에서 하느님의 모습이 투영된 것을 보았다. 그러므로 그는 상대방이 누구이든 상관없이, 상대방의 삶이나 성격이 어떠하든 상관없이 모든 사람을 사랑했다. 채닝

개인도 민족도 모든 편견을 버려야 한다. 너 자신이 하느님에게 직접 말한다는 사실을 느껴라. 책을 읽지 말고 너의 영혼을 읽어라. 그러면 매우 비좁은 교회도 하늘의 돔 자체만큼 거대한 것이 될 것이다. 에머슨

하느님을 이해하는 방법은 두 가지가 있다. 하나는 이성적으로 이해하는 것이고 또 하나는 신앙과 도덕에 기초하여 영적으로 이해하는 것이다. 하느님에 대한 이성적 이해는 확고한 것이 아니며 위험한 오류에 빠질 수가 있다. 하느님에 대한 정신적인 이해는 도덕적 행동을 요구한다. 이 신앙은 자연적임과 동시에 초자연적인 것이다. 칸트

인생의 목적_1월 16일

거짓 신앙은 대부분 우리 불행의 주요 원인이다. 톨스토이

인생의 목적은 우리 삶의 불합리한 시작을 합리적 시작을 향해 끌어가는 것이다. 이 일에 성공하기 위해서는 두 가지가 중요하다. 첫째, 인생의 모든 불합리하고 어리석은 일들을 바라보고, 주의 깊게 살피며, 연구하는 것이다. 둘째, 합리적이고 현명한 삶의 가능성을 이해하는 것이다. 인류의 모든 스승의 주요 목적은 우리 삶의 비합리적이고 합리적인 시작들을 이해하는 것이었다.

톨스토이

그리스도의 가르침을 있는 그대로, 명백하고 단순한 것으로 받아들여라. 그러면 너는 우리가 거창한 거짓말들 속에서 살고 있다는 사실을 깨달을 것이다. 톨스토이

우리는 자신의 견해를 언제든지 바꿀 각오가 있어야 하고, 편견을 버려야 하며, 개방적이고 수용하려는 마음으로 살아가야 한다. 바람의 방향이 바뀌어도 진로를 변경하지 않은 채 언제나 똑같은 돛만 올리는 뱃사람은 자기 목적지인 항구에 결코 도달하지 못할 것이다. H. 조지

January 17

1월 17일_거짓 신앙, 영혼, 친절

너의 영혼을 위해 살아가라. 그러면 네가 그렇게 살려고 애쓰지 않아도, 심지어 네가 그렇게 산다는 것을 이해하지 못해도, 너는 사회의 개선에 기여할 것이다. 톨스토이

너 자신의 영혼을 개선하라. 그리고 네가 너를 일부분으로 받아들여 구성된 더 큰 사회의 개선에 기여할 수 있는 유일한 방법이 바로 너 자신에게 있는 영혼의 개선이라고 확신하라. 톨스토이

연결된 두 그릇의 수위가 동일한 수준에 도달할 때까지 물이 한쪽에서 다른 쪽으로 흘러가듯이, 지혜도 지혜로 충만한 사람으로부터 지혜가 전혀 없는 사람에게 흘러갈 수 있는 성질의 것이라면 참으로 좋을 것이다. 문제는 지혜를 얻기 위해 네가 독자적으로 열심히 노력해야 된다는 것이다. 톨스토이

너는 왜 너 자신을 학대하는가? 너는 친절을 바라지만 어디서 그것을 발견할는지 모른다. 하느님의 도움이 없이는 네가 아무 것도 할 수 없다는 사실을 알라. 하느님은 너의 유일한 주님이고 너의 유일한 주인이다. 그리고 너는 다른 존재를 필요로 하지 않는다. 하느님은 너를 자유롭게 만들 것이다. 라므네

네가 친절과 사랑을 다른 사람에게 가르쳐 줄 수 있는데도 그렇게 하지 않는다면 너는 형제를 잃는다. 중국 속담

지식_1월 18일

유일한 참된 지식은 사람이 어떻게 자신의 삶을 살아가야 하는지에 관한 지식이다. 그리고 이 지식은 모든 사람에게 공개된 것이다. 톨스토이

학자는 많은 책을 알고 있다. 교육을 잘 받은 사람은 지식과 기술을 가지고 있다. 깨달은 사람은 자기 삶의 의미와 목적을 이해한다. 톨스토이

세상에는 무한한 수효의 각종 지식이 있다. 그러나 한 가지 근본적인 지식, 즉 인생의 목적은 무엇인지, 사람들을 위해 무엇이 유익한지에 관한 지식이 없이는 다른 모든 지식과 기술은 하찮고 해로운 오락이 된다. 톨스토이

우리는 모든 시대의 가장 현명한 사람들이 이해한 삶과 상반되는, 무분별한 삶을 살아가고 있다. 이러한 일이 벌어지는 이유는 우리의 젊은 세대가 잘못된 방식으로 교육을 받았기 때문이다. 다시 말하자면, 그들은 과거와는 다른 지식을 배웠지만 삶의 의미는 배우지 못했던 것이다. 톨스토이

January 19

1월 19일_자기희생, 개선

너의 사생활에도 사회생활에도 오로지 한 가지 법칙만 있다. 그것은 네 영혼의 개선을 바란다면 너는 네 영혼을 희생할 각오가 되어 있어야만 한다는 것이다. 톨스토이

사회는 오로지 자기희생을 통해서만 개선될 수 있다.

톨스토이

사람의 개선은 그의 내면적 자유의 수준에 의해 측정될 수 있다. 자신의 개성에 구애를 받지 않을수록 그는 더 많은 자유를 누린다. 톨스토이

하늘과 땅은 영원하다. 천지는 자신을 위해 존재하지 않기 때문에 영원하다. 이와 마찬가지로 참으로 거룩한 사람은 자신을 위해 살지 않는다. 그러므로 그는 영원한 존재가 되고 어떠한 것도 성취할 수 있다. 노자

죽음, 사후_1월 20일

죽음과 출생은 양쪽 끝의 한계다. 그리고 이 두 가지 뒤에는 유사한 어떤 것이 각각 숨겨져 있다. 톨스토이

사후에 너의 영혼에게 어떤 일이 일어날는지 생각할 때에는 출생 이전에 너의 영혼에게 어떤 일이 일어났는지에 관해서도 또한 생각하라. 네가 어디론가 갈 계획이라면 너는 어디로부터인가 왔던 것이다. 톨스토이

우리는 사후에 어디로 가는가? 우리는 우리가 출발했던 곳으로 간다. 그곳에는 우리 자신이라고 불릴 수 있는 것이 전혀 없다. 그러므로 우리는 그곳에서 우리에게 일어났던 일을 기억하지 못하고 있다. 톨스토이

올바른 삶을 영위하고 있을 때 사람은 현재의 순간을 행복하게 지내고 사후에 일어날 일은 생각하지 않는다. 만일 죽음에 관해서 생각한다면 그는 이승의 삶이 얼마나 잘 설계되었는지 살펴보고 사후의 모든 일이 현재와 마찬가지로 좋을 것이라고 믿는다. 낙원의 모든 즐거움을 믿기보다는 하느님이 우리를 위해 만든 모든 것은 좋다고 믿는 것이 훨씬 더 낫다. 톨스토이

사람은 사후에 일어날 일에 관해 너무 깊이 생각해서는 안 된다. 우리를 이 세상에 내보낸 사람들의 의지를 따라라. 그 의지는 우리의 정신과 마음속에 들어 있다. 톨스토이

January 21

1월 21일_노동, 잘못, 악, 절제

사람은 자신의 이성을 충실히 따를수록, 그리고 자신의 욕망을 열심히 억제할수록 정신적인 삶, 하느님과 이웃에 대한 사랑과 한층 더 가까워진다. 톨스토이

자기 집을 지붕으로 덮지 않는가 하면 창틀에 창을 달지도 않은 채, 폭풍우가 몰아치는 날 밖으로 나가서 바람과 비와 구름을 질책하는 사람이 있다면, 우리는 그를 미치광이로 여길 것이다. 그러나 우리 모두는 자기가 지니고 있는 악은 물리치지 않은 채, 다른 사람들이 지닌 악은 질책하고 비난하는 경우, 위의 미치광이와 똑같은 짓을 하고 있다. 우리는 집에 지붕을 씌우고 창문들을 다는 것이 가능한 것과 마찬가지로 우리가 지닌 악을 버리는 것도 가능하다. 그러나 우리는 날씨가 변하도록, 구름들이 사라지도록 명령하기가 불가능한 것과 마찬가지로 이 세상에서 악을 소멸시키기도 불가능하다. 만일 우리가 다른 사람들을 가르치는 일 대신에 우리 자신을 교육하고 개선하는 일을 한다면, 이 세상에는 악이 훨씬 더 줄어들 것이고 모든 사람은 더 나은 삶을 살게 될 것이다. 톨스토이

세상에서 가장 중요한 일은 가시적인 일, 우리가 눈으로 볼 수 있는 일, 즉 집을 짓고 밭을 갈고 가축을 지르고 열매를 채집하는 일 등인 반면, 비가시적인 일, 우리 영혼이 하는 일은 중요하지 않은 듯이 보인다. 그러나 우리 영혼의 개선을 위한 비가시적인 일이 세상에서 가장 중요한 일인 반면, 가시적인 다른 모든 종류의 일은 오로지 우리가 영혼의 개선을 위한 이 중요한 일을 할 때에만 유용한 것이다. 톨스토이

살인_1월 22일

신성한 시작은 모든 사람 안에 똑같이 살아 있다. 그리고 어떠한 개인도, 개인들의 집단도 신성한 시작과 개인의 육체 사이의 이 연결을 파괴할 권리, 즉 사람의 목숨을 빼앗을 권리는 없다.

톨스토이

어떠한 예외도, 특수 상황도 살아 있는 개인에 대한 살인행위를 정당화시킬 수 없다. 살인은 모든 종교적 가르침과 모든 사람의 양심 안에 표현된 신의 법칙을 가장 비열하게 위반하는 행위다.

톨스토이

평화로울 때 군인들은 완전한 게으름에 빠져 있기 때문에 군대복무는 사람들을 타락시킨다. 그들은 유익한 노동을 하지 않고, 그러한 노동을 할 의무가 면제되어 있다. 그 대신 연대의 영예, 군기(軍旗)의 영예, 한 사람이 다른 사람을 완전히 굴복시키는 일 등의 개념을 만들어낸다. 민간인들은 이러한 여건에 처한다면 이러한 생활방식을 부끄럽게 여긴다. 반면 군인들은 이러한 생활방식을 자랑스럽게 여기고 자랑을 한다. 특히 전쟁기간에 그러하다. 그들은 이렇게 말한다. "우리는 전쟁할 때 목숨을 바칠 각오가 되어 있다. 그러므로 우리에게는 무분별하고 즐거운 생활이 필요하고 그렇게 살아갈 권리가 있다." 톨스토이

January 23

1월 23일_분노, 악인

너의 분노는 어떠한 것으로도 정당화될 수 없다. 네가 분노하는 이유는 너 자신 안에 있다. 톨스토이

모든 죄 가운데에는 인생의 중대한 행복, 즉 너의 형제에 대한 너의 사랑과 완전히 상반되는 것이 있다. 너의 형제에 대한 분노와 증오의 감정으로 인생의 이 중대한 기쁨을 말살하는 것보다 더 큰 죄는 없다. 톨스토이

로마의 현자인 세네카는 이렇게 말했다. "네 마음속에서 분노가 끓어오를 때 그 분노를 피하고 싶다면 가장 좋은 방법은 멈추는 것이다. 아무것도 하지 마라. 걸어가지도 마라. 말하지도 마라. 네가 그 순간에 몸이나 혀를 움직인다면 분노는 더욱 격화될 것이다." 분노는 모든 사람에게 매우 해롭다. 특히 분노하는 사람에게 가장 해로운 것이다. 톨스토이

너의 원수는 너에게 분노로 갚고 너에게 고통을 줄 것이다. 그러나 너에게 가장 큰 피해를 주는 것은 바로 너의 마음속에 자리 잡고 있는 분노와 증오다. 너의 부모도 모든 가족들도 모욕을 용서하고 잊어버려주는 너의 마음보다는 너를 더 좋은 사람으로 만들어줄 수는 없다. 불교의 지혜의 책 담마파다

사악한 사람은 다른 사람뿐만 아니라 자기 자신도 해친다.

소크라테스

목표, 지혜_1월 24일

인류가 어디로 가고 있는지는 아무도 모른다. 그렇다면 가장 탁월한 지혜는 "너 자신" 이 어디로 가야만 하는지를 아는 것이다. 너의 목표는 완성이다. 톨스토이

네 주위 사람들이 바라는 것이 아니라 모든 인류에게 필요한 것으로 너의 행동을 결정해야 한다. 톨스토이

현명한 사람은 지혜를 찾는다. 미치광이는 자기가 지혜를 이미 찾았다고 생각한다. 페르시아 속담

중요한 것은 우리가 차지하고 있는 장소가 아니라 우리가 나아가고 있는 방향이다. O. W. 홈즈

January 25

1월 25일_근본적인 지식

다수의 불필요한 학문을 연구하는 것보다 인생의 여러 가지 근본 원칙을 아는 것이 더 낫다. 인생의 근본원칙들은 네가 악행을 그만 두게 만들고 너에게 선행의 길을 보여줄 것이다. 그러나 다수의 불필요한 학문의 지식은 너를 오만의 유혹 쪽으로 이끌고 네가 인생의 근본원칙들을 알지 못하도록 막을 것이다. 톨스토이

누구에게나 필요한 근본적인 지식이 있다. 누구나 이 근본적인 지식을 얻을 때까지 다른 모든 지식은 그에게 해로울 것이다.

톨스토이

소크라테스는 자기 제자들에게 교육의 훌륭한 체계 안에서는 그들이 넘어서는 안 되는 어떤 한계가 있다고 말했다. 또한 그는 기하학의 경우, 그들이 팔거나 사고 싶은 토지를 측량할 줄 아는 것, 또는 유산을 분배할 줄 아는 것, 또는 일을 일꾼들에게 나누어줄 줄 아는 것으로 충분하다고 말했다. 그는 수많은 복잡한 학문을 잘 알고 있었음에도 불구하고 그러한 학문들을 좋아하지 않았다. 그는 복잡한 지식은 더 많은 노력을 요구하고, 그 결과 가장 근본적이고 가장 중요한 인간의 목표, 즉 도덕적 완성에 바칠 제자들의 시간을 빼앗아 간다고 말했다. 크세노폰

거짓말이 판치는 세상을 외면하라. 너 자신의 느낌을 믿지 마라. 오로지 너 자신 안에서만, 너의 비인격적인 자아 안에서만 너는 영원한 것을 발견할 수 있다. 불교의 지혜의 책 담마파다

부자의 삶_1월 26일

부자는 자비로울 수가 없다. 만일 그가 진정으로 자비로운 사람이 된다면 자기 재산을 빨리 잃을 것이다. 톨스토이

말과 혀로 사랑하는 것이 아니라 행동과 진실로 사랑하기 위해서는 누구나 자기에게 도움을 청하는 사람들을 도와주어야 한다고 그리스도는 말했다. 그러나 네게 도움을 청하는 모든 사람을 네가 돕기 시작한다면, 아무리 대단한 부자라 해도 너는 곧 더 이상 부자가 아닐 것이다. 톨스토이

부자의 삶의 비참함을 가장 잘 보여주는 예는 그가 미덕을 실천하는 사람이 되려고 노력하는 것이다. 톨스토이

누구든지 세상의 재물을 가지고 있으면서 자기의 형제가 궁핍한 것을 보고도 마음의 문을 닫고 그를 동정하지 않는다면 어떻게 그에게 하느님을 사랑하는 마음이 있다고 하겠습니까? 사랑하는 자녀들이여, 우리는 말로나 혀끝으로 사랑하지 말고 행동으로 진실하게 사랑합시다. 요한 1서 3:17, 18

거지들에게 돈을 주기에 앞서서 다른 사람들의 것을 빼앗는 짓부터 그만 두어라. 우리는 다른 사람들의 것을 뺏는 바로 그 손으로 또 다른 사람들에게 베푼다. 극도로 가난한 사람들마저 등쳐서 빼앗은 돈을 다른 가난한 사람들에게 주는 것이다. 이러한 자선보다는 차라리 자선을 하지 않는 것이 더 낫다.

요한 크리소스토무스

January 27

1월 27일_사랑

현명한 사람은 사랑의 행위에서 이익을 얻기를 바라기 때문에 사랑하는 것이 아니라 사랑 자체 안에서 행복을 발견하기 때문에 사랑한다. 톨스토이

다른 사람들에 대한 사랑은 진정한 행복감을 준다. 또한 그것은 너를 다른 사람들과, 그리고 하느님과 하나로 결합한다.

톨스토이

사람들이 어느 중국인에게 "지식이란 무엇입니까?" 하고 물었다. 그는 "지식이란 다른 사람들을 아는 것입니다."라고 대답했다. 그러자 사람들이 "미덕이란 무엇입니까?" 하고 물었다. 그는 "미덕이란 다른 사람들을 사랑하는 것입니다."라고 대답했다.

톨스토이

어머니가 자기 외아들을 지키고 구하기 위해 목숨의 위험도 무릅쓰는 것과 마찬가지로 사람은 누구나 모든 생물에 대한 사랑을 자기 자신 안에서 지키고 구해야 한다. 톨스토이

아무 것도 두려워하지 않는 마음, 고요한 내면의 평화, 그리고 사랑이 우리에게 주는 기쁨은 너무나도 가치가 큰 것이기 때문에 이 세상의 다른 모든 것들은 이것들과 비교될 수 없다. 특히 사랑의 진정한 행복을 아는 사람의 경우에는 더욱 그러하다.

톨스토이

법, 자유_1월 28일

자기를 자유롭게 만들어주는 그 법을 아는 사람의 경우, 그의 삶은 물질적인 것에서 영적인 것으로 승화되어야 한다.

톨스토이

선생님은 "나와 하느님은 동일하다."고 말했다. 만일 네가 나의 정신적 존재가 하느님이라고 생각한다면 그것은 틀린 생각이다. 그러나 나의 진정한 자아는 하느님에게, 그리고 다른 사람들에게 가까운 것이다. 나 자신의 이 측면을 이해하기 위해서는 네가 너 자신 안에 있는 사람을 승화시켜야 한다. 만일 네가 너 자신 안에 있는 그 사람을 승화시킨다면, 그 사람과 지상의 다른 모든 사람 사이에 차이가 없다는 사실을 깨달을 것이다. 우리는 서로 다르게 보일 따름이다. 꽃이 만발한 나무에 붙은 꽃 한 송이는 자기가 다른 꽃송이들과 다르다고 생각할 수 있다. 그러나 모든 사과 꽃은 동일한 사과나무에서 핀 꽃 가운데 하나이고 동일한 한 개의 씨에서 모두 나온 것이다. 톨스토이

사람들이 만든 법에 복종하는 사람은 노예가 되고 하느님이 만든 법에 순종하는 사람은 자유인이 된다. 톨스토이

우리는 이 세상에서 짧은 기간 동안 살지만 영원한 삶의 법들에 따라서 살아간다. H. D. 소로

January 29

1월 29일_노력, 영혼, 지혜, 마음

지혜란 인생의 목적을 아는 것, 그리고 그 목적을 달성하는 방법을 아는 것이다. 톨스토이

어떠한 사물이든 그 안에서 진정한 지혜가 드러날 수 없는 것은 하나도 없다. 톨스토이

너는 지혜를 세 가지 방법으로 얻을 수 있다. 첫째 방법은 명상이다. 이것은 가장 고상한 방법이다. 둘째 방법은 모방이다. 이것은 가장 쉽고 또한 가장 바람직하지 않은 방법이다. 셋째 방법은 경험이다. 이것은 가장 어려운 방법이다. 공자

개인의 가치는 그가 지닌 지식에 달린 것이 아니라 그 지식을 얻기 위해 쏟은 그의 노력에 달려 있다. 레싱

네가 너 자신을 연구하고 싶다면 다른 사람들의 마음속을 들여다보라. 네가 나른 사람들을 연구하고 싶다면 너 자신의 마음속을 들여다보라. 쉴러

너의 영혼은 너의 재판관임과 동시에 너의 피난처다. 너의 영혼이야말로 너의 최고의 재판관이다. 마누

악행에 대한 대응, 친절_1월 30일

너는 남이 네게 행한 악행에 대해 친절로 대응해야 한다. 그러면 악인이 자신의 악행에서 얻는 즐거움을 너는 그의 마음속에서 없애버릴 것이다. 톨스토이

사랑의 진정한 가르침은 강하다. 그것은 악이 자라고 강력해지기 전에 악을 없앨 것이다. 톨스토이

옛날에 사람들은 곰을 잡을 때 꿀통 위에 무거운 통나무를 매달아 놓았다. 곰은 꿀을 먹기 위해 통나무를 밀쳤다. 그러면 통나무는 뒤로 갔다가 다시 앞으로 나와 곰을 쳤다. 화가 난 곰이 통나무를 더욱 세게 밀쳤다. 그러면 통나무는 다시 앞으로 나와 더욱 세게 곰을 쳤다. 이러한 동작이 반복된 끝에 결국 곰이 죽었다. 사람들은 남이 자기에게 행한 악행에 대해 악행으로 갚을 때에는 곰과 마찬가지로 행동하는 것이다. 사람들이 곰보다 더 현명하게 될 수는 없는가? 톨스토이

소크라테스는 어느 도시국가 출신인지 묻는 질문에 대해 자기는 온 세상의 시민이라고 대답했다. 그는 자신을 세계시민으로 여겼다. 키케로

January 31

1월 31일_거짓 신앙, 위장

그리스도의 가르침의 핵심은 그의 계명들을 지키는 것이다. "나의 하느님, 나의 주님" 이라는 말만 반복할 뿐인 사람들은 하늘나라에 들어가지 못할 것이다. 오로지 하느님의 뜻을 실천하는 사람들만이 그 나라에 들어갈 것이다. 톨스토이

극도로 오만한 사람들이 다른 사람들이 당연하게 여기고 아무런 논의나 의심도 없이, 신앙에 입각하여 누구나 받아들이는 교회법을 제정한다. 사람들이 왜 그것을 당연시하고 받아들여야만 한단 말인가? 톨스토이

이 얼마나 이상한 일인가! 수많은 악당들은 종교의 이익에 대한 헌신으로, 고상한 도덕으로, 또는 애국심으로 그들의 더러운 행동들을 위장하려고 한다. 하이네

너희는 스승 소리를 듣지 마라. 너희 스승은 오직 한 분뿐이고 너희는 모두 형제들이다. 또 이 세상 누구를 보고도 아버지라고 부르지 마라. 너희 아버지는 하늘에 계신 아버지 한 분뿐이다. 또 너희는 지도자라는 말도 듣지 마라. 너희 지도자는 그리스도 한 분뿐이다. 마태오 23:8, 10

FEBRUARY

2월

사람의 삶에는 두 가지 서로 다른 상태가 있다. 첫째는 죽음을 생각하지 않은 채 살아가는 상태이고, 둘째는 인생의 매시간 너 자신이 죽음을 향해 한층 더 가까이 다가가고 있다고 생각하면서 살아가는 상태이다.

톨스토이

February 1

2월 1일_정신, 정신세계

물질적인 것에서 정신적인 것이 어떻게 유래했는지는 설명이 불가능하다. — 톨스토이

정신세계와 물질세계의 차이는 어린아이와 현자 모두에게 뚜렷하고 현저한 것이다. 이에 관해서는 더 이상 추측할 필요가 없다.

— 톨스토이

사람은 육체와 정신으로 구성되어 있다. 그래서 누구나, 특히 젊은 시절에는 자기 육체에 대해서만 관심이 있는 경우가 많다. 그러나 모든 사람의 가장 본질적인 부분은 육체가 아니라 정신이다. 네가 잘 보살펴야 하는 것은 육체가 아니라 정신이다. 너는 이것을 끊임없이 배워야 한다. 그리고 너의 진정한 삶은 정신 안에 있는 것이다. 너의 정신 안에 있는 삶이 일상생활의 더러운 것에 오염되지 않도록 막아주어라. 그리고 너의 육체가 그것을 인도하지 못하도록 하라. 너의 육체를 정신에 복종시켜라. 그러면 너는 너의 임무를 완수하고 행복한 생활을 누릴 것이다.

— 아우렐리우스

죽음_2월 2일

사람의 삶에는 두 가지 서로 다른 상태가 있다. 첫째는 죽음을 생각하지 않은 채 살아가는 상태다. 둘째는 인생의 매시간 너 자신이 죽음을 향해 한층 더 가까이 다가가고 있다고 생각하면서 살아가는 상태다. 톨스토이

너는 자신의 삶을 물질세계에서 정신세계로 한층 더 옮겨갈수록 죽음에 대한 두려움이 더욱 더 줄어들 것이다. 참으로 정신적 삶을 살아가는 사람은 죽음을 전혀 두려워하지 않는다. 톨스토이

어떻게 해야 좋을지 망설이는 경우에는 너 자신이 바로 그 날이 끝날 때쯤 되면 죽을 것이라고 상상하라. 그러면 모든 망설임이 사라지고 너는 너의 양심이 지시하는 것, 네가 진정으로 원하는 것을 분명하게 깨달을 것이다. 톨스토이

즉결처분의 판결을 받은 사람은 자기 재산의 증가, 명예의 획득, 어느 한 세력이 다른 세력을 물리치고 얻는 승리, 새로운 행성의 발견 등에 관해서는 생각하지 않을 것이다. 그러나 자신의 죽음을 1분 앞둔 사람은 학대받는 사람을 위로하거나 노인이 일어서도록 부축해주거나 다른 사람의 상처에 붕대를 매어주거나 어린아이를 위해 장난감을 고쳐주려고 할 것이다. 톨스토이

February 3

2월 3일_사랑, 친절, 행복

친절과 영혼의 관계는 건강과 육체의 관계와 같다. 너는 그것을 지니고 있을 때 그것을 알아채지 못한다. 톨스토이

사랑은 한 사람이 다른 사람을 위해 자신을 희생할 때 실제로 존재한다. 오로지 한 사람이 다른 사람을 위해 자신을 잊어버리고 다른 사람을 위해서 살아 갈 때에만 존재한다. 그리고 이러한 종류의 사랑만이 참된 사랑이라고 할 수 있다. 또한 이러한 사랑 안에서 우리는 삶의 행복과 보상을 발견한다. 이러한 사랑은 온 세상의 초석이다. 톨스토이

영원한 친절보다 우리의 삶 또는 다른 사람들의 삶을 더 아름답게 만들 수 있는 것은 하나도 없다. 톨스토이

사람은 누구나 다른 사람들에게 행복을 주는 그만큼 자기 자신도 행복해진다. 벤덤

하느님의 뜻은 우리가 행복하게 살고, 다른 사람들의 삶에 대해서도 관심을 가지는 것이다. 러스킨

운명, 자유, 재산, 진리_2월 4일

사람은 진리 안에서 살 때 자유롭고, 진리는 오로지 이성에 의해서만 인식된다. 톨스토이

우리는 자신의 욕망과 다른 사람들의 감정의 지배를 받아 자신의 이성이 요구하는 것들을 잊어버리는 그만큼 이 세상에서 자유롭지 못하다. 우리가 완전히 자유롭게 되기를 바란다면 그것은 오로지 이성을 통해서만 가능하다. 톨스토이

네가 호두와 과자를 길에 뿌린다면 아이들이 와서 주우면서 자기들끼리 다투고 싸우는 광경을 반드시 보게 될 것이다. 어른들은 그런 물건 때문에 서로 싸우지 않을 것이다. 그리고 어린아이들도 호두의 빈껍데기들을 주우려고 하지는 않을 것이다.
현명한 사람들에게는 재산, 명예, 이 세상의 보상 등은 길에 떨어진 과자 또는 호두의 빈껍데기와도 같다. 그런 것은 어린아이들이나 줍고 서로 싸우도록 하라. 어린아이들이나 부자들의 손, 통치자들의 손, 그리고 그들의 하인들의 손에 키스하도록 하라. 왜냐하면 현명한 사람들에게는 이 모든 것이 빈껍데기에 불과하기 때문이다. 에픽테투스

생각하는 사람의 분명한 특징은 자기 운명에 대한 복종이다. 그와 반대로 짐승들의 특징은 운명을 거슬러 수치스럽게 발버둥치는 것이다. 아우렐리우스

February 5

2월 5일_생각

사람의 생각은 자유롭고 독자적인 것처럼 보이지만, 사람 자신은 생각보다 더 강한 것, 생각을 인도할 수 있는 어떤 것이다.

톨스토이

개인이 살아가는 경우나 사회생활에서 모든 사건은 사람의 생각에서 시작된다. 그러므로 다른 사람들의 생각이나 사회를 이해하려면, 이미 일어난 사건의 원인이 되는 사람들의 생각을 살펴보아야 한다. 톨스토이

어쩌면 우리가 생각해야 하는 것보다는 생각해서는 안 되는 것이 더욱 중요할지도 모른다. 톨스토이

너 자신이나 다른 사람들의 행동양식을 바꾸려고 한다면, 행동 자체가 아니라 행동의 원인이 되는 생각을 바꾸어야 한다.

톨스토이

우리의 생각은 그것이 좋은 것인가 나쁜 것인가에 따라서 우리를 낙원 또는 지옥으로 데리고 갈 수 있다. 이러한 일이 일어나는 곳은 천당도 지옥도 아니고, 바로 여기, 우리가 사는 이승이다.

맬러리

욕망_2월 6일

수많은 사람들은 살아가는 동안 많은 나쁜 일에 개입되어 왔기 때문에 걱정을 하고 고통을 당한다. 그러나 사실 좋은 일들은 우리가 바라는 것과는 상관없이 닥치는 경우가 많고, 때로는 우리가 바라지 않는데도 불구하고 닥치는가 하면, 하찮은 일들에 대해 우리가 흥분하고 괴로워하는 시기가 지난 뒤에야 닥치는 경우도 많다. 톨스토이

성욕은 모든 욕망 가운데 가장 소모성이 강한 것이다. 성욕은 결코 만족을 모른다. 왜냐하면 만족시켜주면 줄수록 이 욕망은 더욱 강해지기 때문이다. 톨스토이

흔히 사람들은 자신의 욕망에 대한 극복에 대해, 그리고 그러한 욕망을 극복하는 힘과 열정에 대해 자랑스럽게 여긴다. 이 얼마나 기괴한 환상인가! 톨스토이

너는 과거에 얼마나 많은 것을 극도로 열망하다가 이제는 그것들을 혐오하고 경멸하는지 기억하라. 너는 예전의 욕망들을 채우려고 애쓰면서 얼마나 많은 것을 잃었는지 기억하라. 너를 현재 흥분시키는 욕망들에 관해서도 똑같은 일이 지금 벌어질 수 있다. 네가 현재 느끼는 욕망들을 극복하고 가라앉히도록 노력하라. 이것이 가장 유익하고 또 가장 쉽게 성취할 수 있는 것이다.

톨스토이

February 7

2월 7일_개선, 완성, 욕망

"하늘에 계신 너의 아버지와 마찬가지로 너희도 완전한 사람이 되어라." 고 그리스도는 말했다. 이것은 그리스도가 모든 사람이 하느님과 마찬가지로 선하게 되라고 요구한 것이 아니라, 모든 사람이 완전한 사람이 되도록 노력해야만 한다는 것을 요구했을 뿐이다. 톨스토이

자기 자신을 완전하게 만드는 일은 내면적인 측면과 아울러 외부적인 측면도 있다. 너는 다른 사람들과 교류하고 그들에게 영향을 미치며, 그들로부터 영향을 받는 일이 없이는 너 자신을 개선하기가 불가능하다. 톨스토이

너의 생활에서 물질적 측면, 동물적 측면만 개선하는 것보다 너에게 더 해로운 것은 없다. 너의 개선을 위한 활동보다 너 자신을 위해서 혹은 다른 사람들을 위해서 더 유익한 것은 없다.

톨스토이

세 가지 유혹, 즉 성욕, 오만, 재물에 대한 욕심이 사람들을 괴롭힌다. 인류의 모든 불행은 이 세 가지 욕망에서 나온다. 이 세 가지가 없다면 사람들은 행복하게 살 것이다. 그러나 우리는 어떻게 이 무서운 고질병들에서 벗어날 수가 있겠는가? 너 자신을 보살피고 개선하라. 이것이 그 해답이다. 이 세상의 개선은 너 자신의 내면에서 먼저 시작하라. 라므네

비난, 다툼, 판단_2월 8일

사람들은 왜 다른 사람들을 비난하기를 좋아할까? 다른 사람들을 비난하는 사람은 자기는 다른 사람들과 똑같이 행동하지 않았을 것이라고 생각한다. 이것은 이웃사람들에 대한 험담을 즐겨 듣는 사람의 경우도 마찬가지다. 톨스토이

두 사람이 다투고 있을 때에는 두 사람 모두에게 잘못이 있다. 그러므로 적어도 어느 한쪽이 자신의 잘못을 깨달을 때에만 비로소 다툼이 멈출 것이다. 톨스토이

다른 사람들을 비난하는 것을 멈추어라. 그러면 알코올 중독자가 술을 끊거나 애연가가 흡연을 끊을 때 느끼는 것과 같은 느낌을 느낄 것이다. 너는 스스로 자기 정신에게 안식을 가져다주었음을 느낄 것이다. 톨스토이

남을 판단하지 마라. 그러면 너희도 판단 받지 않을 것이다. 남을 판단하는 대로 너희도 하느님의 판단을 받을 것이고 남을 저울질하는 대로 저울질을 당할 것이다. 마태오 7:1, 2

February 9

2월 9일_권력, 전쟁, 증오, 친절

어린아이는 다른 어린아이를 만날 때 미소를 지으며 친근한 태도로 기쁨을 표시한다. 모든 정직한 사람들도 이와 똑같은 태도를 취하면서 산다. 그러나 한 나라의 사람은 다른 나라의 사람을 원래부터 미워하는가 하면, 고통을 주고, 심지어는 죽이려고 한다. 그것은 그가 외국인을 만나보기 이전에도 그러하다. 각국에서 이러한 감정을 일으키는 사람들은 무서운 범죄를 저지르고 있는 것이다! 톨스토이

전쟁이 초래하는 물질적 피해는 막심하다. 그러나 그것은 전쟁 중에 발생하는 선악의 도착이나 왜곡, 그리고 사려 분별이 없는 사람들의 정신에 주입된 선악의 도착이나 왜곡에 비하면 한없이 미미한 것이다. 톨스토이

우리는 권력과 영광을, 결국에는 가장 자격이 없고 가장 사악한 사람들이 차지하는 경우가 너무나도 흔한 상대로 만들어낸다. 톨스토이

세상에 알려진 가장 강력한 무기는 축복이라는 무기다. 그러므로 영리한 사람은 그것에 의존한다. 그는 전쟁이 아니라 평화를 이용하여 이긴다. 노자

겸손, 물_2월 10일

너 자신의 잠재력을 찾아내려고 노력하라. 그것을 안 뒤에는 과소평가하기를 두려워하지 마라. 그것을 과장하지 않도록 조심하라.

톨스토이

사람은 자기 자신을 높이 평가하면 할수록 그의 입장은 더욱 위태롭게 된다. 오히려 자기 자신을 낮게 평가하면 할수록 그의 입장은 더욱 확고해진다. 톨스토이

강하게 되려면 너는 물처럼 되어야 한다. 장애물이 없으면 물은 흐른다. 장애물이 있으면 물은 멈춘다. 댐이 터지면 물은 더욱 멀리 흘러간다. 배가 사각형인 경우 물은 사각형이 된다. 배가 원형인 경우에는 물이 원형이 된다. 물은 너무나도 부드럽고 유연하기 때문에 가장 필요한 것임과 동시에 가장 강한 것이다. 노자

사람은 자기 내면의 자아를 파헤치면 파헤칠수록 자기 자신에게 더욱 하찮은 존재처럼 보인다. 이것이 지혜의 첫 번째 교훈이다. 겸손해지자. 그러면 우리는 현명해질 것이다. 우리의 약점을 깨닫자. 그러면 그 약점은 우리에게 힘을 줄 것이다. 채닝

물은 산꼭대기에 머물지 않고 계곡을 향해 흐른다. 이와 마찬가지로 진정한 미덕은 남들보다 더 높아지기를 바라는 사람들과 함께 머물지 않고 오히려 겸손한 사람들과 함께 머문다. 탈무드

February 11

2월 11일_욕망, 의무, 하느님의 법

사람의 삶은 하느님의 뜻이 바라는 바를 충족시키는 정도에 따라 훌륭한 것이 된다. 톨스토이

고통과 죽음의 형태를 취한 불행은 자신의 물질적, 동물적 존재의 법을 삶의 주요한 법으로 받아들이는 사람에게는 어디서나 분명하게 드러난다. 사람은 오로지 자신을 동물의 상태로 격하시킬 때에 죽음과 고통을 몹시 두려워한다. 그가 그러한 두려움에서 벗어나는 유일한 길은 하느님의 법, 즉 사랑 안에서 표현되는 법을 충실히 따르는 길이다. 하느님의 법을 따르는 사람에게는 죽음도 고통도 없다. 톨스토이

우리는 하느님의 법을 알고 있는데, 세상의 서로 다른 종교들이 우리에게 제시하는 그것도 알고, 욕망과 편견에 흐려지지 않은 상태의 우리 양심도 알고 있다. 또한 우리는 이 법을 우리의 삶에 적용하는 방법을 쉽게 이해할 수 있다. 왜냐하면 모든 진정한 신앙은 이 법의 요구로부터 나오기 때문이다. 톨스토이

현재 있는 그대로의 너 자신에 적합하게 살고, 네가 도달해야만 하는 바람직한 수준의 인간이 되도록 노력하라. 그 나머지는 하느님의 일이다. 아미엘

우리 의무의 완수와 개인적 욕망의 충족은 서로 다른 것이다. 의무는 그 나름대로 법칙이 있다. 우리가 우리 의무를 욕망과 섞으려 애쓴다 해도 그것들은 스스로 분리될 것이다. 칸트

영원, 죽음, 하느님_2월 12일

네가 삶을 더 깊이 이해하면 할수록, 죽음이 초래하는 파괴에 대한 너의 비탄은 한층 더 줄어든다. ~톨스토이

길게 보면 죽음이 우리 모두를 기다리고 있다는 사실은 누구의 눈에나 분명하다. 그럼에도 불구하고 우리는 마치 죽음이 닥치지 않을 듯이 삶을 이어가고 있다. ~톨스토이

우리의 내면에는 오로지 하느님만 존재하고 또한 영원성이 존재한다면, 모든 것이 달라진다. 우리는 선과 악, 빛과 어둠을 구별할 수가 있고, 그러면 절망이 사라진다. ~에라스무스

우리가 당면한 주요 문제들 가운데 하나는 우리의 삶이 사후에는 끝날 것인가 아닌가 하는 것이다. 우리가 영원불멸을 믿는지 여부는 우리 행동들을 결정한다. 그러므로 우리 안에서 무엇이 유한한 것이고 무엇이 영원한 것인지 결정하고 영원한 것들을 소중히 간직하는 것은 매우 중대하다. 대부분의 사람들은 이와는 정반대로 행동한다. ~파스칼

인간의 기원에 대해 네가 어떠한 명칭을 부여하든 상관없이, 이해하고, 느끼고, 존재한다는 사람들의 이 정신적 특질은 거룩하고 신성하다. 따라서 영원한 것이 아니면 안 된다. ~키케로

February 13

2월 13일_거짓 신앙, 종교

종교는 어느 누구도 이해할 수 있는 철학이다. 톨스토이

종교는 마음을 겨냥하며 이성으로 이해되는 단순한 지혜다.

톨스토이

종교는 철학적 사색을 깨달음으로 인도할 수 있는 반면, 철학적 사색은 종교를 강화시킬 수 있다. 그러므로 상대방이 살아 있거나 고인이거나를 막론하고, 진정한 종교인들, 참으로 훌륭한 철학자들과 교류하도록 노력하라. 톨스토이

사람은 오로지 자신의 거룩한 삶을 통해서만 하느님을 기쁘게 할 수 있다. 겉으로는 신자처럼 보이는 사람이 선하고 결백하고 겸손한 삶을 살지 않는다면 그는 극심한 거짓말쟁이며 하느님을 거짓으로 섬기는 자다. 칸트

영혼, 정신, 친절, 하느님_2월 14일

하느님은 우리 모두의 각자 안에 살아 계신다. 사람이 이것을 기억할 때, 이것에 대한 생각은 그가 악행을 피하도록 도울 수 있고 선행을 하도록 도울 수 있다. 톨스토이

거룩한 정신이 네 안에 살고 있다. 톨스토이

이성은 친절한 사람 안에서만 깨달음을 얻을 수 있다. 사람은 그의 이성이 깨달음에 도달했을 때에만 친절해질 수 있다. 이 두 가지는 상호보완적이다. 중국의 지혜

비록 사람들이 진정한 친절이 무엇인지 모른다 해도 그들은 자기 자신 안에 친절을 지니고 있다. 공자

어느 상인이 공주와 결혼하고는 그녀를 위해 궁전을 짓고 사치스러운 옷들을 사주었으며 그녀를 행복하게 해주기 위해 수백 명의 하인들을 데리고 왔다. 그러나 공주는 권태롭기만 했다. 공주는 무엇인가를 그리워했고, 자기가 살던 왕궁을 끊임없이 생각했다. 사람의 영혼도 이와 마찬가지다. 너는 지상의 모든 즐거움으로 영혼을 둘러쌀 수 있지만 영혼은 자신의 고향, 하느님이라고 불리는 근원, 자신이 유래한 원래의 장소를 여전히 그리워할 것이다.

탈무드

February 15

2월 15일_단순함, 진리

가장 위대한 진리는 가장 단순한 진리다. 톨스토이

자연의 단순함이 있고 지혜의 단순함이 있다. 이 두 가지는 사랑과 존경을 불러온다. 톨스토이

사람들이 매우 세련되고 교묘한 방식으로 말한다면, 그것은 거짓말 또는 자화자찬을 하려는 것이다. 너는 그러한 사람들을 믿어서는 안 된다. 진실한 말은 언제나 분명하고 현명하며 모든 사람이 이해하는 말이다. 톨스토이

단순함은 세련된 감정의 결과다. 달랑베르

말은 사람들을 단합시킬 수 있다. 그러므로 매우 명료하게 말하고 오로지 진실만을 말하도록 노력하라. 왜냐하면 진실과 단순함보다 사람들을 더 잘 단합시키는 것은 하나도 없기 때문이다.

톨스토이

정신_2월 16일

사람은 감각적이고 물질적인 세계로부터 스스로 벗어난 뒤에만 비로소 자기가 추구해야할 삶의 진정한 목표를 이해할 수 있다.

톨스토이

젊을수록, 그리고 경험이 미숙한 사람일수록 그는 삶이 물질적인 것이며 오로지 육체 안에만 존재한다고 한층 더 굳게 믿는다. 늙을수록, 그리고 현명한 사람이 될수록 그는 어떠한 삶이든 모두 정신으로부터 유래한다는 것을 더욱 잘 이해한다. 톨스토이

하늘과 땅을 바라보고 모든 것이 지나가는 것임을 생각하라. 네가 바라보는 모든 산과 강, 모든 형태의 생명, 자연의 모든 생물은 지나가버리는 것이다. 그렇게 생각한 뒤에야 너는 진리를 이해할 것이다. 다시 말하면 너는 지나가버리지 않고 남는 것을 보게 될 것이다. 불교의 지혜

너는 자신이 유한한 존재가 아님을 기억하라. 오로지 너의 육체만이 유한하다. 살아 있는 것은 너의 육체가 아니라 육체 안에 살아 있는 너의 정신이다. 눈에 보이지 않는 힘이 이 세상을 인도하듯이 그러한 힘이 너의 육체를 인도하고 있다. 키케로

February 17

2월 17일_평등

이 세상의 모든 사람은 이 세상의 특권들에 대해 동등한 권리가 있다. 톨스토이

어떤 사람들이 다른 사람들보다 항상 더 강하거나 더 영리할 것이기 때문에 평등은 불가능하다고 한다. 그러나 리히텐베르크(Lichtenberg)의 말에 따르면, 바로 그 이유 때문에, 어떤 사람들이 다른 사람들보다 더 강하거나 더 영리하기 때문에 평등의 원칙이 필요하다. 가난한 사람들에 대한 부자들의 유리한 입장은 힘과 지식의 불평등뿐만 아니라 각종 공민권의 불평등도 드러내준다.

톨스토이

평등이란 어떤 사람들이 생각하는 것처럼 오로지 행정조치를 통해서만 이루어질 수는 없다. 그것은 오로지 하느님과 사람들에 대한 사랑을 통해서 이루어질 수 있고, 이러한 사랑은 행정조치를 통해서가 아니라 정신적으로 배우는 행동의 결과로서 초래되는 것이다. 톨스토이

그리스도가 인류에게 밝혀준 사실들은 사람이면 누구나 이미 알고 있는 것들이었다. 즉, 모든 사람은 각자 안에 동일한 정신이 살아 있기 때문에 평등하다. 어린아이들에게서 배워라. 어린아이들처럼 행동하라. 그리고 사랑과 친절을 지닌 채 동등한 바탕 위에서 모든 사람을 대하라. 톨스토이

자기희생_2월 18일

오로지 자아를 잊어버리고 자아에 관한 생각에서 벗어날 때에만, 우리는 다른 사람들과 유익한 교류를 하고, 그들의 말에 귀를 기울이며 그들에게 영향력을 발휘할 수가 있다. 톨스토이

자아는 각자 안에 살아 있는 신성한 존재를 가리는 가면이다. 사람이 자아를 버릴수록 이 신성한 존재는 한층 더 분명히 드러난다. 톨스토이

아버지께서는 내가 목숨을 바치기 때문에 나를 사랑하신다. 그러나 결국 나는 다시 그 목숨을 얻게 될 것이다. 누가 나에게서 목숨을 빼앗아가는 것이 아니라 내가 스스로 바치는 것이다. 나에게는 목숨을 바칠 권리도 있고 다시 얻을 권리도 있다. 이것이 바로 내 아버지에게서 내가 받은 명령이다. 요한 10:17, 18

제 목숨을 살리려는 사람은 잃을 것이며 나 때문에 또 복음 때문에 제 목숨을 잃는 사람은 살릴 것이다. 마르코 8:35

일시적인 사물들 안에, 자신의 이름과 육체 안에 삶의 의미가 있다고 보지 않는 사람들은 삶의 진리를 알고 있다.

불교의 지혜의 책 담마파다

February 19

2월 19일_게으름, 노동

비록 네가 생계를 위해 날마다 일할 필요가 없다고 해도 일을 하지 않는 것은 죄다. 톨스토이

일보다 사람을 더 고귀하게 만들어주는 것은 없다. 일을 하지 않고서는 사람은 인간의 존엄성을 지닐 수가 없다. 바로 이런 이유 때문에 게으른 사람들은 자신의 중요성에 관하여 피상적이고 외면적인 표현에 그토록 심하게 염려하는 것이다. 그들은 이러한 표현 없이는 다른 사람들이 자기를 경멸할 것임을 잘 알고 있다.

톨스토이

진리를 받아들이고 우리 죄를 뉘우칠 때 우리는 아무도 이 세상에서 특권, 특혜 또는 우선적 권리 등을 가질 수 없다고 이해한다. 우리의 의무와 책임에는 끝도 없고 한계도 없다. 우리에게 첫 번째로 가장 중요한 의무는 우리의 생명과 다른 사람들의 생명을 위해 자연과 싸우는 것이다. 톨스토이

가장 크고 가장 순수한 기쁨들 가운데 하나는 일한 다음에 누리는 휴식이다. 칸트

항상 일하라. 일이 너에게 불행이라고 생각하지 마라. 그리고 너의 일에 대한 칭찬이나 보상을 받으려고도 하지 마라.

아우렐리우스

게으름은 가장 탁월한 재능들을 망칠 수 있다. 몽테뉴

신앙, 종교_2월 20일

하느님을 섬기고 싶다면, 너는 편견과 싸우는 데 있어서 종교의 발전을 편들어 일하고 깨끗하고 순수한 종교를 더 잘 이해하려는 방향으로 일하라. 톨스토이

인류는 중단 없이 계속해서 전진한다. 이러한 전진은 너에게 개인적으로도 필요하다. 하느님을 섬기고 싶다면 너는 인류의 정신적 발전을 위한 일꾼이 되어야 한다. 톨스토이

어느 누구의 생활양식이든 모두 그의 신앙에 달려 있다. 시간이 흘러감에 따라 신앙은 더욱 단순하고 더욱 명료하며 실질적인 진실에 한층 더 가까워진다. 그리고 신앙이 단순화되고 명료하게 됨에 따라서 사람들은 더욱 굳게 결합된다. 톨스토이

인류의 신앙이 발전할 때 인류도 발전을 이룩한다. 그리고 종교가 발전을 한다고 하면, 그것은 어떤 새로운 진리를 발견하는 데 있는 것이 아니라 우리에게 계시되고 설명된 기존의 진리들을 정화하는 데 있다. 톨스토이

우리는 종교의 발전을 버리고 다른 형태의 발전, 즉 기술적, 학문적, 예술적 발전을 택해서는 안 된다. 이러한 기술적, 학문적, 예술적 발전의 업적들은 우리 시대에 보는 바와 같은 종교적 낙후성과 확실히 공존할 수가 있다. 톨스토이

February 21

2월 21일_동물애호, 육식

사람들이 서로 잡아먹던 시대가 있었다. 이제는 사람들이 더 이상 그렇게 하지 않지만 그 대신 동물들은 여전히 잡아먹는다. 이 지긋지긋한 습관을 점점 더 많은 사람들이 버릴 때가 올 것이다.

톨스토이

동물들을 죽이고 잡아먹는 것은 하느님께서 동물들을 사람에게 잡아먹으라고 주셨다. 따라서 동물들을 죽이는 것은 전혀 잘못이 아니다고 생각하는 것은 사람들의 잘못된 편견이다. 어떤 책에는 사람이 동물을 죽이는 것은 죄가 아니다고 적혀 있을지도 모르지만, 그 어느 책들보다도 우리 마음속에 더욱 분명하게 적혀 있는 것은, 우리가 서로 동정하듯이 동물들도 동정해야 된다는 것이다. 또한 우리는 우리 내면에서 울리는 양심의 소리에 귀를 막고 있지 않는 한, 이 사실은 누구나 다 알고 있다. 톨스토이

우리가 동물들을 대할 때 도덕규범을 지킬 필요가 없고 동물들에 대해 도덕적 책임도 없다고 믿는 것은 잘못이다. 이러한 사고방식은 극도의 야비함과 잔인성을 낳는다. 쇼펜하우어

하느님_2월 22일

하느님은 오로지 진리만 받아들이는 무한한 존재다. M. 아널드

너의 두 눈이 태양 때문에 멀었다면, 너는 태양이 존재하지 않는다고는 말하지 않는다. 이와 마찬가지로, 너의 이성이 하느님을 이해하려고 애쓰다가 망가졌다면, 너는 하느님이 존재하지 않는다고 말해서는 안 된다. 실레시우스

이해될 수 있는 이성은 영원한 이성이 아니다. 명칭이 붙을 수 있는 존재는 영원한 존재가 아니다. 노자

모든 만물에는 내재하는 힘이 있다. 그것 없이는 하늘도 땅도 존재하지 못한다. 그러나 이 힘은 인식될 수 없다. 사람들은 이것의 특질들을 묘사하고 "지성" 이나 "사랑" 등 상이한 명칭들을 부여하려고 애쓴다. 그러나 이 존재 자체는 명칭이 없다. 이것은 우리에게서 매우 멀기도 하고 가장 가까운 것이기도 하다. 노자

신이 어디에 존재하는지 묻는 사람들은 미쳤다. 신은 어디에나 다 있고 자연의 모든 것 안에, 각 사람의 영혼 안에 존재한다. 세상에는 상이한 여러 종교가 있지만 신은 오로지 하나뿐이다. 사람이 자기 자신을 이해할 수 없다면 신을 어떻게 이해할 수 있겠는가?

인도의 지혜

February 23

2월 23일_탐욕, 현실, 폭력

인간은 이성적 동물이다. 그런데 사람들은 대인관계에서 이성보다는 폭력을 훨씬 더 쉽게 사용할 수 있는 것처럼 보이는 이유는 무엇인가? 톨스토이

현재 삶의 형태는 양심이나 이성의 요구에 부합하지 않는다.

톨스토이

나는 사람들이 서로 다투고 서로 상대방의 발밑에 함정을 파며 서로 거짓말하고 배신하는 것을 본다. 나는 선악의 기초가 망각되거나 어떤 경우에는 전혀 알려지지도 않은 것을 보고 눈물을 흘린다. 테오그니스

밀밭에 내려앉은 비둘기 떼를 상상해 보라. 99마리의 비둘기가 자기에게 필요한 밀을 부리로 쪼아 먹지는 않고, 그 대신 밀을 모을 수 있는 만큼 최대한으로 모아서 산더미처럼 쌓는다고 상상해 보라. 그리고 비둘기들이 그 무더기를 자신들을 위해 저장해두는 것이 아니라 자기들 가운데 가장 사악하고 가장 비열한 비둘기 한 마리를 위해 저장한다고 상상해보라. 또한 비둘기들이 무더기 주위에 빙 둘러 앉은 채 그 한 마리가 자기들이 모아둔 그 재산을 탕진하고 낭비하는 꼴을 바라보기만 한다고 상상해 보라. 그리고 가장 심하게 배가 고프고 연약한 비둘기 한 마리가 허락도 없이 감히 밀한 알을 쪼아 먹으려고 하면 모든 비둘기가 달려들어 벌을 준다고 상상해보라. 네가 이러한 일들을 상상할 수 있다면 사람들이 일상생활에서 날마다 취하는 행동도 이해할 수 있다. 페일리

거짓말, 친절_2월 24일

네가 말하는 진실을 남이 받아들이기를 바란다면 친절하게 말하라. 진실은 네가 솔직하게 진심으로 말할 때에만 친절한 것이 된다. 네가 어떤 말을 전할 때 상대방이 그것을 이해하지 못한다면, 네가 하는 말이 진실하지 않거나 네가 친절하게 전달하지 않았거나 둘 중에 하나라는 사실을 깨달아야만 한다. 톨스토이

진실을 말한다는 것은 훌륭한 재단사가 되거나 훌륭한 농부가 되거나 문장을 멋지게 쓰는 것과도 같다. 어떤 일을 능숙하게 하려면 숙련이 필요하다. 네가 아무리 잘하려고 애쓴다 해도, 반복을 통해서 익혀두지 않았던 솜씨를 그냥 발휘할 수는 없다. 진실을 말하는 습관을 지니려면 너는 가장 사소한 일에 관해서도 진실만을 말해야 한다. 톨스토이

진실은 사람을 불친절하게 만들거나 지나치게 자신만만하게 만드는 일을 할 수 없다. 진실을 말한다고 드러내주는 것은 겸손과 소박함이다. 톨스토이

진실을 말하는 유일한 방법은 친절하게 말하는 것이다. 상대방은 오로지 사랑을 품은 사람의 말만을 받아들인다. H. D. 소로

우리는 다른 사람들에게 너무나도 자주 거짓말을 하기 때문에 그러한 일에 익숙해져 있고 자기 자신에게도 거짓말을 하기 시작한다. 라로슈푸코

February 25

2월 25일_기도

기도는 무한한 존재이다. 즉 하나님의 계명들을 받아들이고 명심하는 것이며, 너의 과거와 현재, 미래의 모든 행동을 그분의 계명들에 비추어 반성하는 것이다. 톨스토이

기도가 인간에게 필요하다는 사실은 고대 이래로 알려진 것이다. 사람들은 기도 중에 각종 예식을 거행하고 특별한 경우에, 특정의 장소에서, 자신들의 요망사항을 하느님께 전달하고 그분의 자비를 간청하는 방식으로 특별한 기도문을 바친다. 그러나 다음 사항만은 언제나 변하지 않도록 하라. 기도하는 동안에는 속세의 외부적인 것은 모두 잊어버린 채 네 영혼의 신성한 부분에게 말하라. 이 신성한 부분을 이용하여 그것의 전체를 이루는 존재와 대화하도록 하라. 그리고 네가 하느님과 가까워졌다고 느낄 때에는 너의 영혼을 그분께 맡기고 너의 모든 행동과 소망을 그분께 보여라. 기도는 속세의 요구에 따라서가 아니라 네 영혼의 신성한 부분에 따라서 이루어진다. 톨스토이

네가 하느님의 도움을 간청한다면, 너 자신 안에서 그 도움을 찾아내는 방법을 배울 것이다. 그분은 우리를 변화시키지 않지만 우리는 그분께 한층 더 가까워짐으로써 자기 자신을 변화시킨다. 사람은 누구나 마치 그분이 우리를 도와주어야만 하는 듯이 그분께 도움을 청하지만, 결국은 우리가 자기 자신에게 도움을 준다.

루소

말, 침묵, 진실_2월 26일

현명한 사람이 되고 싶다면, 너는 현명하게 질문하는 법, 남의 말을 주의 깊게 듣는 법, 조용히 대답하는 법, 그리고 더 이상 할 말이 없을 때에는 입을 다무는 법을 배워야 한다. 톨스토이

대화를 오래 한 뒤에는 잠시 멈추고 그 때까지 네가 주장한 것을 다시 생각해보라. 그리고 너의 주장 가운데 많은 것이, 심지어 때로는 모든 것마저도 무의미하고 공허하고 하찮으며, 나쁜 것임을 깨달아도 놀라지 마라. 톨스토이

어떤 말을 하지 않았더라면 좋았을 것이라고 후회할 때마다 너는 침묵을 지키지 않은 데 대해 백 번이나 후회할 것이다. 톨스토이

말을 시작하기 전에 잠시 생각할 시간이 있다면, 말을 할 필요가 있는지, 네가 말해야만 하는 것이 남을 해치지는 않을 것인지에 대해서 생각해보라. 톨스토이

어리석은 사람은 침묵을 지켜야만 한다. 그러나 이것을 안다면 그는 어리석은 사람이 되지 않을 것이다. 사아디

친절한 사람들은 논쟁에 결코 끼어들지 않고, 논쟁하기를 좋아하는 사람들은 결코 친절하지 않다. 진실한 말들은 언제나 즐겁지 않고, 즐거운 말들은 반드시 진실한 것은 아니다. 노자

독창적인 어떤 것을 말하는 것을 유일한 동기로 삼는 사람들은 어리석은 말을 많이 한다. 볼테르

February 27

2월 27일_돈, 부자, 자선, 재산, 친절

자선은 오로지 희생을 포함하고 있을 때에만 진정한 자선이 된다.

톨스토이

돈 안, 그 돈 자체 안에는 그것의 획득과 소유 안에는 부도덕한 그 어떤 것이 들어 있다. 톨스토이

당신들의 금과 은은 녹이 슬었다. 그 녹은 장차 당신들을 고발할 증거가 되며, 불과 같이 당신들의 살을 삼켜버릴 것입니다.

야고보서 5:3

진정으로 친절한 사람은 부자가 될 수 없다. 부자는 의심할 나위도 없이 친절한 사람이 아니다. 중국 속담

부자는 하늘나라에 들어가기가 어렵다. 부자가 하느님 나라에 들어가는 것보다는 낙타가 바늘귀로 빠져 나가는 것이 더 쉬울 것이다. 마태오 19:23, 24

예술_2월 28일

예술은 사람들을 단합시키는 수단의 하나다. 톨스토이

예술이 죽을 수 있다고 상상하기는 가능하다. 그러나 예술이 가난한 사람들을 비웃는 재산의 노예가 되는 경우에도 진정한 예술이 살아남을 수 있다고 상상하기는 불가능하다. 톨스토이

예술은 사람들에게 좋은 것이든 나쁜 것이든 어떤 것을 확신시키는 가장 강력한 수단 가운데 하나다. 그러므로 너는 그것을 사용하는 데 있어서 매우 조심하라. 톨스토이

예술에 관한 심사숙고나 토론은 알려진 오락 가운데 가장 무익한 것이다. 예술을 제대로 아는 사람들은 예술이 자기 자신의 언어로 잘 말할 수 있고 예술에 관해 말로 떠드는 것이 무익함을 안다. 예술에 관해 떠드는 사람들은 예술을 이해하지 못하거나 느끼지 못한다. 톨스토이

예술이 도덕적 아이디어들, 사람들을 결합시키는 아이디어들을 표현하지 않는다면 그것은 예술이 아니라 오락에 불과하다. 사람들은 일상생활에서 겪는 실망을 벗어버리기 위해서 오락을 즐길 필요가 있다. 칸트

예술가는 고귀한 사제이거나, 아니면 정도의 차이는 있어도 영리한 연예인이다. 마치니

February 29

2월 29일_목표, 삶, 선, 완전함

네가 날마다 취하는 동작이든 너의 일생이든, 너는 움직일 때마다 네가 가는 곳을 알고 있어야 한다. 선한 삶을 살아가려면 너는 삶이 어디로 인도하고 있는지 알아야만 한다. _톨스토이

우리는 자기 자신 안에, 그리고 이 세상 안에 존재하는 선이 이루어질 것이라고 믿어야만 한다. 이것은 선이 이루어지도록 만드는 주요 조건이다. _톨스토이

완전함은 하느님의 것이다. 완전함을 바라는 것은 사람의 것이다. _괴테

삶이 우리에게 주어진 것은 우리가 아무 일도 하지 않고 게으르게 살기 위한 것이 아니다. 삶이란 싸움이며 여행인 것이다. 선은 악과 싸워야 하고, 진실은 허위와 싸워야 한다. 자유는 노예 상태와 싸워야 하고, 사랑은 증오와 싸워야 한다. 삶은 우리의 이성과 마음 안에서 신성한 빛으로 우리를 비추어주는 저 이념들의 달성을 향하여 뻗은 삶의 길에서 전진하는 것, 그 길을 따라서 걸어가는 것이다. _마치니

이상은 너의 내면에 존재하고 그 이상에 도달하는 것을 막는 장애물도 또한 너의 내면에 존재한다. 너는 이상적인 너 자신을 만들어낼 모든 재료를 이미 가지고 있다. _칼라일

MARCH

3월

무장한 세계와 그것이 벌이는 전쟁들은 언젠가 소멸될 것이다. 그러나 이 세상의 왕들이나 지배자들이 그것을 없애는 것은 아니다. 전쟁은 그들에게 유익한 것이다. 전쟁은 그 피해에 시달리는 사람들이 그것이 사악한 것임을 완전히 깨닫는 순간에 멈출 것이다.

톨스토이

March 1

3월 1일_죽음

만일 소크라테스가 말한 바와 같이 죽음이 우리가 잠잘 때의 상태처럼 영원히 계속되는 것이라고 한다면, 우리는 모두 이 상태를 알고, 죽음에 대한 무서움이 전혀 없을 것이다. 또한 수많은 사람들이 죽음이 더 좋은 삶으로 넘어가는 과정이라고 생각한다면, 그것은 불행이 아니라 행복이다. 톨스토이

사람이 지닌 죽음에 대한 두려움은 자기 죄들에 대한 인식이다.

톨스토이

사람은 정신적인 삶을 살아갈수록 죽음에 대한 두려움은 그만큼 더욱 줄어든다. 다른 사람에게 죽음은 그의 정신이 육체로부터 해방되는 것이다. 그러한 사람은 자신의 삶을 지탱해주는 것들은 결코 소멸될 수가 없다는 것을 잘 알고 있다. 톨스토이

오로지 살아 있지 않은 자들만이 죽음을 두려워하지 않는다.

톨스토이

죽음은 빠르든 늦든 반드시 찾아올 것이므로 우리는 죽음을 맞을 준비가 되어 있어야 한다. 가장 좋은 방법은 선하게 사는 것이다. 선하게 살아가고 있다면 너는 죽음을 두려워할 필요가 없다.

톨스토이

하느님의 뜻, 현명한 사람_3월 2일

사람은 하느님의 뜻과 긴밀하게 결합될수록 그만큼 더욱 확고하게 행동하게 된다. 톨스토이

인생에서 올바른 길은 매우 좁지만 그것을 발견하는 일은 중요하다. 우리가 그것을 이해할 수 있는 것과 마찬가지로 너도 그것이 늪지대를 가로질러 뻗은, 나무로 만든 오솔길임을 이해할 수 있다. 그 길에서 발을 헛디디면 너는 오해와 악행의 늪에 빠질 것이다. 현명한 사람은 즉시 진실의 오솔길로 되돌아오지만 나약한 사람은 늪 속으로 더욱 깊이 빠져들고 거기서 빠져나오기가 더욱 어려워진다. 톨스토이

여행하는 사람은 강도들의 위협이 도사리고 있는 길을 혼자서 걷지 않는다. 그는 자기의 길잡이가 되어줄 수 있는 친구를 기다리고, 그를 따라 가면서 강도들로부터 보호를 받는다. 현명한 사람도 이와 같은 방식으로 살아간다.
이 세상에는 어려움이 너무나도 많다. 우리는 이 모든 어려움을 어떻게 감당할 수 있겠는가? 우리는 어떤 종류의 친구나 길잡이를 인생 도중에 만나야만 두려움 없이 인생길을 끝까지 걸어갈 수가 있겠는가? 우리는 어디에서 그를 찾겠는가? 해답은 오로지 하나뿐이다. 진정한 친구도 하나뿐이다. 그것은 바로 신이다.
너가 어디에서나 신을 따라간다면 어려움에서 벗어날 것이다. 신을 따라간다는 것은 그분이 원하는 것을 너도 원하고, 그분이 원하지 않는 것은 너도 원하지 않는 것이다. 이러한 일을 어떻게 할 수 있는가? 너는 그분의 법들을 이해하고 지키면 된다.

에픽테투스

March 3

3월 3일_기도, 선행, 자선

선행이 너에게 가져다주는 보상은 무엇인가? 그것은 오로지 선행을 할 때 네가 느끼는 기쁨뿐이다. 그리고 다른 어떠한 보상도 이 기쁨을 감소시킨다. 톨스토이

선행을 하는 것은 얼마나 기쁜 일인가! 그리고 네가 하는 선행을 아무도 모를 때 이 기쁨은 가장 크다. 톨스토이

다른 사람들에게 선행을 하는 사람은 자기 자신에게 가장 큰 선물을 만들어준다. 세네카

성인은 신에게 다음과 같이 기도한다.
"오, 신이여, 당신은 친절한 사람들에게 친절을 베푸시는 것과 마찬가지로 악인들에게도 친절을 베풀어 주십시오. 친절한 사람들은 자신이 친절하기 때문에 이미 기쁨을 느끼고 있습니다."

사아디

선행을 하고나서 보상을 요구한다면 너는 너의 선행의 힘을 약화시킨다. "신성한 사상의 책"

자선을 베풀 때에는 오른 손이 하는 일을 왼손이 모르게 하라.

마태오 6:3

음식, 과식_3월 4일

하느님은 사람들에게 음식을 주시고 악마는 요리사들을 준다.

톨스토이

지나치게 많이 먹는 것은 다른 수많은 악습들과 마찬가지로 나쁜 악습이다. 우리는 다른 사람들에게서 이 악습을 알아보지 못하는 경우가 많다. 그것은 우리 가운데 대부분이 이 악습에 빠져 있기 때문이다. 톨스토이

현자인 소크라테스는 불필요한 것들을 모두 자제하려고 노력했다. 그는 음식이란 배고픈 상태를 면하기 위해서 먹는 것이지 세련된 미각을 발전시키기 위해 먹는 것이 아니다고 하였다. 또한 자기 제자들에게도 이러한 규칙을 지키라고 요구했다.
그는 현명한 오디세우스(Odysseus)에 관한 이야기를 제자들에게 상기시켰다. 사악한 여자 마술사 키르케(Circe)는 오디세우스가 음식을 많이 먹지 않았기 때문에 그를 마술로 사로잡을 수가 없었다. 그러나 그의 배에 탔던 다른 선원들, 그의 친구들은 푸짐하게 차린 맛있는 음식에 달려들자마자 키르케의 마술에 걸려 돼지들로 변했다. 톨스토이

너의 입을 보라. 네가 지나치게 많이 먹을 때 온갖 질병이 너의 입을 통해서 몸 안으로 들어간다. 조금 더 먹고 싶은 생각이 있다 해도 식사를 끝마치는 식으로 처신하라. 톨스토이

March 5

3월 5일_자화자찬, 아첨

너의 몸을 허공에 띄우려고 애쓰는 것이 어리석은 짓인 것과 마찬가지로 너는 지나치게 자화자찬을 해서는 안 된다. 네가 자화자찬하면 그것은 다른 사람들에게 역효과를 내어 그들이 보기에 너는 더욱 하찮은 존재가 된다. 톨스토이

다른 사람들이 자기에 관해서 하는 말에 항상 귀를 기울이는 사람은 내면적 평온을 결코 찾지 못할 것이다. 톨스토이

네가 자신의 명성을 유지하기를 바란다면, 자화자찬도 하지 말고 남들이 너를 칭찬하도록 내버려두지도 마라. 톨스토이

남들이 너를 칭찬해주기를 바란다면 자화자찬을 하지 마라.

파스칼

자화자찬하는 사람은 자기 주위에서 자기 이외에 다른 것은 일체 보지 않는다. 오로지 너 자신만 보고 다른 사람은 일체 보지 않는 것보다는 차라리 소경이 되는 것이 더 낫다. 사아디

아첨꾼은 자기 자신과 다른 사람들을 하찮게 여기기 때문에 아첨의 말을 쏟아낸다. 라브뤼에르

하느님에 대한 사랑_3월 6일

하느님을 사랑하지 않은 채 네 이웃을 사랑하는 것은 뿌리 없는 식물이다. 너는 하느님을 사랑해야만 한다. 이 사랑은 실질적이고 확고한 사랑이며 약해지지 않고 더 강해질 뿐이다. 이 사랑을 지닌 사람들에게는 행복을 준다. 톨스토이

하느님께 대한 사랑은 사랑 자체다. 그것은 사랑을 위한 사랑이다. 이러한 종류의 사랑은 가장 차원이 높은 행복이다. 이것은 심지어 단 한 사람마저도 사랑을 품지 않고 대할 가장 작은 가능성도 허용하지 않는다. 네가 사랑하지 않는 사람이 단 한 명이라도 있는 한, 너는 하느님의 사랑과 행복을 잃는다. 톨스토이

어떤 사람들은 네가 하느님을 두려워해야만 한다고 말한다. 그러나 그것은 틀린 말이다. 너는 하느님을 사랑해야 한다. 너는 자기가 두려워하는 사람들을 어떻게 사랑할 수 있는가? 하느님은 사랑이시다. 그런데 너는 사랑을 어떻게 두려워할 수 있는가? 너는 하느님을 두려워해서는 안 된다. 오히려 사랑해야 한다. 네가 하느님을 사랑한다면, 그분도, 이 세상의 그 어떠한 다른 것들도 두려워하지 않을 것이다. 톨스토이

March 7

3월 7일_노동

네 몸을 위한 육체적인 일과 운동은 삶의 필요한 조건이다. 사람은 다른 사람들이 자기를 위해 일하도록 강제할 수 있지만, 자기 자신의 육체적 일의 필요성에서 벗어날 수는 없다. 그리고 필요하고 좋은 일들을 하지 않는 사람은 불필요하고 어리석은 일들을 할 것이다. 톨스토이

어느 유럽인이 중국인에게 기계화된 노동의 이익에 관해서 칭찬을 늘어놓았다. "이 발명은 육체노동의 필요성에서 사람을 해방시킵니다." 그러나 중국인은 이렇게 대꾸했다. "육체노동은 좋은 것입니다. 육체노동에서 해방된다는 것은 어마어마한 재앙입니다." 톨스토이

사람도 동물도 근육 활동이 없이는 생존할 수 없다. 이러한 근육 활동이 너에게 기쁨과 만족감을 주도록 너는 육체노동을 하라. 이것은 또한 다른 사람들에게 봉사하는 가장 좋은 방법이기도 하다. 톨스토이

모든 육체노동은 사람을 한층 더 고귀하게 만든다. 자기 아들에게 어떤 육체노동의 기술을 가르치지 않는다면, 너는 그에게 다른 사람들의 것을 강탈하는 법을 가르치고 있다. 탈무드

기도_3월 8일

혼자 있을 때 기도하는 것은 좋고 또 필요한 일이다. 그러나 네가 많은 사람들과 함께 있을 때, 흥분하거나 화가 날 때 기도하는 것, 즉 너의 영혼에 관해, 하느님에 관해 생각해보는 것도 또한 좋은 일이다. 톨스토이

기도는 무한한 것들, 그리고 하느님에 대한 너의 자세를 너 자신에게 상기시키는 시간이다. 톨스토이

날마다 똑같은 시간에 기도하는 것이 좋다. 정신을 집중할 수 없다면 기도를 아예 하지 않는 것이 더 낫다. 왜냐하면 기도는 단순히 혀로 기도의 말을 반복해서 할 것이 아니라 너의 마음을 다하여 기도해야 하기 때문이다. 톨스토이

네가 기도로 하느님을 기쁘게 해 줄 수 있다고 생각하지 마라. 너는 그분께 복종함으로써 그분을 기쁘게 할 수 있다. 기도는 네가 누구이고 너의 삶의 목적이 무엇인지 너 자신에게 상기시켜주는 수단에 불과하다. 톨스토이

너는 만물의 시작에 대한 너의 자세를 기도를 통해서 설정한다. 또한 너는 다른 사람들에 대한 너의 자세, 다른 사람들과 맺는 너의 관계와 그들에 대한 너의 의무, 그리고 우리 모두의 아버지에 대한 너의 의무를 기도를 통해서 명확하게 만든다. 탈무드

March 9

3월 9일_전쟁

이 세상에서 전쟁을 방지할 수 있는 것은 지배층이 아니라 전쟁으로 고통을 당하는 사람들이다. 그들은 가장 당연한 일을 할 것이다. 다시 말하면, 명령에 더 이상 복종하지 않을 것이다.

톨스토이

전쟁과 그리스도교는 양립할 수 없다. 톨스토이

전쟁은 이 세상에서 가장 나쁘고 가장 참혹한 일들 가운데 하나다. 톨스토이

무장한 세계와 그것이 벌이는 전쟁들은 언젠가 소멸될 것이다. 그러나 이 세상의 왕들이나 지배자들이 그것을 없애는 것은 아니다. 전쟁은 그들에게 유익한 것이다. 전쟁은 그 피해에 시달리는 사람들이 그것이 사악한 것임을 완전히 깨닫는 순간에 멈출 것이다.

톨스토이

생명_3월 10일

너 자신과 모든 생물 사이의 특별한 관계를 느끼는 너의 감정을 방해하는 것은 모조리 네 안에서 내몰아버려라. 톨스토이

생명을 주는 그것은 모든 사물 안에서 동일하다. 톨스토이

모든 생물은 동일한 신성한 시작을 지니고 있고, 모두 결합되어 있다. 우리는 모두 하나의 거대한 몸의 지체들이다. 톨스토이

모든 생물은 고통과 죽음을 두려워한다. 모든 생물 안에서 너 자신을 이해하려고 노력하라. 고문하지 말고 살해하지 마라. 고통과 죽음을 다른 생물에게 주는 짓을 그만 두어라. 모든 생물은 네가 원하는 것을 원한다. 모든 생물은 자신의 생명을 찬미한다.

불교의 지혜의 책 담마파다

자연은 상호 연관되어 있는 우리를, 같은 재료로, 같은 목적을 위해 창조했다. 이러한 이유 때문에 우리 모두의 내면 어딘가에는 상호간의 사랑이 있다. 세네카

생명의 올바른 길은 하나밖에 없다. 빠르든 늦든 우리 모두는 이 길에서 서로 만날 것이다. 이것에 대한 이해는 우리 마음속에 새겨져 있으며, 이것은 넓고 발견하기 쉽다. 이 길 저 끝에는 하느님이 계시고 그분은 자기 자신을 향해서 우리를 부르신다. 이 생명의 길을 버리고 다른 길, 즉 죽음의 길을 걸어가는 사람들을 바라보기란 너무나도 고통스럽다. 고골리

March 11

3월 11일_결혼

결혼은 남녀 두 사람이 오로지 그들 사이에서만 자녀들을 낳기 위해 특수한 의무를 지는 행위이다. 이 계약을 파기하는 것은 거짓말, 속임수, 그리고 범죄이다. 톨스토이

음식은 개인의 목숨을 위해 필요하고 결혼은 인류의 생명을 위해 필요하다. 지나치게 많이 먹는 것이 개인에게 나쁘다면, 결혼과 성행위에 있어서 지나친 것은 개인들과 사회 양쪽에게 나쁜 것이다. 톨스토이

인류의 존속을 위한 남녀의 결합은 모든 개인을 위해서는 물론이고 인류를 위해서도 위대하고 중대한 행위다. 너는 이 행위를 네 멋대로 또는 네가 좋아하는 식으로 할 수는 없다. 너는 우리보다 먼저 살아간 현명하고 거룩한 사람들이 생각하고 설정해 놓은 방식에 따라서 해야 한다. 톨스토이

두 사람이 마지막 작별의 마지막 침묵의 순간까지 그들의 일, 그들의 성공과 불행에서 서로 돕기 위해 결합하는 것은 위대한 일이다. G. 엘리엇

결혼은 이제 둘이 아니라 한 몸이다. 그러니 하느님께서 짝지어 주신 것을 사람이 갈라놓아서는 안 된다. 마태오 19:6

선행, 행동_3월 12일

개인의 행동들은 그의 일생, 그의 운명이 된다. 이것은 우리 삶의 법칙이다. 톨스토이

페르시아 인들은 이러한 우화를 가지고 있다. 어떤 사람이 죽은 뒤 그의 영혼이 하늘 높이 날아가다가 무시무시한 여자를 만났다. 더럽고 추악하게 생긴 그 여자는 고름이 질질 흐르는 종기들로 덮인 채 반대방향으로 날아가고 있었다. 남자의 영혼이 여자에게 물었다. "당신은 여기 웬 일이오? 당신은 누구요?" 무시무시한 여자는 대답했다. "나는 당신이 했던 행동들이지요." 톨스토이

네가 과거에 한 행동들은 너의 미래의 삶의 방향을 무겁게 짓누른다. 그러나 때로는 너의 영혼의 노력을 통해서 이 방향을 바꿀 수 있다. 톨스토이

선한 삶에 관한 이야기하는 것은 물론이고 선행을 하는 것도 중요하다. 탈무드

네가 이 세상에 나올 때에는 너는 울었고 네 주위의 모든 사람들은 기뻐했다. 그러나 네가 이 세상을 떠날 때에는 너는 기뻐하고 네 주위의 모든 사람들은 울도록 만드는 방식으로 너의 삶을 살아야 한다. 인도의 지혜

March 13

3월 13일_부자, 지혜

지혜는 무한하다. 네가 지혜에 가까이 다가갈수록 그것은 너의 삶을 위해 더욱 중요해진다. 각 개인은 언제나 자기 자신을 개선할 수 있다. 톨스토이

지혜의 조건은 순수함이다. 지혜의 결과는 네 영혼의 편안함이다. 톨스토이

자기 욕심을 따르는 사람은 시간이 지나면 태도를 바꾼다. 그는 자기가 하는 행동에 대해서 곧 더 이상 만족하지 못하게 된다.

톨스토이

현명한 사람은 자기가 현명하다고 결코 생각하지 않는다. 그리고 사람은 하느님의 모습을 자기 앞에 두고 있을 때 자기 자신이 현명하다고 결코 생각하지 않는다. 톨스토이

잃을 것이 전혀 없는 사람들은 매우 부유하다. 중국 속담

이성_3월 14일

사랑은 사람들을 하나로 결합시킨다. 모든 사람이 동일하게 지니고 있는 보편적 이성은 이러한 결합을 지지한다. 톨스토이

이 세상의 만물은 신성한 이성을 드러낸다. 톨스토이

우리가 지닌 모든 지식은 이성을 통해서 아는 것이다. 이러한 것을 믿지 않는 사람들은 너에게 너의 이성을 따라서는 안 된다고 말한다. 그들은 어둠 속에서 길을 밝혀주는 유일한 너의 등불을 끄라고 권유한다. 톨스토이

주변을 둘러보라. 세상 사람들은 무엇을 생각하고 있는가? 그들은 가장 중요한 것을 제외한 모든 것을 생각한다. 춤, 음악, 노래를 생각하는가 하면, 저택, 재산, 권력을 생각하며, 부자들과 왕들의 재산을 시기한다. 그러나 자신이 인간이라는 사실의 의미는 전혀 생각하지 않는다. 파스칼

사람의 주요한 의무들 가운데 하나는 자신이 하늘로부터 받은 이성의 불꽃으로 자기 주변 세상을 비추어주는 것이다.

중국의 지혜

March 15

3월 15일_겸손, 사랑, 원수, 친절

네가 만일 원수들을 사랑한다면 너에게 원수들은 하나도 없을 것이다. ― 톨스토이

너에게 불쾌하게 하거나 적대하는 사람들도 포함하여 모든 사람들을 사랑하라. 너의 사랑에 대한 진정한 시험은 너의 원수들을 사랑하는 것이다. ― 톨스토이

어떤 사람에게 모욕을 받아서 상대방에 대해 원한을 품을 때마다 모든 사람은 하느님의 자녀들이라는 사실을 기억하라. 어떤 사람이 너에게 불쾌하게 했는지 여부와 상관없이 너는 그를 형제로서 사랑하라. 왜냐하면 너와 마찬가지로 그도 하느님의 아들이기 때문이다. ― 톨스토이

사람들 가운데 가장 완전한 사람은 자기 이웃이 선한지 악한지 생각하지 않은 채 그를 사랑하는 사람이다. ― 모하메드

겸손한 사람이 되라. 방탕을 피하라. 심지어 매우 예리한 장검도 부드러운 비단은 베지 못한다. 부드러운 말과 친절을 동원하면 너는 머리카락 한 올로 코끼리를 인도할 수 있다. ― 사아디

과학, 지식, 침묵_3월 16일

모든 지식이 좋은 것이라면 어떠한 종류의 지식 추구도 유용할 것이다. 그러나 수많은 헛된 망상이 좋다고 유용한 지식으로 위장한다. 그러므로 네가 얻기를 바라는 지식을 선택할 때에는 극도로 조심하라. 톨스토이

현대과학은 "모든 것"을 연구할 수 없다. 종교의 지원 없이는 과학은 무엇을 연구해야 하는지 알 수가 없다. 톨스토이

진정한 지혜는 모든 것에 대한 지식이 아니라, 어느 것이 인생에서 필요한 것인지, 어느 것이 덜 필요한 것인지, 어느 것이 알 필요가 전혀 없는 것인지를 아는 지식이다. 가장 필요한 지식에 포함되는 것은 훌륭한 삶을 사는 방법, 즉 자신의 일생에서 악행을 최소한으로 줄이고 선행을 최대한으로 늘리는 방법에 대한 지식이다. 현재 사람들은 가장 중요한 지식이 이것을 연구하는 일이라는 것을 잊어버린 채, 무익한 학문들이나 연구하고 있다. 톨스토이

아는 것이 별로 없는 사람은 말하기를 좋아하고 아는 것이 많은 사람은 대개 침묵을 지킨다. 왜냐하면 아는 것이 별로 없는 사람은 자기가 아는 것이 모두 중요하다고 생각하기 때문에 다른 사람들에게 말하기를 바란다. 한편 아는 것이 많은 사람은 자기가 모르는 것이 더 많다는 사실도 잘 알고 있다. 그러므로 그는 오로지 자기가 말할 필요가 있을 때에만 말을 하고, 질문을 받지 않았을 때에는 침묵을 지키는 것이다. 루소

March 17

3월 17일_개선, 그리스도교, 신앙

우리가 이 세상을 개선하는 유일한 방법은 세상 사람들에게 참된 신앙을 보급해주는 것이다. 톨스토이

순수하고 정직한 형태의 그리스도교는 다이너마이트처럼 작용한다. 그것은 낡은 산들을 폭파해버리고 새롭고 무한한 지평선들을 연다. 톨스토이

너가 사회의 어떤 면이 나쁘다고 보고 그것을 개선하기를 바란다면 방법은 하나뿐이다. 너는 사람들이 개선하도록 노력해야 한다. 사람들이 개선하기 위해서는 네가 할 일은 하나뿐이다. 그것은 너 자신을 개선하는 일이다. 너는 너 자신을 개선할 수 있다. 톨스토이

사회는 공동의 신앙과 목적이 없이는 존립할 수 없다. 모든 사회활동은 종교가 구축한 기반 위에서 수행되지 않는 한 우리의 사회생활을 실제로 개선할 수 없다. 마치니

사도들은 한 마음과 한 영혼을 공유하는 방식으로 단결된 삶을 살아갔다. 그들이 그러한 삶을 살지 않았다면 오늘날 아무도 그리스도교를 모를 것이다. 어떤 이교도들이 그리스도교를 받아들이지 않았는데 그것은 그들이 그리스도교 신자들 사이에서 완전한 일치와 사랑을 보지 못했기 때문이다. 다른 사람들이 그리스도교의 신앙을 받아들이지 않을 때 그 탓은 바로 그리스도교 신자인 우리에게 있다. 요한 크리소스토무스

비난, 용서, 판단_3월 18일

다른 사람을 비난하는 것은 언제나 잘못이다. 왜냐하면 다른 사람의 영혼 안에서 무슨 일이 일어났고 또 일어나고 있는지는 아무도 모르기 때문이다. 톨스토이

네가 이웃의 입장에 설 때까지는 그를 결코 비난하지 마라.

탈무드

많은 일에 대해 다른 사람들을 용서하라. 그러나 너 자신에 대해서는 한 가지도 용서하지 마라. P. 시루스

우리는 남을 판단하는 경우가 많다. 어떤 사람은 친절하고 어떤 사람은 어리석으며, 또 어떤 사람은 사악하고 또 어떤 사람은 영리하다고 우리는 판단한다. 그러나 그렇게 해서는 안 된다. 사람은 끊임없이 변하고, 강물처럼 흐르며, 새로운 하루를 맞을 때마다 어제의 자기와는 다른 사람이 되어 있다. 그는 어리석었다가도 영리하게 되었고, 사악했다가도 친절한 마음씨의 소유자가 되었다. 이러한 예는 수없이 많다. 너는 다른 사람을 판단할 수 없다. 네가 그를 비난하는 순간 그는 다른 사람이 된다. 톨스토이

나는 악행하기를 바라지 않는다고 스스로 알고 있다. 그런데 내가 만일 악행을 한다면 그것은 내가 자기 자신을 억제할 수 없기 때문이다. 다른 사람들의 경우도 이와 마찬가지다. 그들은 악행을 하지 않도록 자기를 억제할 수 없기 때문에 대개 악행을 저지른다. 그러므로 내가 왜 다른 사람들을 나쁘게 여길 것인가? 내가 왜 그들을 비난해야만 하겠는가? 톨스토이

March 19

3월 19일_부자, 불행, 재산

부자들의 즐거움은 가난한 사람들의 눈물로 얻는 것인 경우가 많다. 톨스토이

부자들이 가난한 사람들의 노동에 기생하여 사는 것이 옳다면, 그러면서도 그들이 스스로 은혜를 베푸는 사람이라고 생각한다면, 이 세상의 창조란 매우 나쁜 행위였을 것이다. 톨스토이

재산이란 사람의 노동이 집중되어 이루어지는 것이다. 대개 어떤 사람들은 노동을 하고 다른 사람들은 그것을 집중한다. 현대의 영리한 사람들은 이것을 "노동의 분업"이라고 부른다. 톨스토이

이 세상의 창조에는 무엇인가 잘못된 것이 있다. 왜냐하면 부자들은 자신이 가난한 사람들에게 은혜를 베푼다고 생각하지만, 실제로는 가난한 사람들의 노동에 기생하며 산다. 그들은 가난한 사람들이 마련한 음식을 먹고, 옷을 입으며 사치를 누리기 때문이다.

톨스토이

돌이 항아리에 떨어지면 항아리는 불행하다. 항아리가 돌에 떨어지면 항아리는 불행하다. 양쪽 모두 항아리에게는 불행이다.

탈무드

비밀, 악행_3월 20일

다른 사람들이 네게 물어볼 때에는 아무 것도 숨기지 마라. 그러나 그들이 너의 악행에 관해 물어보지 않을 때에는 악행을 자랑하지 마라. 톨스토이

하느님의 뜻에 따라 사는 사람들은 다른 사람들의 판단에 관해 예민해질 수 없다. 톨스토이

너의 악행을 숨기는 것은 좋지 않다. 그러나 너의 악행을 공공연하게 과시하고 자랑하는 것은 더욱 나쁘다. 네가 다른 사람들과 함께 있을 때 부끄럽게 느끼는 것은 좋다. 그러나 홀로 있을 때 부끄럽게 느낀다면 그것은 훨씬 더 좋다. 톨스토이

너는 다른 사람들에게 어떤 것들을 숨길 수 있다. 그러나 하느님께는 아무 것도 숨길 수 없다. 톨스토이

너는 다른 사람들에게 아무것도 숨기지도 않고 과시하지도 않는 그런 삶을 살아라. 톨스토이

너는 다른 모든 사람이 네 영혼을 들여다보고 그 속에 있는 것을 투시할 수 있을 정도로 생각을 해야 한다. 세네카

공개된 상태에서 살라. A. 콩트

감추어둔 것은 나타나게 마련이고, 비밀은 알려져서 세상에 드러나게 마련이다. 루가 8:17

March 21

3월 21일_삶

이 세상이, 오로지 이 세상이 우리의 일터다. 그래서 우리의 모든 힘, 모든 노력은 이곳의 삶을 향해 집중되어야 한다.

톨스토이

우리는 우리의 삶을 오로지 여기 있는 그대로만, 이 세상에 있는 그대로만 알고 있다. 그러므로 우리의 삶이 어떤 의미를 지닌다면 그것은 이곳에서, 이 세상에서 그래야만 한다. 톨스토이

실질적인 삶은 오로지 현재에서만 발견된다. 네가 내세를 준비하기 위해서 현재의 삶을 살아가야만 한다고 말하는 사람들이 있다면 그들의 말을 믿지 마라. 우리는 현재의 이 삶을 살아가고 있고 오로지 이 삶만 알고 있다. 그러므로 우리의 모든 노력은 이 삶의 개선을 향해 집중되어야만 한다. 너의 일생 전체뿐만 아니라 현재의 이 삶의 매 시간도 네가 아는 가장 좋은 방법으로 살아가지 않으면 안 되는 것이다. 톨스토이

삶이 고달프다는 이유 때문에 죽음을 바라지 마라. 네 어깨가 짊어지고 있는 모든 짐은 네가 운명의 의무를 완수하도록 도울 것이다. 너의 짐을 벗어버리는 유일한 방법은 네가 운명의 의무를 완수할 수 있도록 삶을 살아가는 것이다. 에머슨

삶은 고통도 쾌락도 아니다. 삶이란 우리가 죽을 때까지 성실하게 살아야 하는 것이다. 토크빌

삶, 진리_3월 22일

진리를 추구하라. 진리는 우리가 할 것과 해서는 안 될 것, 그리고 그만두어야 할 것을 항상 우리에게 제시한다. 톨스토이

진리가 우리의 삶을 한층 더 편안하게 해준다면, 그것을 받아들이는 것이 회피하는 것보다 더 낫다. 우리의 삶은 변할 수가 있지만 진리는 변할 수 없다. 진리는 언제나 진리로 남아 있기 때문에 우리를 드러내 보일 것이다. 톨스토이

우리는 다른 모든 사람들이 우리를 볼 수 있기라도 하듯이, 우리 정신의 가장 은밀한 구석들이 모든 사람이 볼 수 있도록 공개되기라도 한 듯이, 그렇게 우리의 삶을 살아가야 한다. 우리는 왜 무엇인가를 숨겨야만 하는가? 너는 신 앞에서 아무 것도 숨길 수 없다. 신성한 지식이든 속세의 지식이든 모든 것이 한 가지 진리, 즉 우리는 하나의 거대한 몸의 지체들이라고 하는 진리로 요약될 수 있다. 자연은 우리를 하나의 거대한 가족 안에 결합시켰다. 우리는 우리의 삶을 다 함께, 서로 도우면서 살아가야 한다. 세네카

March 23

3월 23일_재산, 토지

지구, 공기, 태양은 우리 모두의 공유물이다. 이것들은 재산의 대상물이 될 수 없다. 톨스토이

자기 가족을 부양하는 데 필요한 것보다 더 많은 토지를 소유하고 있는 사람은 수많은 다른 사람들의 가난을 초래하는 범죄를 저지르고 있는 자로 취급될 수 있다. 톨스토이

우리는 모두 이 세상을 잠시 방문한 사람들이다. 네가 이 세상에서 동서남북 어디를 가든, "이곳은 나의 재산이다. 여기서 떠나라!" 고 너에게 말하는 사람이 항상 어디에나 있을 것이다. 너는 세상의 다른 나라들을 여행하고 나서 돌아왔을 때, 네 아내가 아이를 낳을 수 있거나, 네가 머물러서 농사를 짓기 시작할 수 있거나, 네가 죽은 뒤 자녀들이 너에게 안식처로 제공할 수 있는, 임자 없는 땅은 단 한 조각도 없다는 사실을 깨달을 것이다. 라므네

네가 만일 어떤 사람을 다른 사람 소유의 토지에 데려다 놓은 뒤 그가 완전히 자유인이며 자기 생계를 위해 거기서 일할 수 있다고 말해준다면, 그것은 네가 그를 대서양 한복판에 떨어뜨린 뒤 마음대로 해안을 향해서 가라고 말해주는 것과 같다. H. 조지

하느님, 하느님의 뜻_3월 24일

오로지 하느님의 법을 준수하는 사람만이 하느님을 이해할 수 있다. 하느님의 법을 충실히 지키면 지킬수록 그는 하느님을 한층 더 잘 이해한다. 톨스토이

하느님의 존재에 관해서 가끔 의심을 해보지 않은 신자는 단 한 명도 없다. 그러나 의심이 드는 그 순간들은 해로운 것이 아니다. 오히려 그러한 순간들은 우리로 하여금 하느님을 더 잘 이해하게 만든다. 톨스토이

네 영혼을 다 바쳐서 하느님을 찾는 것은 무한한 측면과 양상을 지닌 과정이다. 톨스토이

유대인들은 하느님의 이름을 큰소리로 부르는 것을 죄로 여긴다. 그들은 옳다. 하느님은 정신이고, 모든 이름은 정신적인 것이 아니라 물질적인 것이다. 톨스토이

모세는 하느님께 물었다. "저는 어디서 당신을 발견할 수 있습니까?" 하느님께서 대답했다. "나를 찾고 있다면 너는 이미 나를 발견했다." 사람들이 현자에게 물었다. "하느님께서 존재하신다는 것을 당신은 어떻게 압니까?" 현자는 사람들에게 다시 물었다. "해를 바라보기 위해서 횃불을 들고 다닐 필요가 있습니까?" 우리는 하느님이 무엇인지 설명하기 위해서는 충분한 어휘를 가지고 있지 않다. 그러나 우리는 그분이 존재하신다는 사실은 아무 말이 없어도 잘 알고 있다. 아랍의 지혜

March 25

3월 25일_도움

너는 어떤 물건들을 얻어 사용할 때 그것들이 다른 사람들의 노동의 산물임을 명심해야 한다. 너는 그러한 물건들을 손상하거나 파괴할 때, 다른 사람들이 한 일, 그리고 그들의 삶의 일부를 손상하거나 파괴하는 것이다. 톨스토이

일생을 살아가는 동안 우리는 서로 돕는다. 때로는 우리가 다른 사람들을 돕고 때로는 다른 사람들이 우리를 돕는다. 그러나 일반적으로 어떤 사람들은 항상 다른 사람들을 돕기만 하고 또 어떤 사람들은 항상 도움을 받기만 하는 식으로 세상이 되어 있다.

톨스토이

돕는 것은 서로 상호적인 것이 되어야 한다. 더욱이 형제들의 도움과 지원을 받는 사람들은 돈뿐만 아니라 사랑과 존경, 감사하는 마음으로 그들에게 갚아야 한다. 톨스토이

너의 모든 지식을 다른 사람들을 돕기 위한 재능과 수단으로 생각하라. 강하고 현명한 사람은 다른 사람들을 돕기 위해서 자기 재능을 사용한다. 러스킨

교육, 신앙_3월 26일

신앙은 변할 수 없는 것이며, 대대로 변하지 않는 것이라고 생각한다면, 그것은 중대한 착각이다. 인류가 오래 존속하면 할수록 신앙은 더욱 단순하고 강하게 된다. 그리고 우리의 신앙이 더욱 단순하고 강해질수록 우리의 삶은 더욱 개선된다. 네가 만일 신앙이 언제나 동일한 것이고 변할 수가 없는 것이라고 믿는다면, 그것은 네가 어린아이 때 할머니에게서 들은 요정들 이야기, 속담들, 동화들이 실제로 일어난 이야기들이라고 믿고, 그것들을 평생 동안 믿어야만 한다고 생각하는 것과 동일하다. 톨스토이

사람의 일생에서 일어날 수 있는 가장 중요한 변화는 그가 지닌 신앙의 변화다. 톨스토이

개인들은 죽지만 그들이 일생 동안 얻었던 지혜들은 그들과 함께 죽지 않는다. 인류는 이 모든 지혜를 보존하고 각 개인은 자기보다 먼저 살아간 사람들의 지혜를 이용한다. 인류의 교육은 나에게 고대 피라미드의 건설을 상기시켜 주는데, 살아 있는 사람은 누구나 그 기초에 돌을 하나 더 놓는 것이다. 톨스토이

우리는 이 세상에서 일시적인 방문객들이다. 여기서 교육을 받은 뒤에 우리는 다른 장소로 오라는 지시를 받고 그곳으로 떠난다. 그러나 인류 전체에 대한 교육은 매우 느리지만 중단 없이 계속된다. 마치니

March 27

3월 27일_경멸, 노력, 두려움

경멸당하는 사람들 가운데에서 더 훌륭한 사람들을 찾아내라.

톨스토이

사람은 하느님을 굳게 믿을수록 다른 사람들에 대한 두려움을 더 약하게 느낀다. 톨스토이

다른 사람들을 두려워하는 사람들은 하느님을 두려워하지 않는다. 하느님을 두려워하는 사람들은 다른 사람들을 두려워하지 않는다. 톨스토이

아무 것도 두려워하지 않으며 올바른 명분을 위해서 목숨을 바칠 각오가 된 사람은 다른 사람들의 두려움의 대상이 되고 그들의 생사를 좌우하는 사람보다도 더 강하다. 톨스토이

너는 다른 사람들의 힘에 좌우되고 싶지 않다면 너 자신을 하느님의 힘에 맡겨라. 네가 자기 자신이 하느님의 힘에 좌우되고 있다고 깨닫는다면, 다른 사람들은 네게 전혀 손을 댈 수 없다.

톨스토이

절망하지 마라. 네가 이루고 싶었던 모든 좋은 일을 이룰 수가 없다고 깨닫는다고 해도 실망하지 마라. 쓰러진다면 일어서려고 노력하라. 네 앞에 놓인 장애물을 극복하려고 노력하라. 문제의 핵심, 사물의 본질에 도달하라. 아우렐리우스

결점, 반성, 배움, 사랑_3월 28일

다른 사람들과 어울리고 있을 때에는 네가 홀로 있을 때 생각하면서 깨달은 것을 잊지 마라. 그리고 홀로 명상할 때에는 네가 다른 사람들과 어울릴 때 깨달은 것에 관해서 생각하라. 톨스토이

너는 내면의 작용을 통해서, 그리고 너 자신과 나누는 고독한 대화를 통해서 지혜를 얻을 수 있다. 또한 다른 사람들과 대화를 할 때에도 지혜를 얻을 수 있다. 톨스토이

진정한 사랑은 말이 아니라 행동에 있다. 그리고 오로지 사랑만이 너에게 진정한 지혜를 줄 수 있다. 톨스토이

남의 말을 주의 깊게 들어라. 그러나 말은 너무 많이 하지 마라. 그리고 질문을 받으면 짧게 대답하라. 받은 질문에 대한 대답을 때로는 네가 모른다고 해도 부끄럽게 여기지 말고 인정하라. 논쟁을 위한 논쟁에 끼어들지 마라. 그리고 자기 자랑을 하지 마라.

수피의 지혜

너는 자신의 결점들을 오로지 다른 사람들의 눈을 통해서만 볼 수 있다. 중국 속담

거룩한 사람을 볼 때에는 "어떻게 하면 나도 저 사람처럼 될 수가 있을까?" 하고 생각하라. 방탕한 사람을 볼 때에는 "나도 똑같은 악덕을 지니고 있지는 않은가?" 하고 생각하라. 중국의 지혜

March 29

3월 29일_욕망, 절제

탐욕, 게으름, 색욕, 그리고 분노를 완전히 극복하도록 노력하라.

톨스토이

네가 각종 욕망의 억제를 간절히 바라는데도 불구하고 실패한다고 가끔 느낀다 해도, 욕망의 억제가 전혀 불가능하다고 생각하지는 마라. 너는 그 때 한 번 억제할 수 없었다는 사실을 입증했을 뿐이다. 훌륭한 마부는 자기 말들을 단숨에 즉시 멈추게 할 수 없었다고 해서 고삐를 놓아버리지는 않는다. 오히려 그는 고삐를 다시 당겨서 결국에는 말들을 멈추게 만든다. 그러니까 유혹에 한 번 대항하지 못했다 해도 너는 유혹과 계속해서 싸워라. 그러면 결국에는 너의 욕망이 아니라 너 자신이 이길 것이다.

톨스토이

절제는 단숨에 얻어질 수 없다. 그것은 하나의 과정, 끊임없는 노력이 있어야만 한다. 이러한 노력을 하는 사람의 삶은 욕망을 가라앉히는 것이 아니라 지배하는 방향으로 진행된다. 시간과 확고부동함은 네가 이러한 노력을 하는 데 도움이 된다. 톨스토이

사람 마음속의 욕망은 거미줄과 같다. 처음에 그것은 외부에서 한 번 찾아온 방문객이지만 차츰 정기적으로 찾아오는 손님이 되며, 결국에는 집주인이 되고 만다. 탈무드

자기 자신에 대해 승리를 거둔 사람은 실권을 쥔다. 동양의 지혜

용서, 잘못, 진리_3월 30일

진리는 기쁨일 뿐만 아니라, 분쟁에서는 폭력보다 훨씬 더 강력한 도구이기도 하다. 톨스토이

네가 어떤 사람과 결별한 경우, 그가 너에 대해 불만을 품고 있거나 네가 옳았는데도 수긍하지 않았다고 한다면, 잘못은 그에게 있는 것이 아니라 어쩌면 너에게 있는지도 모른다. 왜냐하면 너는 그 사람에게 친절을 충분히 베풀지 않았기 때문이다. 톨스토이

일곱 번뿐만 아니라 일곱 번씩 일흔 번이라도 용서하라.

마태오 18:22

네가 만일 청중에게 어떤 진리를 증명하기를 바란다면, 화를 내지도 말고 불친절하거나 모욕적인 말도 하지 마라. 에픽테투스

네가 만일 다른 사람의 잘못을 발견했다면, 겸손한 방식으로 그의 잘못을 고쳐주고 그를 인도하라. 그가 너의 말을 듣지 않는다면 오로지 너 자신만을 탓하라. 아니면 아예 아무도 탓하지 않는 것이 더 낫다. 그러나 겸손한 자세는 계속 유지하라. 아우렐리우스

March 31

3월 31일_선행, 회개

너는 비판을 받고 개선될 수 있는 특질들을 지니고 있는가? 그렇다고 인정하고 그러한 특질들을 스스로 찾아내도록 노력하라.

톨스토이

회개한다는 것은 너의 악덕과 약점들을 모든 사람에게 보여준다는 것을 의미한다. 회개는 네가 저지른 모든 악행에 대해 책임을 지고, 네 영혼을 정화하며, 선을 받아들일 준비를 한다는 것을 의미한다. 톨스토이

친절한 사람이 자신의 잘못들을 인정하지 않고 항상 변명만 하려고 한다면 불친절한 사람이 된다. 톨스토이

사람은 이 무한한 세상에서 자신의 죄들과 한계들을 항상 깨달을 것이다. 톨스토이

자기 잘못을 깨닫는 것보다 그의 영혼을 더 부드럽게 만드는 것은 없다. 그리고 언제나 자기만 옳다고 주장하고 싶은 욕망보다 사람을 더 완고하게 만드는 것은 없다. 탈무드

현재의 선행들로 과거의 죄들을 씻는 사람들은 구름 낀 밤에 이 어두운 세상을 비추는 달빛을 나에게 상기시켜준다.

불교의 지혜의 책 담마파다

APRIL

4월

이 세상의 삶은 눈물의 골짜기도 시련도 아니며, 우리의 상상을 초월하는 것이다. 우리가 삶을 있는 그대로, 우리에게 주어지는 방식대로 받아들이기만 한다면, 삶은 무한한 기쁨이 될 수 있을 것이다.

톨스토이

April 1

4월 1일_독서, 지식

그릇된 지식을 조심하라. 모든 재앙은 거기서 나온다. 톨스토이

학문은 무수한 과목으로 나누어지고 각 과목에서 얻을 수 있는 지식의 분량은 무한하다. 그래서 가장 중요한 지식은 무엇을 반드시 배워야만 하고 무엇을 배우지 않아도 되는지를 아는 것이다.

톨스토이

지식은 무한하다. 그러므로 많이 아는 사람들과 별로 알지 못하는 사람들 사이에는 별다른 차이가 없다. 톨스토이

현재 엄청난 분량의 지식이 축적되어 있다. 이러한 지식을 공부하기에는 곧 우리의 능력이 너무 모자라고 우리의 일생이 너무 짧을 것이다. 우리가 이용할 수 있는 지식은 방대하지만 우리는 그것을 공부한 뒤에 전혀 사용하지 않는 경우가 많다. 우리에게 실제로 필요하지 않은 지식, 무거운 짐만 되는 불필요한 지식은 소유하지 않는 것이 더 낫다. 칸트

지나치게 어린 나이 때부터 시작하여 지나치게 많은 책을 읽으면 우리의 정신은 소화불량의 자료들로 가득 찬다. 우리의 기억력은 우리의 감정과 운명의 지배자가 될 수 있다. 그리고 그렇게 될 때에는 우리의 감정을 선천적 순진함으로 강화하고 외부에서 밀려온 사상과 관점의 쓰레기 더미에서 우리 자신을 발견하려는 정신적 노력이 필요하다. 그것은 우리가 나름대로 독자적으로 느끼기 시작하고, 감히 단언하지만, 우리 자신의 고유한 삶을 살아가기 위한 것이다. G. 리히텐베르크

짐, 노력, 습관_4월 2일

참된 삶은 오로지 하느님과 가까워진 상태에서 살아가는 것뿐이다. 이것은 저절로 이루어지는 것이 아니다. 너는 이러한 삶을 살아가도록 노력해야만 한다. 그리고 그러한 노력은 너에게 기쁨을 가져다줄 것이다. 톨스토이

정신적 노력과 삶을 이해할 때 맛보는 기쁨의 관계는 육체노동과 휴식의 관계와 같다. 육체노동 없이는 휴식의 기쁨도 없다. 정신적 노력 없이는 삶을 이해하는 기쁨도 없다. 톨스토이

습관이란, 심지어 선행을 하는 습관마저도 결코 선하지 않다. 선행은 그것을 하는 것이 습관이 된 뒤에는 더 이상 미덕의 행위가 아니다. 진정으로 선한 것은 오로지 노력을 통해서만 얻을 수 있다. 칸트

짐을 지고 갈 때, 너는 그 짐을 가진 것이 너에게 유익하다는 것을 알아야 한다. 너의 위장이 몸에 필요한 모든 영양분을 음식에서 섭취하듯이, 또는 네가 불에 장작을 더 얹은 뒤에 불이 더욱 세차게 타오르듯이, 너는 너의 짐을 최대한으로 이용하고 너의 정신적 삶을 위해서 필요한 모든 것을 거기서 취해야 한다.

아우렐리우스

네가 하고 있는 일에 정신을 집중하라. 주목할 가치가 없는 것은 전혀 생각하지 마라. 공자

April 3

4월 3일_죽음, 하느님

너는 죽음을 두려워하지 않음과 동시에 죽기를 바라지도 않게 되도록 삶을 살아가야 한다. 톨스토이

내가 죽을 때에는 두 가지 가운데 한 가지 일이 일어날 것이다. 나 자신이라고 내가 이해하고 있는 이 존재가 다른 존재로 변모하거나, 아니면 내가 독자적인 존재로서는 더 이상 존재하지 않고 하느님의 일부분이 되는 것이다. 양쪽의 가능성은 모두가 좋은 것이다. 톨스토이

죽음이란 내가 살아가면서 세상을 이해하는데 사용했던 육체가 파괴되는 것이다. 내가 유리창을 통해서 세상을 바라본다면, 죽음이란 그 유리창이 깨지는 것이다. 그리고 우리는 이 유리가 다른 유리로 대체될 것인지, 또는 유리창을 통해서 바라보는 존재가 세상과 결합하여 하나가 될 것인지에 대해 전혀 모른다. 우리는 이것을 알 수가 없다. 톨스토이

이 세상 사물에는 어떤 적절한 기간의 한계가 있다. 각종 과일과 야채의 적절한 기간이 한 해 계절의 제한을 받듯이 모든 사물은 시작, 존속, 그리고 끝이 있다. 그 과정을 마친 뒤에는 사라진다. 현명한 사람들은 이러한 질서에 기꺼이 순응한다. 키케로

하느님에 관한 나의 모든 지식은 다음과 같은 결론에 도달한다. 즉, 그분께서 우리를 위해 하신 모든 일은 가능한 일들 가운데 가장 좋은 것들이었다. 에머슨

기쁨, 삶, 즐거움, 행복_4월 4일

삶은 무한한 기쁨이 되어야 하고 또한 그것이 될 수 있다.

톨스토이

이 세상의 삶은 눈물의 골짜기도 시련도 아니며, 우리의 상상을 초월한다. 우리가 삶을 있는 그대로, 우리에게 주어지는 방식대로 받아들인다면, 삶은 무한한 기쁨이 될 수 있을 것이다. 톨스토이

다른 사람들에 대한 어떤 사람의 비우호적인 태도는 상대방들뿐만 아니라 그 사람 주위의 모든 사람들의 삶을 불행하게 만든다. 우호적인 감정과 사랑하는 자세는 삶의 바퀴들에 기름을 쳐서 쉽고 부드럽게 굴러가게 만드는 윤활유와도 같다. 톨스토이

참으로 현명한 사람은 항상 기쁨에 넘쳐 있다. 톨스토이

기쁘게 사는 가장 좋은 방법은 삶이 기쁨을 누리기 위해서 주어졌다고 믿는 것이다. 기쁨이 사라졌을 때에는 너의 잘못이 무엇인지 찾아보라. 톨스토이

사랑과 선행으로 내면의 평화를 얻으면서 너 자신의 삶을 살아가고 운명에 만족하도록 노력하라. 아우렐리우스

행복의 비결은 작은 즐거움들을 만끽하는 것이다. S. 스마일스

사방에서 즐거움을 찾으려고 하지 마라. 다만 그것을 발견할 준비만 항상 갖추고 있어라. 러스킨

4월 5일_가난, 노동

너는 일하기를 싫어하는 사람들이 다른 사람들을 이용해서 일을 한다면, 그들에게 굴욕 당할 것을 알게 될 것이다. 톨스토이

사람은 살아가는 동안에 폭력의 당사자가 되어 폭력을 휘두르는 죄를 짓거나, 아니면 아첨하고 비위를 맞추면서 폭력의 하수인이 되지 않는 한, 노동을 피하기가 어렵다. 톨스토이

사치스럽게 살면서 부자들을 섬기기보다는 가난하게 사는 것이 더 낫다. 선한 삶을 살기를 바란다면, 부잣집 문 앞에 서서 호의를 간청하지 마라. 인도 속담

왕이 네게 선물로 준 옷이 아름다울지는 모르지만, 너의 소박한 옷이 더 낫다. 부잣집 식탁의 각종 요리가 맛있는 것일지는 모르지만, 너에게 놓인 식탁의 평범한 빵 한 덩어리가 훨씬 더 맛있다.

사아디

밭갈이를 짓지 않는 사람들에게 밭은 이렇게 말한다.
"너는 너의 두 손을 움직이고 육체 노동을 하여 밭을 갈지 않는다면, 다른 사람들의 집 문 앞에 서서 도움을 간청할 것이며, 부자들이 먹다 남긴 음식을 먹는 운명을 겪을 것이다." 조로아스터

완전함, 성령, 영혼, 행복_4월 6일

사람들은 자기가 중요하다고 여기는 무수한 일에 종사하고 있다. 그러나 다른 어떠한 일보다도 더 중요하고 필요한 한 가지 일, 즉 자기 영혼의 개선에 관해서는 까맣게 잊어버리고 있다.

톨스토이

"하늘에 계시는 너희 아버지께서 완전하신 것과 같이 너희도 완전하게 되어라." 이 말은 네 영혼 안에서 성령이 존재한다는 사실을 깨닫도록 노력하라는 것을 의미한다. 톨스토이

완전한 상태는 우리에게 그것이 도달할 수 없는 것이라고 해서 요구를 더 적게 하지는 않는다. 그것은 우리 자신을 개선하기 위해, 그리고 그 목적을 향해서 전진하기 위해 일상생활의 번거로운 일들에서 벗어나 홀로 지내기를 요구한다. 그렇다고 해서 항상 홀로 지낸다면 자기 개선이란 무의미하거나 불가능해진다. 홀로 지내면서 하는 명상과 그 결과를 너의 일상생활에 적용하는 일이 균형을 이루어야 한다. 톨스토이

가장 큰 행복은 네가 1년이 시작할 때에 비하면 더 나은 사람이 되었다고 연말에 느끼는 것이다. H. D. 소로

April 7

4월 7일_선행, 악행에 대한 대응, 용서

악행을 악행으로 갚는 것보다는 악행을 선행으로 갚는 것이 더 쉽고, 현명하며 마땅하다. 톨스토이

악행을 선행으로 갚으면서 기쁨을 맛보는 사람들은 그 기쁨을 다시 맛보려고 항상 노력할 것이다. 톨스토이

악행은 선행으로 갚아라. 탈무드

아버지, 저 사람들을 용서하여 주십시오! 그들은 자기가 하는 일을 모르고 있습니다. 루가 23:34

격분은 겸손으로 이기고, 악행은 선행으로 이기며, 탐욕은 후하게 베푸는 행위로 이기고, 거짓말은 진실로 이겨라.

불교의 지혜의 책 담마파다

우리는 이웃사람들을 그들이 우리의 대우를 받을 만한 자격이 있는 그만큼 대우한다면 그들을 한층 더 악화시킨다. 그러나 그들이 우리가 바라는 수준에 이른 듯이 우리가 그들을 대우한다면 그들을 더욱 개선시킨다. 괴테

사랑, 살인, 전쟁_4월 8일

대부분 사람들의 사랑은 무법상태가 심해지기 때문에 더욱 식어질 것이다. 톨스토이

사람들은 대량학살을 "전쟁"이라고 부르면 그것이 범죄행위인 살인이 되지 않을 것이라고 생각한다. 톨스토이

누구를 죽이든, 어떤 식으로 정당화되든 상관없이 살인은 언제나 범죄다. 톨스토이

사람들은 그리스도를 여러 가지 방법으로 부정할 수 있다. 비열하게 모독하거나 그의 위대성을 조롱할 수 있다. 그러나 이러한 방법들은 위험하지 않다. 종교는 사람들에게 너무나도 귀중하기 때문에 이러한 조롱으로 종교를 버리게 할 수 없다. 그러나 그리스도를 부정하는 다른 방법이 있다. 이것은 네가 그를 스승이라 부르고 그의 계명들을 지킨다고 주장하지만, 어떠한 자유로운 사상도 그의 말을 인용하여 억압하고, 사람들의 모든 어리석은 짓, 모든 잘못, 모든 죄를 그의 이름으로 위장하는 것이다. 이 두 번째 방법이 정말로 위험한 것이다. T. 파커

다른 나라와 벌이는 전쟁이 신성한 것이 될 수 있다고 하는 말은 허위다. 대지가 피를 원한다는 말도 허위다. 대지는 강들을 위해 하늘에서 내리는 순수한 물을 원하고, 구름들을 위해 순수한 이슬을 원하지, 피를 원하지는 않는다. 하느님께서는 전쟁에 참가하는 사람들과 마찬가지로 전쟁도 저주하신다. 비니

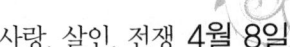

April 9

4월 9일_내세, 불멸

너는 진정으로 선(하느님)을 사랑한다면 너의 불멸성을 의심할 수 없다. 톨스토이

선에 대한 사랑과 불멸성에 대한 믿음은 불가분의 관계에 있다.

톨스토이

우리는 현명한 사람이 말을 하고 있는 방에 들어가는 어린아이처럼 이 세상에서 산다. 어린아이는 현자의 말을 처음부터 듣지 않았고 그의 말이 끝나기 전에 방을 나선다. 그래서 어떤 말은 들어도 이해하지 못한다. 이와 마찬가지로 하느님의 말도 우리가 배우기 시작할 때보다 수 천 수만 년 전에 시작되었고, 우리가 먼지로 돌아갈 때보다 수 천 수만 년 뒤에도 계속될 것이다. 우리는 그분의 말 가운데 일부만 듣고, 우리가 듣는 말의 대부분을 이해하지 못한다. 그럼에도 불구하고 위대한 어떤 것, 중대한 어떤 것을 약간 모호하게 이해한다. 톨스토이

아무도 내세가 어떤 것인지는 알 수 없다. 우리의 신앙은 논리적 증거가 아니라 도덕적 증거에 기반을 두고 있다. 그러므로 나는 하느님께서 존재하시고 내가 불멸의 존재라고는 말할 수 없지만, 하느님께서 존재하시고 나의 "자아"가 불멸의 존재라고는 말할 수 있다. 이것은 하느님께 대한 나의 신앙이 나의 본성과 너무나도 밀접하게 연결되어 있어서 나의 신앙을 나 자신으로부터 분리할 수 없다는 뜻이다. 칸트

과학, 목표, 예술, 장수, 정신, 본성_4월 10일

사람들 안에 존재하는 거룩한 정신은 날로 더욱 해방되고 있다. 이것은 기존의 세계질서를 변화시킬 것이다. 톨스토이

진정한 과학은 우리의 종교적 신앙을 우리의 대외적 활동에 어떻게 적용해야 할 것인지 보여준다. 예술은 그 신앙을 우리의 감정에 어떻게 적용해야 할 것인지 보여준다. 톨스토이

우리가 자신의 신성한 본성을 이해하면 할수록 그 본성의 법칙들은 우리의 행동에 있어서 더욱 더 준수되어야 한다.

톨스토이

우리는 목표가 멀면 멀수록 그것을 향해 더욱 빨리 일해야 한다.

마치니

나는 오래 살면 살수록 더 많은 일을 완수해야 한다. 채닝

April 11

4월 11일_거짓말, 악습, 양심, 선

악의 출현을 조심하라. 너의 영혼 안에는 다가오는 악을 항상 너에게 알려주는 내면의 목소리가 있다. 너는 불쾌감도 느끼고 부끄러움도 느낀다. 이 목소리를 들어라. 너 자신을 개선하려고 노력하라. 그러면 너는 악을 물리칠 것이다. 톨스토이

모든 것은 물질세계 안에서보다는 정신세계 안에서 더 긴밀하게 연결되어 있다. 모든 거짓말은 더 많은 거짓말을 초래하고, 모든 진인성은 더 심한 잔인성을 초래한다. 톨스토이

사람들은 자신의 양심이 깨끗하다고 자랑하는 경우가 매우 많은데, 그 유일한 이유는 그들의 기억력이 너무나도 짧기 때문이다.

라파예츠키

물은 한 방울씩 계속 떨어져서 그릇을 채운다. 이와 마찬가지로 선한 사람이 되기를 바라는 사람들은 선으로 가득 차게 된다.

불교의 지혜의 책 담마파다

우리의 많은 악습은 오로지 다른 악습들이 지탱해주어야만 존속된다. 그러므로 우리가 주요한 악습들을 없애버린다면, 네가 나무줄기를 베면 가지들도 땅에 쓰러지는 것과 마찬가지로 많은 다른 악습들도 즉시 사라질 것이다. 파스칼

하느님_4월 12일

하느님께서는 오로지 자기를 찾는 사람들을 위해서만 존재하신다. 그분을 찾기 시작하라. 그러면 너는 네 안에서 그분을, 그분 안에서 너 자신을 발견할 것이다. 톨스토이

자각의 어떤 단계에 이르면 사람은 자기 안에서 초자연적인 어떤 것을 이해한다. 톨스토이

내가 매우 단순한 진리, 즉 이 세상과 우리의 삶의 배후에, 그리고 그 너머에, 이 세상이 왜 존재하는지, 우리가 이 세상에 왜 존재하는지 아는 누군가가 있다는 사실을 깨닫지 못했다는 것은 놀라운 일이다. 그리고 우리의 삶이란 끓는 물속에 나타나서 수면 위로 올라왔다가 터지고 사라지는 물거품들이다. 톨스토이

사람은 자기가 하느님을 이해하지 못한다는 이유만으로 그분께서 존재하지 않는다고 결론 내릴 권리는 없다. 톨스토이

하느님께서는 우리가 존재하기 때문에 존재하신다. 너는 그분을 다른 이름으로 부를 수 있다. 그러나 우리를 창조했고 우리보다 더 우월한 생명이 존재한다는 것은 의심할 나위가 없다. 그리고 너는 이 생명의 원천을 하느님이라고 부르거나 다른 어떠한 이름으로도 부를 수 있다. 마치니

모든 생물의 일체성은 모든 사람과 모든 사물이 하느님을 조용히 찾고 있는 이 세상에 존재한다. 영원한 침묵을 바라보는 사람들은 오로지 신앙이 없는 무신론자들뿐이다. 루소

April 13

4월 13일_생각, 생명, 현명함

우리는 우리 생명의 신성한 정신적 원천을 이성과 사랑으로 이해한다. ~톨스토이

다음과 같은 세 가지를 하는 사람은 현명하다. 첫째, 자기가 다른 사람에게 하도록 권하는 일을 자기 스스로 한다. 둘째, 진리에 위배되는 일은 아무 것도 하지 않는다. 셋째, 자기 주위 사람들의 결점들을 참아준다. ~톨스토이

모든 것을 검토하라. 그리고 이성과 부합하여 존재하는 것들만 믿어라. ~톨스토이

현명한 사람은 결코 사악할 수가 없다. 친절한 사람은 언제나 현명하다. 이성을 활용하여 친절함을 증가시켜라. 그리고 친절함과 사랑을 발휘하여 이성을 강화하라. ~톨스토이

위대한 생각들은 마음에서 직접 나온다. ~보브나르그

사회, 빈부, 소득, 재산_4월 14일

세상을 지배하는 부자들과 그들의 명령에 복종하는 가난한 사람들로 양분된 사회에서는 우리가 어떠한 종류의 완전함도 달성하기를 바랄 수 없다. 톨스토이

억압하는 주인이 되는 것은 복종하는 노예가 되기보다 더 나쁘다. 지나치게 많은 재산은 가난보다 더 나쁘다. 톨스토이

우리는 이 세상에서 괴상한 결론에 도달했다. 그것은 우리는 사회 안에서 산다고 말하지만, 그와 동시에 각자 홀로 살아가고 있다는 것이다. 칼라일

세상에 백만장자들이 있다면, 극빈자들도 반드시 있게 마련이다.
H. 조지

네가 열심히 일하지도 않고 소득을 얻는다면, 누군가는 열심히 일하고도 아무런 소득을 얻지 못한다. 마이모니데스

4월 15일_삶, 생각, 하느님의 법, 행동

우리 생각들의 결과는 우리에게 알려질 수 없다. 왜냐하면 그것들은 무한한 세계에서 무한히 밖으로 뻗는 파문을 일으키기 때문이다. 톨스토이

우리의 가장 중요한 행동들이란 우리가 보지 못할 결과들이다.

톨스토이

네가 너의 행동의 결과들을 모두 본다면 너의 행동들은 아무런 소용도 없다. 톨스토이

하느님의 신비를 꿰뚫어보려는 우리의 노력은 무익하다. 신성한 법을 준수하는 것만으로 충분하다. 탈무드

성인은 내면적 삶을 살며 외면적 삶은 거부한다. 노자

위대한 행동들은 그 결과가 대단히 멀리 미친다. 러스킨

사람, 사소한 일, 자선, 존엄성_4월 16일

다른 사람들의 존엄성을 인정하는 것은 자명한 원리다. 그것은 다른 사람들을 참아주거나 돕는 일, 또는 그들에게 자선을 베푸는 일과 전혀 상관이 없다. 톨스토이

가장 사소한 일이 인격 수양에 도움이 될 수 있다. 사소한 일들이 중요하지 않다고는 말하지 마라. 오로지 도덕 수준이 높은 사람들만이 사소한 일들의 중요성을 알아볼 수 있다. 톨스토이

러시아에서 가장 경건한 사람들 가운데 일부는 흥미로운 습관을 지니고 있다. 그들은 처음 만나서 소개받은 사람들에게 허리를 깊이 굽혀서 절한다. 그들은 누구나 내면에 지니고 있는 신성한 정신을 인정해주기 위해서 그렇게 한다고 말한다. 이것은 널리 퍼진 전통은 아니지만 그 뿌리는 매우 깊다. 톨스토이

자선은 다른 사람들 앞에서가 아니라 하느님의 영원한 법 앞에서 베풀 때 진정한 자선이 된다는 것을 알아야 한다. 톨스토이

사람은 비천하다. 그는 "나는 존재한다. 나는 생각할 수 있다."라는 말을 거의 할 수 없다. 에머슨

April 17

4월 17일_그리스도교, 사랑, 삶, 신앙

자기 삶의 의미에 대한 명확한 이해가 없이는, 신앙이 없이는 사람은 어느 때라도 선을 부정하고 악을 섬기기 시작할 수 있다.

톨스토이

그리스도교는 개인 안에 존재하는 신성한 원천을 연구하는 것이다. 톨스토이

사람은 삶의 의미를 완전히 이해할 수 없다. 그는 삶의 방향을 알 수 있을 뿐이다. 톨스토이

모든 종교적 가르침들의 본질은 사랑이다. 그리스도교의 특징은 사랑에 관한 가르침, 사랑의 주요조건들에 관한 분명하고 정확한 주장, 악과 폭력에 대한 무저항이다. 톨스토이

조용하면서도 강한 사람이 되고 싶다면, 일을 하고 너의 신앙을 증진시켜라. 톨스토이

그리스도교의 가르침은 매우 단순하다. 하느님을 사랑하듯이 다른 사람들을 사랑하라. 하늘에 계신 너희 아버지처럼 너희도 완전하게 되라. 가장 가능한 방법으로, 가장 좋은 목적을 위해, 가장 좋은 일을 하면서, 하느님의 정신 안에서 살라. 이것이 그 가르침이다. 심지어 어린아이마저도 이러한 이상들을 이해할 수 있고, 아무리 탁월한 사람이라 해도 이러한 것들을 더 발전시킬 수 없다. T. 파커

무지, 지식, 진리_4월 18일

무지란 그 자체로서는 수치스러운 것도 해로운 것도 아니다. 그 누구도 모든 것을 다 알 수는 없다. 그러나 네가 실제로 알지 못하는 것을 아는 척한다면, 바로 그것이 수치스러운 동시에 해로운 것이다. 톨스토이

중요한 것은 너의 지식 분량이 아니라 그 질이다. 너는 무엇이 가장 중요한지도 모른 채 많은 것을 알 수도 있다. 톨스토이

모호하고 복잡한 전문용어들은 사이비 학자들이 만들어냈다. 진정하고 진실한 지식은 모호한 용어들을 필요로 하지 않는다.

톨스토이

무지에는 두 가지가 있다. 하나는 모든 사람이 태어날 때부터 지닌 순수하고 자연스러운 무지이고, 또 다른 하나는 소위 현명하다고 하는 자들의 무지이다. 너는 자칭 학자라고 하는 자들 가운데 많은 사람들이 실제의 삶을 모른다는 사실을 깨달을 것이다. 그런데 그들은 단순한 사람들과 단순한 사물들을 경멸한다. 파스칼

진리는 그것이 용납될 때까지 무수한 장애물을 극복하지 않으면 안 되는 경우가 많다. G. 리히텐베르크

생각은 하지만 창작하지 않는 학자들은 비를 내리지 않는 구름과 같다. 동양의 지혜

April 19

4월 19일_고통

정신적 삶을 살아가는 사람은 고통이 그를 하느님께 더욱 가까이 인도한다고 깨닫는다. 그러므로 고통은 그 쓰라린 측면을 잃고 더 없는 기쁨이 된다. 톨스토이

고통의 이익을 이해하지 못하는 사람은 현명하고 진실한 삶을 살지 못한다. 톨스토이

고통 없이는 정신적 성장은 이루어질 수 없다. 고통은 죽음을 동반하는 경우가 많지만 동시에 삶에 있어 유용하고 유익한 조건이기도 하다. 하느님께서는 고통을 겪는 사람들을 사랑하신다.

톨스토이

사람들은 고통을 통하지 않고서는 위대한 인물이 된 적이 결코 없었다. 라므네

종교는 사람에게 그의 존재와 목적의 의미를 이해하게 만든다.

A. 프랑스

선행, 자선_4월 20일

태양의 흑점을 우리에게 적용시킨다면 그것은 우리 자신의 인격이 만들어낸 그림자다. 우리는 다른 사람들을 위해서 살 때에만 우리 자신을 위해 사는 것이다. 이 말은 이상하게 들릴지도 모르지만, 네가 그렇게 살아보면 너 자신의 경험에서 이 말이 옳다는 것을 깨달을 것이다. 톨스토이

정신적 삶을 살아가는 사람에게 자기희생은 동물적 욕망들을 만족시키는 일에 몰두하는 사람의 즐거움을 한없이 초월하는 극도의 기쁨을 가져다준다. 톨스토이

불이 초를 모두 녹여버리듯이, 다른 사람들의 이익을 위한 선행은 이기적인 삶을 없애버린다. 톨스토이

친절한 사람은 다른 사람들을 위해 선행을 한다. 친절한 행동을 하면서 고통을 당하는 사람이 있다면 그는 한층 더 선한 사람이 된다. 라브뤼예르

다른 사람들의 이익과 행복을 위해 자선을 베푸는 것보다 더 큰 행복은 없다. L. 맬러리

January February March April May June

April 21

4월 21일_사랑

너는 사랑의 나라가 지상에서 실현될 수 있도록 살아가야 한다. 너는 폭력이 아니라 사랑에 기반을 둔 삶을 살아가야 한다.

톨스토이

그리스도교 세계의 사회생활의 질서는 폭력과 그것에 대한 공포가 사랑과 행복으로 대체됨으로써 앞으로 변할 것이다.

톨스토이

사랑을 품지 않은 채 다른 사람을 대해도 괜찮은 때가 있다고 생각하는 것은 잘못이다. 나무를 베거나 벽돌을 굽거나 쇠를 제련하는 것처럼 너는 사랑을 품지 않은 채 사물들을 다룰 수 있다. 그러나 사랑을 품지 않은 채 사람들을 다룰 수는 없다. 너는 꿀벌들을 조심하지 않은 채 마구 다룰 수 없는 것과 마찬가지로 다른 사람들의 개성을 무시한 채 그들을 다룰 수는 없다. 꿀벌들에게 특성이 있듯이 사람들에게도 개성이 있다. 네가 다른 사람들을 매우 조심해서 대하지 않는다면 결과는 너 자신과 그들을 해치게 된다. 왜냐하면 상호적인 사랑은 우리 존재의 기본 법칙이기 때문이다.

톨스토이

원수를 사랑하라는 그리스도의 기본적인 계명이 준수되는 것을 볼 때까지 수많은 사람들이 진정한 그리스도교 신자가 아니라 신자인 척할 뿐이라고 나는 계속해서 믿을 것이다. 레싱

이 세상에서 저질러진 가장 큰 잘못은 정치학을 윤리에서 분리시킨 것이다. 셀리

자아, 구원, 빛_4월 22일

가장 탁월한 지식은 자기 자신을 아는 것이다. 자기 자신을 이해하는 사람은 하느님을 이해한다. 톨스토이

사람은 자신의 고유한 자아, 내면적 자아를 변모시켜 그것이 고통과 억압의 영역을 벗어나 언제나 확고하고 즐거운 영역, 즉 자신의 정신적이고 신성한 본질을 이해하는 영역에 들어가게 할 수 있다. 톨스토이

나는 빛으로서 이 세상에 왔다. 그러므로 누구든지 나를 믿는 사람은 어둠 속에서 살지 않을 것이다. 요한 12:46

영혼의 순수성이 없이 너는 어떻게 "나는 신을 찬미할 것이다." 라고 말할 수 있는가? 어느 누구의 가슴속에서나 살아 있는 저 빛, 새벽별과도 같은 저 빛은 우리의 구원이다.

인도의 지혜 와바나 푸라나

4월 23일_단순함

진정한 선은 언제나 단순하다. 단순함은 더없이 매력적이고 유익한 것인데 극소수의 사람들만이 단순한 삶을 살아가고 있다는 것은 참으로 이상한 일이다. 톨스토이

위대한 일은 어느 것이나 모두 조용하고 하찮고 단순한 방식으로 이루어진다. 밭을 가는 일, 집을 짓는 일, 가축을 기르는 일, 심지어 생각하는 일마저도 너는 주변에서 천둥과 번개가 칠 때에는 할 수가 없다. 위대하고 진실한 일들은 언제나 단순하고 하찮은 것이다. 톨스토이

단순하게 보이려고 일부러 애쓰는 사람들만큼 단순함에서 거리가 더 먼 사람도 없다. 인위적인 단순함은 모든 인위적인 것들 가운데 가장 불쾌한 것이다. 톨스토이

다른 곳에서 행복을 찾지 마라. 필요한 것들은 단순한 것들이 되게 하시고, 복잡한 것들은 불필요한 것들이 되게 하시는 하느님께 감사하라. G. 스코보로다

우리는 다른 사람들처럼 보이도록 애쓰느라고 대부분의 시간을 낭비한다. 애머슨

미덕, 신앙, 용기_4월 24일

어떠한 일이 닥친다 해도 신앙은 잃지 마라. 인간인 너에게는 나쁜 일이란 하나도 닥칠 수 없다. 톨스토이

어떠한 싸움에서든 진정한 용기는 하느님께서 자기편이심을 아는 사람들에게 있다. 톨스토이

오로지 자아를 포기하는 사람만이 참으로 강력하게 된다. 그가 자아를 포기하자마자 그 사람 자신이 아니라 하느님께서 그를 통해 행동하신다. 톨스토이

옛날에 로마의 황후가 귀중한 보석들을 잃었다. 그래서 30일 이내에 그 보석들을 발견하는 사람은 엄청난 상을 받겠지만 30일 이후에 가져오는 사람은 처형될 것이라고 전국에 포고령이 내렸다. 유태인 랍비 사무엘이 그 보석들을 발견했지만 30일이 지나서야 돌려주었다.
"너는 다른 나라를 여행하고 있었는가?" 라고 황후가 물었다.
"아니요. 집에 있었습니다." 라고 사무엘이 대답했다.
"포고령을 몰랐던 모양이군."
"알고 있었습니다."
"그렇다면 왜 30일이 지나서야 가지고 왔는가? 너는 이제 처형되어야 마땅하다."
"내가 이 보석들을 가지고 온 것은 처형에 대한 두려움 때문이 아니라 하느님께 대한 두려움 때문임을 당신에게 보여주고 싶었던 것입니다." 톨스토이

January February March April May June

April 25

4월 25일_악행, 자유, 정신, 하느님에 대한 사랑

자기가 세상에서 가장 좋은 일들을 할 수 있다고 믿지 않는 사람은 가장 나쁜 일들을 하기 시작한다. 톨스토이

사람은 자기를 물질 또는 정신적 존재로 이해한다. 너는 자기를 정신적 존재로 이해할 때 자유롭게 된다. 톨스토이

"하느님께 대한 사랑"이 이 세상에서 한층 더 고차원적인 창조적 흐름에 너 자신의 일부를 첨가하려는 노력이 아니라면, 그것은 도대체 무엇인가? 신성한 힘은 모든 것 안에 존재하지만 이 세상에서는 사람들 안에서 가장 잘 나타난다. 그리고 그 힘이 작용하도록 만들기 위해서 너는 그것을 이해하고 받아들여야 한다.

톨스토이

나는 하늘이 모든 것을 알고 그 법이 불변하다는 것을 안다. 나는 하늘이 모든 것을 보고 모든 것 안에 들어가며 모든 것 안에 존재한다는 것을 안다. 햇빛이 어두운 방을 밝게 비출 수 있는 것과 마찬가지로 하늘은 모든 사람들의 마음속 깊이 침투한다. 우리는 이 하늘의 빛을 반사하도록 노력해야만 한다. 중국의 지혜

하느님_4월 26일

하느님 안에서 살라. 네 안에 계시는 그분을 이해함으로써 그분과 함께 살라. 그리고 그분을 말로 정의하려고 애쓰지 마라.

톨스토이

하느님의 존재에 대한 이해는 누구에게나 가능하다. 하느님의 본질에 대한 완전한 이해는 아무에게도 가능하지 않다.

톨스토이

세상의 모든 민족들은 하느님의 이름을 부르고 그분을 존경한다. 각 민족은 그분께 서로 다른 이름을 부여하고 서로 다른 옷을 입힌다. 그러나 이렇게 서로 상이하게 나타나는 모든 모습 뒤에는 오로지 유일한 하느님이 계신다. 루소

사람들이 두 다리로 걸을 수 있는 능력과 마찬가지로 하느님께 대한 신앙은 그들에게 당연한 것이다. 이 신앙은 조절될 수 있고 어떤 개인들 안에서는 사라질 수도 있다. 그러나 원칙적으로 그것은 사회 안에서 합리적 생활을 위해 필요하다.

리히텐베르크

다음과 같은 명제들은 입증이 불가능하다. 하느님은 존재하신다. 또는 그분은 존재하시지 않는다. 영혼은 육체 안에 존재한다. 또는 우리는 영혼이 없다. 세상은 창조되었다. 또는 세상은 창조되지 않았다. 파스칼

April 27

4월 27일_비난, 사람

불쾌한 기분 때문에 다른 사람들을 비난하는 경우가 많다. 그러나 다른 사람들을 비난하는 것이 우리에게 불쾌한 기분을 일으키는 경우가 더 많다. 다른 사람들을 비난할수록 우리는 기분이 더욱 더 나빠진다. 톨스토이

두 사람 사이에 원한이 존재한다면 그 두 사람이 모두 잘못이다. 아무리 큰 수도 거기에 영을 곱하면 영이 된다. 원한이 존재한다면 그것은 두 사람이 서로 상대방에 대해 품는 원한이고, 두 사람 각자 안에 들어 있는 것이다. 톨스토이

네가 다른 사람과 함께 산다면, 둘 중에 어느 하나가 상대방을 비난하기 시작하자마자 네가 먼저 다툼을 끝내겠다고 약속하라.

톨스토이

사람은 자기에게 가장 좋은 것을 하려고 언제나 애쓴다는 사실을 이해하고 명심하도록 노력하라. 자기에게 가장 좋은 것을 할 때 그가 옳다면 그것은 좋은 일이다. 그러나 그가 잘못하고 있다면 그것은 나쁜 일이다. 왜냐하면 그러한 잘못에는 고통이 따를 것이기 때문이다. 이러한 것을 명심한다면 너는 다른 사람 때문에 마음의 평온을 잃는 일이 결코 없을 것이다. 또한 다른 사람을 결코 비난하지 않을 것이며, 다른 사람의 적이 되는 일도 결코 없을 것이다. 에픽테투스

게으름, 노동_4월 28일

노동은 행복의 필수조건이다. 첫째는 네가 좋아하고 자발적으로 하는 노동이다. 둘째는 너의 식욕을 증진시키고 고요하고 깊은 잠을 잘 수 있게 해주는 육체노동이다. 톨스토이

육체노동은 정신활동을 방해하는 것이 아니라 오히려 정신활동의 질을 개선할 수 있도록 도와준다. 톨스토이

노동은 필요하다. 네가 좋은 정신 상태를 유지하려고 한다면 몸이 피로해질 때까지 일하라. 그러나 너무 심하게 일하지는 마라. 기력이 탈진할 때까지 일해서는 안 된다. 게으름은 물론이고 과도한 노동도 좋은 정신 상태를 망칠 수 있다. 톨스토이

지속적인 게으름은 지옥의 고문들 안에 포함되어야 마땅하지만, 그와 반대로 천당의 기쁨들 가운데 하나로 여겨진다.

몽테스키외

사람이 일하기 시작하면, 그것이 가장 하찮고 초보적이고 단순한 일이라 해도 그의 정신은 차분하게 가라앉는다. 사람이 일에 착수하면 모든 악마는 그를 떠나고 그에게 접근할 수 없다. 그는 사람다운 사람이 된다. 칼라일

April 29

4월 29일_건강, 질병

건강과 체력은 너 자신을 위해, 그리고 오로지 너 자신만을 위해서 유지할 필요가 있다. 그러나 하느님을 섬기기 위해서는 그것이 필요하지 않고, 때로는 그것이 없어야만 하는 경우도 있다.

톨스토이

사람은 건강할 때뿐만 아니라 병들었을 때에도 똑같이 삶의 목적을 달성할 수 있다. 톨스토이

우리가 사후의 삶의 존재를 명상한다면, 모든 질병은 한 가지 삶에서 다른 삶으로 옮겨가는 것, 바람직하지 않다기보다는 더욱 바람직한 이동 쪽으로 우리를 한층 더 가까이 데려가는 듯이 보인다. 질병의 고통을 겪는 동안 우리는 사후에 우리에게 어떤 일이 일어날는지 이해하고 납득할 수 있으며, 곧 이어질 새로운 존재 상태를 위해 준비할 수 있다. 톨스토이

불치병 말기에 이른 사람들을 자주 대할 때 내가알게 된 사실 중 가장 중요한 일은, 환자에게 죽음이 임박했다는 것을 숨기는 것이 아니라, 오히려 죽음도 파괴할 수 없는 그의 내면에서 자라고 있는 그 사람 자신의 신성하고 정신적인 본성을 그에게 설명해주는 것이다. 톨스토이

질병은 언제나 환자의 체력을 소멸시키고 그의 영혼의 힘을 분출시킨다. 정신적 영역에 자신의 의식을 집중시키는 사람에 대해서 질병은 그의 선한 본성을 감소시키기 보다는 오히려 증가시킨다.

톨스토이

삶_4월 30일

우리 존재의 진정한 목적은 이 세상에 존재하는 이 무한한 생명을 이해하는 것이다. 톨스토이

너의 삶의 목적을 발견하지 않고는 살아가기가 불가능한 듯이 보인다. 그리고 사람이 제일 먼저 해야만 하는 것은 삶의 의미를 이해하는 것이다. 그러나 교육을 받았다고 스스로 생각하는 사람들의 대부분은 자기가 매우 높은 수준에 도달했다고 오만해져서 자기 존재의 의미에 관해서는 더 이상 관심을 기울이지 않는다.

톨스토이

사람은 자기 삶의 목적을 모를 수는 있지만 "어떻게" 살아가는 방법은 반드시 알아야만 한다. 돼지를 키우는 농장에서 일하는 사람이라고 해서 자기 일의 목적을 반드시 아는 것은 아니다. 그러나 좋은 일꾼이라면 그는 자기가 해야만 하는 일을 어떻게 해야만 잘 할 수 있는지 알아야 한다. 톨스토이

모든 생물은 이 세상에서 자기가 차지하는 자리를 알려주는 감각기관들을 가지고 있다. 사람에게는 가장 중요한 감각이 이성이다. 네가 이 세상에서 차지하는 자신의 자리도 삶의 의미도 모른다면, 무엇인가 비난받아야 할 것이 있다고 너는 알아야만 한다. 그것은 사회조직이나 너의 이성이 아니라 네가 이성을 사용하는 방법이다. 톨스토이

seine Liebe nicht ab[illegible]
[illegible] Stand 6 Jahre [illegible]
[illegible] Schwindel [illegible] ist; Sie wie
nicht dort im Hause geboren. !!
Die [illegible] und [illegible] liegt [illegible]
darüber!! Ein kleines Menschenkind [illegible]
der Welt erblickt zu seiner Eltern [illegible]
[illegible]seligkeit. Herzlich Glück u. [illegible]
der [illegible] Lieben
bei [illegible] möchte mich [illegible]
lich [illegible] mitkommen [illegible]
[illegible] zur Begeisterung zu [illegible]
[illegible] Weltenbürger[illegible] denn ich [illegible]
das Leben ihm hold sei. —
[illegible] komme des heiteren Gemüt [illegible]
[illegible] die Güte u. [illegible] vornehm[illegible]
[illegible] des Vaters als [illegible]
[illegible] mitnehmen für seinen Lebens-
[illegible]

MAY

5월

가장 흔한 잘못 가운데 하나는 네가 진리가 없이도 살 수 있다고 생각하는 것이다. 심지어 가장 작은 거짓말들조차 그 내면적, 외부적 결과들은 진리를 직접 말할 때 초래되는 가장 덜 불쾌한 것들보다도 더 해롭다.

톨스토이

May 1

5월 1일_반성, 완성, 용기

자신의 삶을 정신적 완성의 과정으로 보는 사람은 외부적 사태들을 두려워하지 않는다. —톨스토이

알 만수르(Al Mansur) 칼리프는 아부 가니파크(Abu Ganifakh)가 카아드(Kaad)의 가르침을 받아들이지 않는다고 해서 그를 바그다드의 감옥에 가두었는데 그 안에서 죽었다. 죽기 전 어느 날, 이 유명한 종교지도자는 간수로부터 심하게 한 대 얻어맞았다. 그러자 그는 자기를 때린 간수에게 말했다.
"네가 나를 때렸으니까 나도 너를 때릴 수 있다. 나는 칼리프에게 고발할 수도 있지만 그렇게 하지 않을 것이다. 기도할 때 나는 네가 나를 때렸다고 주님께 알려드릴 수 있지만 그렇게 하지도 않을 것이다. 최후의 심판 때 나는 너의 행동에 대한 주님의 처벌을 요청할 수 있지만, 최후의 심판이 오늘 닥친다 해도, 나의 기도를 주님께서 들어주시리라 내가 알고 있다 해도, 나는 오로지 너만 데리고 낙원에 들어갈 것이다." —페르시아의 지혜

용기가 오로지 대담성과 힘에만 달려 있다고 생각하지 마라. 가장 큰 용기는 너의 격분을 억제하고 너를 화나게 한 사람을 사랑하는 용기다. —페르시아의 지혜

너 자신을 비판하라. 그러나 그것 때문에 실망하지는 마라.

—에픽테투스

말다툼, 진리_5월 2일

사람들은 진리를 받아들이지 않는 경우가 매우 많다. 왜냐하면 그들은 진리가 제시되는 형식을 싫어하기 때문이다. 톨스토이

네가 진리를 안다면, 또는 진리를 안다고 생각한다면, 최대한으로 단순하게, 그리고 상대방에 대한 사랑의 감정을 품은 채 그 진리를 다른 사람들에게 전달해주도록 노력하라. 톨스토이

말다툼은 가급적으로 피하라. 불길이 너무 거세지면 끄기가 어렵다. 톨스토이

말다툼의 시작은 댐을 붕괴시키는 홍수와 같다. 엄청난 물줄기가 쏟아져 내리기 시작하면 너는 그것을 막을 수 없다. 탈무드

논쟁을 할 때 말은 매우 부드럽게 하지만 마음은 확고하게 다져라. 상대방을 맹렬하게 공격하려고 하지 말고 그를 설득하려고 노력하라. G. 윌킨스

May 3

5월 3일_공부, 완전함, 완성, 예언자

예수 그리스도의 생애는 자기 일의 결과를 생전에 볼 수 없었던 사람의 생애를 보여주는 예로서 우리에게 매우 중요하다.

톨스토이

사람은 누구나 한 가지 목적만을 가지고 있다. 그것은 선 안에서 완전함을 발견하는 일이다. 그러므로 오로지 우리를 이 목적으로 인도하는 지식만 필요하다. 톨스토이

현명한 사람들은 더 많이 알기 위해서 공부한다. 하찮은 사람들은 더 많이 알려지기 위해서 공부한다. 동양의 지혜

정신적 완성에 도달하기 위해서 너는 무엇보다도 먼저 네 정신의 순수성을 잘 보살펴야만 한다. 너의 마음이 진리를 탐구하고 완전함을 추구하며 참된 지식에 의존할 때 정신적 완성에 도달할 수 있다. 공자

예언자를 어떻게 알아볼 수 있는지 알고 싶다면 너 자신의 마음에 관한 지식을 너에게 주는 사람을 찾아라. 페르시아의 지혜

생각_5월 4일

말로 표현된 생각은 모두가 힘이다. 그리고 이 힘은 무한하다.

톨스토이

말로 표현된 진리는 사람들의 삶에 있어서 가장 큰 힘이다. 우리는 이 힘을 완전히 이해하지 못한다. 왜냐하면 그 결과가 즉시 보일 수는 결코 없기 때문이다. 톨스토이

현명한 사람들의 훌륭한 생각들을 이용하라. 네가 그와 같은 종류의 현명한 생각을 해낼 수 없다면, 적어도 너와 다른 사람들이 표현한 허위의 생각들을 전파하지 마라. 톨스토이

사람들의 마음에서 우러나오는 훌륭한 생각들은 훌륭한 모범처럼 유익하다. 세네카

강력한 방식으로 표현된 강력한 생각들은 삶의 개선을 돕는다.

키케로

삶에 있어서 생각이란 지성적이며 가장 중요한 에너지다. 그것은 그 성질에 따라 저주 또는 축복이 될 수 있다. 맬러리

May 5

5월 5일_거짓말, 교육

종교적 가르침, 즉 삶의 목적과 의미에 관한 설명은 모든 교육의 기초가 되어야만 한다. 톨스토이

사람들은 아이들에게 거짓말을 하는 것은 범죄가 아니라고 생각한다. 게다가 그것은 그다지 큰 잘못이 아닐 뿐만 아니라 때로는 필요하다고 생각한다. 그러나 너는 어린아이들을 상대할 때 자기가 하는 말에 대해서 특별히 더 조심하고 정직해야 한다.

톨스토이

네가 어떤 것을 완전히 믿지 않거나 어느 정도 의심하고 있을 때, 최종적인 진리가 있다는 말을 네가 가르치는 아이에게 하지 마라. 그런 말을 하는 것은 중대한 범죄다. 톨스토이

너는 특히 어린아이를 상대할 때에는 항상 진실해야만 한다. 아이에게 약속한 것은 항상 실천하지 않으면 안 된다. 그렇게 하지 않으면 너는 아이에게 거짓말을 하라고 가르칠 것이다. 탈무드

자연을 스승으로 삼고 있는 사람은 어떤 교수의 고상한 모습이 찍힐 밀랍 조각이 되어서는 안 된다. G. 리히텐베르크

동물애호_5월 6일

동물에 대한 동정은 우리에게 너무나도 당연한 것이기 때문에 우리는 오로지 전통이나 최면술을 통해서만 동물의 고통과 죽음에 대해 무감각해질 수 있다. — 톨스토이

동물에 대한 동정은 친절과 너무나도 긴밀하게 연관되어 있기 때문에 너는 사람이 동물에게 잔인하면 친절해질 수 없다고 단언할 수 있다. 동물에 대한 동정은 다른 사람들에 대한 동정처럼 동일한 원천에서 나온다. — 쇼펜하우어

주님을 두려워하라. 동물을 학대하지 마라. 동물이 너를 섬기도록 하라. 동물이 피로해지면 쉬게 하라. 말을 할 수 없는 저 동물들에게 먹을 것과 마실 것을 충분히 주어라. — 모하메드

사람은 동물들을 사정없이 학대할 수 있기 때문에 그것들보다 더 우월한 것이 아니다. 사람은 동물들을 동정할 수 있기 때문에 그것들보다 더 우월하다. — 불교의 지혜

너의 자녀들이 벌레을 죽이지 못하게 하라. 벌레를 죽이는 것은 살인으로 인도할 수 있는 길의 첫걸음이다. — 피타고라스

May 7

5월 7일_구원, 빛, 운명, 이성, 행복

현세에서든 내세에서든 행복을 자신의 외부에서 찾으려 애쓰는 사람은 잘못을 저지르고 있다. 톨스토이

노력할 생각은 안 하고 구원이나 얻으려는 사람에게는 아무 것도 힘을 줄 수 없다. 톨스토이

나는 길잡이가 될 빛을 찾아서 온 세상을 돌아다녔다. 나는 밤낮으로 쉬지도 않고 모든 곳을 돌아다녔다. 그러다가 나에게 진리를 가르쳐주는 어떤 설교자를 만났다. 그는 해답은 내 안에 있고, 내가 온 세상 모든 곳에서 찾고 있던 그 빛은 내 안에 있다고 말했다. 동양의 지혜

인생에도 운명에도 우연은 없다. 사람은 자기 운명을 만들어낸다. A. 빌멩

너는 스스로 악행을 저지르거나 죄를 피하고 자신을 정화시킨다. 너는 사악하거나 순수하다. 너 자신 이외에는 아무도 너를 구원할 수 없다. 불교의 지혜의 책 담마파다

너의 몸은 선과 악으로 가득 찬 도시다. 너는 이 도시의 왕이고, 너의 이성은 가장 훌륭한 조언자다. 루가

사람의 행복과 불행은 그가 소유한 재산이나 황금에 달려 있지 않다. 행복이나 불행은 그의 정신 안에 들어 있다. 현명한 사람은 어느 나라에 있거나 항상 편안하게 느낀다. 고귀한 사람에게는 온 세상이 자기 집이다. 데모크리토스

겸손, 친절, 비방, 판단_5월 8일

사람들이 자기를 악인으로 여긴다는 말을 듣고 현명한 사람이 말했다. "그들이 나에 관해 모든 것을 알고 있지 못하니 다행이군요. 그렇지 않았더라면 그들은 나에 대해 더 나쁜 말을 했을 겁니다." 톨스토이

겸손과 친절보다 더 매력적인 것은 없다. 그러나 선전효과를 거두려는 친절은 추구하지 마라. 톨스토이

너 자신에 대한 판단을 내리는 일은 피하라. 특히 너 자신과 남들을 비교하여 너 자신에 대해 판단하지 마라. 오로지 너 자신을 완전함 하고만 비교하라. 톨스토이

현명한 사람이 자기를 추격하는 사람에게 이렇게 말했다. "나에게 원한을 품고 있다면 우리가 성 안에 들어서기 전에 지금 말하시오. 그렇지 않으면 사람들이 듣고 나서 당신을 공격할 것입니다." 이집트의 지혜

너희 중에서 제일 높은 사람은 제일 낮은 사람처럼 처신해야 하고 지배하는 사람은 섬기는 사람처럼 처신해야 한다. 루가 22:26

강과 바다의 주인은 계곡이다. 왜냐하면 강과 바다는 계곡보다 낮기 때문이다. 이와 마찬가지로 남들보다 높아지기를 바라는 사람이나 다른 사람들을 인도하기를 바라는 사람은 그들보다 낮아져야 한다. 노자

May 9

5월 9일_구원, 미덕, 삶, 완성, 정신, 친절

삶은 끊임없는 변화다. 삶은 우리 존재의 물질적 측면을 줄이고 정신적 측면을 넓히는 데 있다. 톨스토이

비둘기의 친절은 미덕이 아니다. 비둘기는 독수리보다 미덕이 더 크지 않다. 미덕은 오로지 노력이 수반될 때에만 시작된다.

톨스토이

우리는 자기완성 도중에 멈출 수 없다. 너는 너 자신보다 외부 세계에 더 많은 관심이 있다고 느끼는 순간, 외부 세계가 너의 뒤에서 움직이고 있다는 것을 알아야 한다. 톨스토이

오직 정신적인 것들만 실제로 존재하고 물질적인 세계는 환상에 불과하다. 톨스토이

영혼의 구원을 바란다면 너의 안락함에 관해서는 잊어버려라.

톨스토이

살아 있는 동안에는 항상 배우려고 하라. 노년기가 저절로 지혜를 가져온다고 믿으면서 기다리지 마라. 솔론

미덕은 다른 장점들보다 항상 더 오래 가고 제일 먼저 시작된다.

칸트

주님께서 원하셨다면 우리를 단일한 민족으로 만드실 수 있었지만 그분께서는 우리를 시험하신다. 어디를 가든 모든 곳에서 너는 친절하고 선행을 하도록 최대한의 노력을 기울여라. 그러면 그분께서 우리 모두를 결합하실 그 날이 올 것이다. 코란

삶, 주인, 생각, 정신_5월 10일

오로지 정신적인 것들만이 실제로 존재한다. 눈으로 보고 감각으로 느낄 수 있는 것들은 환상에 불과하다. 톨스토이

가장 명료하고 이해 가능하며 분명히 존재하는 것들이 전재의 전부는 아닌 것처럼 우리에게 보인다. 명료하지 않고 알려지지 않으며, 모순되고 존재하지 않는 다른 어떤 것들이 있다. 톨스토이

삶은 오로지 즐거움만을 위해서 우리에게 주어진 것은 아니다.

고골리

아무도 두 주인을 섬길 수 없다. 너희는 하느님과 재물을 아울러 섬길 수 없다. 마태오 6:24

길게 보면 연구할 가치가 있는 주제는 오직 하나다. 그것은 정신의 변모의 각종 형태들이다. 다른 모든 주제들과 연구는 이 기본적인 것들에 집약될 수 있다. 아미엘

나는 나의 생각들을 동시에 수많은 사람들에게 보낼 수 있다. 주님의 뜻, 그리고 사랑과 지혜의 힘이 있다면 나의 생각들은 바다를 건너가고 여러 나라들에 전파될 것이다. 나의 생각들은 그 자체가 정신적 힘이다. 그것들은 동시에 수천 군데에 존재할 수 있다. 그러나 나의 몸은 특정 시점에 한 군데에만 존재할 수 있다.

맬러리

May 11

5월 11일_노력, 완전함

"너희는 하늘에 계신 너희 아버지처럼 완전하게 되도록 노력하라." 최고 사랑의 완성은 모든 인류가 도달하려고 애쓰는 목표다. 완성에 관한 그리스도교의 가르침은 모든 인류를 위한 도구다.

톨스토이

개인들을 위해서나 모든 민족들을 위해서나 모든 완전함의 동력은 이 세상에 존재하는 것들에 대한 이해가 아니라 달성될 수 있는 것에 대한 이해다. 톨스토이

나의 두 손이 약하면 약할수록 나는 완전함에 이르도록 더욱 노력해야만 한다. 톨스토이

해안선에서 멀리 떨어져 항해하는 사람은 어떤 해안선들이나 절벽들을 볼 수 있다. 그러나 해안선에서 너무 멀리 떨어져버리면 그는 오로지 하늘 높이 빛나는 별들과 방향을 알려주는 나침반에 의해서만 인도될 수 있다. 그런데 이 두 가지는 우리에게 주어져 있다. 톨스토이

사람이 아무리 낮게 떨어져 있다 해도 그는 자신이 지향해야만 하는 완전함을 언제나 바라볼 수 있다. 톨스토이

삶, 죽음_5월 12일

삶은 죽음을 향해 끊임없이 다가가는 것이다. 그러므로 죽음이 재앙으로 보이지 않을 때 삶은 더없는 기쁨이 될 수 있다.

톨스토이

너는 이 세상에서 거주하고 있는 것이 아니라 이 세상을 통과하고 있을 뿐임을 명심하라. 톨스토이

"나는 우기 때 여기서 살고 여름에는 저기서 살 것이다."라고 우리는 때때로 말한다. 미친 사람은 죽음에 관해 생각하지 않기 때문에 그렇게 꿈을 꾼다. 그러나 이윽고 죽음이 닥치고 모든 사람을 데리고 가버린다. 바쁜 사람도, 어떤 것을 걱정하는 사람도, 탐욕을 부리는 사람도, 멍하니 앉아 있는 사람도 죽음은 데리고 간다. 죽음이 닥칠 때는 너의 아들도, 너의 아버지도, 가족들이나 친구들도 너를 도울 수 없다. 현명한 사람, 즉 이것을 이해하는 사람은 고요함으로 인도하는 길을 찾는다. 불교의 지혜

어떤 사람은 "이 세상은 모두 내 것이다."라고 말하려는 듯이 두 주먹을 쥔 채 세상에 태어난다. 어떤 사람은 "보라, 나는 아무 것도 가진 것이 없다."라고 말하려는 듯이 두 손을 편 채 세상을 떠난다. 탈무드

어느 순간에도 작별을 고할 준비가 되어 있는 듯이, 너에게 남은 시간이 어떤 유쾌한 경이로움이라도 되는 듯이 너는 그렇게 살아가야 한다. 아우렐리우스

May 13

5월 13일_노력, 영혼, 현명함

사람은 누구나 생사에 관한 문제들을 스스로 풀어야 한다.

~ 톨스토이

현명한 사람은 오로지 자기를 위해서만 요구한다. 어리석은 사람은 다른 사람들을 위해 요구한다. ~ 중국의 지혜

영혼은 배우지 않는다. 그것은 스스로 알고 있었던 것을 단순히 기억한다. ~ 다우드 엘 가페르

현명한 사람은 모든 것 안에서 자기를 위한 어떤 도움을 항상 발견한다. 왜냐하면 그의 재능은 모든 것에서 이익을 얻는 것이기 때문이다. ~ 러스킨

너 자신 이외에는 아무 것도 너에게 평온함을 가져다주지 않을 것이다. ~ 에머슨

오로지 너 자신의 생각으로, 너의 이성의 노력을 통해서 얻은 진리만이 네 몸의 일부가 되고, 오직 이 진리만이 우리에게 속하는 것이다. ~ 쇼펜하우어

두려움, 이성, 정신, 신_5월 14일

아무도, 아무 것도 두려워하지 마라. 아무도, 아무 것도 너의 내면에 있는 가장 귀중한 것을 해칠 수 없다. 톨스토이

이성은 방법과 이유를 묻는다. 비둘기는 질문하지 않고 "나는 사랑이다."라고 말한다. 비둘기는 질문하지 않은 채 만족을 준다.

톨스토이

정신은 모든 것을 안다. 그것을 놀라게 할 새로운 것은 하나도 없다. 아무 것도 그것보다 더 클 수 없다. 다른 것들은 두려움을 품도록 하라. 그러나 정신은 아무 것도 두려워하지 않는다. 그것은 자신의 법칙에 따라 산다. 그것은 우주보다 더 크고 시간보다 더 오래된 것이다. 그것은 삶의 모든 불행을 극복할 용기를 준다.

에머슨

신은 모든 사람들 안에 살지만 모든 사람이 신 안에서 사는 것은 아니다. 이것이 그들이 느끼는 고통의 원인이다. 초는 불이 없이는 탈 수 없고, 사람은 신이 없이는 살 수 없다.

스리 라마크리슈나 경전

이 세상의 모든 것은 나에게 속한다. 창조와 파괴는 나의 뜻에 따라 이루어진다. 현재의 세상은 껍데기에 불과하고 나는 그 노른자위다. 페르시아의 지혜

5월 15일_진리, 속임수, 진실

진리는 미덕이 아니고, 악덕들의 결핍이다. 톨스토이

가장 흔하고 가장 널리 사용되는 속임수는 다른 사람들이 아니라 너 자신을 속이고 싶어 하는 마음이다. 그리고 이러한 종류의 삶이 가장 해롭다. 톨스토이

가장 흔한 잘못 가운데 하나는 네가 진리가 없이도 살 수 있다고 생각하는 것이다. 심지어 가장 작은 거짓말들조차 그 내면적, 외부적 결과들은 진리를 직접 말할 때 초래되는 가장 덜 불쾌한 것들보다 대개는 더 해롭다. 톨스토이

속임수에 이르는 길은 수천 가지나 되지만 진리에 이르는 길은 오직 하나뿐이다. 루소

사람들은 오로지 자명한 진리만 따라야 한다. 공자

진실함은 어디서나 통용되는 유일하고 진정한 화폐다.

중국 속담

우리는 진실한 사람이 되자. 이것은 수사학과 미덕의 수수께끼고 가장 큰 수수께끼며, 처세술과 삶의 주요법칙에서 가장 높은 성과다. 아미엘

신앙, 종교_5월 16일

사람이 여러 가지 문제들을 가지고 있다면 거기에는 오직 한 가지 근본 원인만 있을 수 있다. 그것은 신앙의 결핍이다. 인간 사회 전체 안에서도 이와 똑같은 것이 사실이다. 톨스토이

인류는 신앙 없이 살아오지 않았고 또한 신앙 없이 살 수도 없다.

톨스토이

종교는 이성적인 사람의 삶의 필수품이자 가장 중요한 조건이다.

톨스토이

종교적 감정이 강하면 강할수록 그는 무엇이 모든 사람의 행동 지침인지, 무엇이 그것이 되어야 하는지 더 잘 이해한다.

톨스토이

사람들은 종교가 사람들 사이에서 그 힘을 잃는다고 자주 말한다. 이것은 사실이 아니고 또한 사실일 수도 없다. 이러한 일은 그렇게 생각하는 사람들이 오직 소규모의 사람들만 관찰하기 때문에, 그리고 종교적 감정을 지니지 않은 어떤 사람들이 항상 존재하기 때문에 일어난다. 톨스토이

춤추는 사람들로 가득 찬 홀에서 너의 두 귀를 막기는 매우 어렵다. 그러면 이제 네가 정신병원 안에 있다고 상상하라. 자기 내면에서 종교적 양심을 없애버리는 사람에게는 다른 사람들의 모든 종교적 행위가 위의 것과 똑같은 인상을 줄 것이다. 그러나 네가 종교적인 인류의 대부분보다 더 영리하다고 생각하는 것은 위험하다. 아미엘

May 17

5월 17일_비난, 비판, 인내

아씨시의 프란체스코의 모든 활동에 비추어보면, 가장 큰 기쁨은 네가 모든 것을 참아낸다는 것이다. 심지어 너는 비방과 육체적 고통마저도 겪을 수 있으며, 신앙을 가지고 있기 때문에 결국에는 이러한 고통에 대해 반감을 품을 수가 없고 오히려 기쁨을 느낀다. 악인들도 너 자신의 고통도 이러한 기쁨을 없앨 수가 없다.

톨스토이

사람들이 너를 탓하고 질책하고 비판할 때 너는 기뻐하지 않으면 안 된다. 그들이 너를 칭찬하고 존경할 때 너는 슬퍼하지 않으면 안 된다. 톨스토이

네가 극복할 수 있는 비방과 악평은 선행을 가르치는 가장 좋은 학교다. 톨스토이

다른 사람들에 대한 비난과 비판은 나쁜 일이다. 그러나 동시에 그것은 하느님과 이웃에 대한 너의 사랑을 시험하는 유일한 방법으로서 이해할 만하고 또한 가치가 있다. 톨스토이

참으로 미덕을 구비한 사람의 장점은 사람들에게 알려지지 않거나 오해되지만, 그렇다고 해서 실망할 일도 아니다.

중국의 지혜

영혼, 하느님, 신_5월 18일

네가 하느님과 결합되어 있다면 누가 너를 해칠 수 있고 누가 너보다 더 강력할 수 있는가? 그런데 너는 그분과 결합할 수 있다.

톨스토이

네 영혼의 신성한 본질에 대한 이해가 너에게 힘을 준다고는 말할 수 없다. 왜냐하면 이러한 이해는 강약의 모든 개념, 그러므로 힘의 모든 개념을 초월하는 그 단계로 너를 올리기 때문이다.

톨스토이

하늘은 자기 영혼을 정화하는 사람들에게 더 가깝다. 우리가 느끼는 다섯 가지 감각이 지식만 받아들이는 사람들은 사물의 본질을 모른다. 참된 지식은 더 높은 정신적 힘이 있다는 사실에 대한 이해다. 인도의 지혜

사람들이 너에게 "당신은 왜 신을 압니까?"라고 물을지도 모른다. 그러면 너는 "왜냐하면 그분이 내 마음 속에 계시기 때문입니다."라고 대답하여야만 한다. 네 머리에 달린 두 눈이 아니라 네 마음의 두 눈으로 삶의 본질을 보라. 네가 신을 모른다면 너 자신을 알 수 있겠는가? 너 자신에 대한 진정한 이해는 신에 대한 이해다. 페르시아의 지혜

May 19

5월 19일_도덕, 신앙, 상호주의

모든 신앙들의 근본은 동일하다. 톨스토이

사람들은 상거래, 계약체결, 협상과 전쟁, 학문과 예술 등에 매달려 바쁜 듯이 보인다. 그러나 사실 사람들이 해야 할 일은 단 한 가지밖에 없다. 그것은 그들의 삶의 기준이 되는 도덕적 법칙에 대한 이해를 추구하는 일이다. 그리고 이 이해는 모든 인류를 위해 가장 중요할 뿐만 아니라 유일하게 실제적이기도 한 관심사다.

톨스토이

네가 다른 사람들과 충돌할 때에는 상호주의의 법칙을 명심하라. 너는 남들이 네게 해주기를 바라는 그 일을 그들에게 해주어야만 한다. 이것이 너의 처세술이 되어야 한다. 톨스토이

현명한 사람이 "평생 동안 당신이 지킬 수 있는 한 마디의 말이 있습니까?"라는 질문을 받았다. 그래서 현명한 사람은 "그러한 말이 있습니다. 그것은 서(恕)입니다."라고 대답했다. 이 말의 뜻은 "우리가 남들이 어떤 일을 우리에게 하기를 바라지 않는다면 우리도 그러한 일을 남들에게 해서는 안 된다."고 하는 것이다.

중국의 지혜

네가 모든 사람에게 "내가 행동하는 것과 똑같이 행동하십시오." 라고 말할 수 있도록 그렇게 행동하라. 칸트

참으로 진실하고 불변하는 법칙, 우리에게 올바른 방향을 제시하고 악행을 하지 못하게 금지하는 법칙은 더 높고 더 우월한 존재의 이성이다. 키케로

자유_5월 20일

사람에게든 동물에게든 어떠한 생물에게든 "자유"라는 말은 논리도 의미도 없다. 왜냐하면 모든 생명체는 수많은 제한을 받기 때문이다. 그러나 사람이 자기 자신을 정신적 존재로 이해한다면 그는 부자유스럽다는 것에 대해서도 말할 수 없다. 부자유스럽다는 개념은 이성, 양심, 사랑 등의 개념에 적용될 수가 없다.

톨스토이

너의 내면적 자아에 대한 이해는 너의 삶의 의미를 쥐고 있고, 네가 내면적 자아로 하여금 육체를 섬기도록 강요하지 않는다면 그것은 너를 자유롭게 만든다. 이해를 통해서 깨달음에 도달하고 각종 욕망에서 벗어나며 신성한 빛으로 밝아지는 인간의 영혼은 견고한 기반 위에 서 있다. 톨스토이

자유를 부정하는 사람들은 색깔을 부정하는 소경들을 나에게 환기시킨다. 그들은 자유의 본질을 모른다. 톨스토이

악은 물질적 본성 안에 스스로 존재하지 않지만, 선을 이해하고 선과 악 사이에서 선택의 자유를 지닌 모든 사람에게는 존재한다.

아우렐리우스

우리가 고상한 도덕을 지닌 사람이 된다는 것은 자유로운 정신을 지닌 사람이 된다는 것이라고 이해한다. 실망하거나 걱정하거나 두려워하거나 욕망에 사로잡힌 사람들은 자기 정신을 자유롭게 만들 수 없다. 공자

May 21

5월 21일_선행, 자선

너는 새로운 하루가 찾아올 때마다 언제나 선행으로 맞이해야 한다. 그것이 새로운 하루를 시작하는 가장 좋은 방법이다.

톨스토이

선행 속에서 살아가기 위해서는 선행을 하도록 노력하라.

톨스토이

선행을 했을 때 너는 그러한 행동의 기회를 얻은 것에 대해 감사하라. 톨스토이

네가 만일 선행을 할 수 있는 기회를 찾도록, 그리고 가능한 모든 기회에 선행을 하도록 자기 자신을 가르칠 수가 없다면, 적어도 선행의 기회는 놓치지 마라. 톨스토이

선행을 시작하기 전까지는 아무도 선행이 무엇인지 전혀 모른다.

H. 마르디노

하느님의 사랑은 가난한 사람에게 자선을 베푸는 사람들에게 하늘로부터 내려갈 것이다. 가난한 사람들에게 자선을 베풀면서 그들을 직접 만나주고 그들에게 잘 가라고 인사하는 사람들에게는 이중의 축복이 내려질 것이다. 탈무드

너는 네가 할 수 있는 모든 일을 동료들에게 해주면서 그들의 이익을 위해서 모든 나날을 바쳐야만 한다는 사실을 확실하게 알고 깊이 느껴야 한다. 너는 그렇게 해야만 하고 그것에 관해 말해서는 안 된다. 러스킨

개선, 변화, 삶, 생각, 영혼_5월 22일

참으로 위대한 일들은 모두 느리면서 눈에 띄지 않는 방식으로 일어난다. 톨스토이

이 세상에서 가장 큰 변화들은 폭발이나 혁명의 방식이 아니라 느리고 점진적인 방식으로 이루어진다. 톨스토이

네가 잘하고 있다고 이해하는 것보다 너의 내면적 완성에 더 해로운 것은 없다. 행복에 이르는 길, 도덕적 개선에 이르는 길에서는 전진이 눈에 전혀 띄지 않게, 매우 은밀하게 진행되기 때문에 사람은 매우 오랜 시간이 지난 뒤에만 자신의 성공을 볼 수 있다. 네가 완성을 향해서 전진하고 있다고 생각하고 그것에 주목한다면, 너는 착각을 하고 있다는 것, 전진을 멈추고 오히려 후퇴하고 있다는 것을 알아야만 한다. 톨스토이

모든 위대한 생각들은 살아있는 생각들이고, 성장하고 변화될 수가 있다. 그리고 그것들은 구름이 아니라 나무처럼 변하고 자란다. 러스킨

삶의 과정은 영혼의 탄생되는 과정이 되어야만 한다. 이것은 가장 높은 수준의 연금술이고, 지상에 있는 우리의 존재를 정당화한다. 이것이 우리의 소명이고 우리의 미덕이다. 아미엘

우리의 삶은 끊임없는 경이, 성장, 발전이다. 맬러리

May 23

5월 23일_자연, 부자, 욕망, 자유, 즐거움, 행복, 현명함

자연은 적은 것을 요구하지만 너의 상상력은 많은 것을 요구한다.

톨스토이

우리는 살아가는 데 있어서 적은 것으로 만족해야만 한다. 요구하는 것이 적으면 적을수록 우리는 어려움을 더욱 적게 겪을 수 있다. 톨스토이

너의 욕망의 증가는 많은 사람들이 생각하듯이 완성에 이르는 길인 것은 아니다. 그와 반대로, 사람은 욕망을 줄이면 줄일수록, 자신의 인간적 존엄을 더 잘 이해할 수 있고, 더욱 자유롭고 더욱 용감해진다. 가장 중요한 점은 하느님과 다른 사람들을 섬기는 능력을 더욱 많이 갖춘다. 톨스토이

네가 원하는 것을 가지는 것은 큰 행복이다. 그러나 네가 이미 가지고 있는 것 이상으로 더 욕심내지 않는 것은 더 큰 행복이다.

메네데무스

누가 현명한 사람인가? 언제나 공부하는 사람이다. 누가 강한 사람인가? 자기 자신을 억제하는 사람이다. 누가 부자인가? 자기가 가지고 있는 것으로 만족하는 사람이다. 탈무드

즐거움에서 슬픔과 두려움이 생긴다. 즐거움에서 벗어난 사람에게는 두려움이나 슬픔이 없다. 불교의 지혜

사랑, 행복_5월 24일

네가 하는 일은 모두 사랑으로 채워져야 한다. 톨스토이

사랑은 인간 안에 하느님이 나타나시는 모습들 가운데 하나다.

톨스토이

삶의 목적은 사랑의 모든 형태로 그것을 표현하는 것이다.

톨스토이

행복해지기 위해서 너는 사랑해야만 한다. 자기희생으로 사랑하고 모든 사람과 모든 것을 사랑하고 사랑의 그물을 모든 곳에 쳐야만 한다. 이 그물 안에 누가 들어오든지 관계없이 모든 사람을 잡고 그들을 사랑으로 가득 채워라. 톨스토이

누구나 모든 사람에게 공통된 어떤 순간, 어쩌면 어린 시절의 그 순간을 회상할 수 있다. 그 때 너는 너의 부모, 형제, 악인들, 개, 고양이, 풀 등 모든 사람과 모든 것을 사랑하기를 바랐다. 모든 사람이 기분 좋게 느끼기를, 행복하게 느끼기를 바랐으며, 더욱이 모든 사람이 행복하게 느끼도록 어떤 특별한 행동을 해주기를 바랐다. 모든 사람이 행복과 기쁨을 느끼도록 해주기 위해 너 자신, 너의 생명마저도 희생하기를 바랐다. 이 느낌은 사랑의 느낌이고, 보답을 받아야만 하는 것이다. 왜냐하면 이것은 누구나 살아가는 삶이기 때문이다. 톨스토이

5월 25일_말조심, 본보기, 비난

다른 사람들을 비난하고 너를 좋게 말하는 사람들의 말에는 귀를 기울이지 마라. 톨스토이

머리가 좋은 사람에게는 자기 이웃들을 비난하고 조롱하는 재치 있는 말을 하려는 유혹보다 더 해로운 것이 없다. 톨스토이

농담을 하고 다른 사람들은 비난하고 조롱하는 것은 시체에 맛있는 양념을 치고는 그것을 음식으로 내놓는 것과 같다. 양념을 치지 않았다면 너는 외면할 테지만, 양념을 친 것이라면 너는 이 지겨운 음식을 쉽게 먹을 수 있다고 여긴다. 톨스토이

너는 네가 하는 말에 대해서 심사숙고해야 한다. 그래야만 너는 차분하고 친절하며 사랑에 가득 찬 마음가짐의 사람이 될 것이다. 화가 나면 날수록, 너는 더욱 흥분하게 되는가 하면, 다른 사람들에게 욕을 해서 말로 죄를 짓지 않도록 더욱 조심헤야만 한다.

톨스토이

너는 나쁜 본보기들을 따르지 않도록 조심해야 한다. 네 이웃이 다른 사람들을 비방하는 말을 들으면 그것을 그만두게 하려고 노력하라. "신성한 사상의 책"

죽음_5월 26일

그리스도의 가장 위대한 말들은 그가 죽기 직전에, 그러니까 자기가 무슨 일을 하는지 깨닫지 못하던 박해자들을 용서해줄 때 한 말들이다. 죽어가는 사람의 말과 행동은 사람들에게 강력한 힘을 발휘한다. 그래서 선한 삶을 사는 것과 선하게 죽는 것이 모두 중요하다. 선한 죽음은 악한 삶의 죄들을 없애준다. 톨스토이

죽기 직전의 시간에 사람은 촛불을 볼 수 있고, 그 촛불의 불빛 아래 문제들, 거짓말들, 악행들, 불행들로 가득 찬 일생의 책을 읽을 수 있다. 그리고 죽기 직전의 그 시간에 이 촛불은 매우 찬란하고 밝은 빛으로 온 세상을 비추고 개인의 일생의 모든 구석, 심지어 어둠에 덮여 있던 구석들마저도 밝힌다. 그런 다음에 촛불은 약간의 소음을 내고, 불이 꺼지고 영원히 사라진다. 톨스토이

죽을 준비가 되어 있을 때 너는 예식들을 거행하거나 일상 업무를 보살피는 것과 같은 평소의 일들에 대해 걱정하지 마라. 가능한 한 가장 좋은 방식으로 죽을 수 있도록 준비하라. 임종하는 개인이 부분적으로 내세에 존재하고 그의 말과 행동이 이승에 남은 사람들에게 특별한 힘을 발휘하는 때인 죽음 직전의 시간의 막강한 영향력을 모두 활용하라. 톨스토이

개인적인 죽음의 방식은 그의 삶의 방식과 일치할 수 있다. 그러므로 그것은 도덕적 행동일 수가 있다. 동물은 단순히 죽을 뿐이지만 사람은 자기 영혼을 그 창조주에게 돌려준다. 아미엘

5월 27일_무지, 악행, 양심, 박해, 재판, 정신, 행동

어떤 행동이 매우 정교한 논리로 설명되는 것을 본다면, 너는 그 행동이 나쁘다고 확신할 수 있다. 양심의 결정들은 언제나 엄격하고 단순하다. 톨스토이

사람의 정신의 모든 작용은 진리를 드러내는 것이 아니라 감추는 방향으로 움직이는 경우가 매우 많다. 사람의 정신이 이렇게 작용할 잠재력은 우리가 받는 유혹의 주요한 원천이다. 톨스토이

재판의 배심원들은 사회를 현재 있는 그대로 보존할 임무를 자기들의 존재이유로 삼는다. 그러므로 그들은 사회의 일반 수준보다 더 높은 사람들을 박해하고 처형하며, 사회의 일반 수준보다 낮은 사람들을 섬긴다. 톨스토이

사람은 모든 것을 할 수 없다. 그러나 이것은 나쁜 짓들을 하는 구실이 될 수 없다. H. D. 소로

나는 시골사람들과 농부들을 사랑한다. 그들은 정교한 거짓말을 할 만큼 학식이 풍부하지도 않고 교육을 잘 받지도 못했다.

몽테스키외

가난, 부자, 재산_5월 28일

너는 가난한 사람들을 동정해야만 하지만 지나치게 존중해서는 안 된다. 부자는 자기 재산을 자랑스럽게 여겨서는 안 되고 오히려 부끄럽게 여겨야만 한다. 톨스토이

이교도의 세계에서 개인의 재산은 그의 영예와 중요성을 드러내준다. 진정한 그리스도교의 세계에서 개인의 엄청난 재산은 그의 약점과 거짓말을 드러내준다. 톨스토이

엄청난 재산의 소유는 오만, 잔인함, 자화자찬, 방탕의 학교다.
톨스토이

사람들은 물질적 이익에 너무나도 개입되어 있기 때문에, 사람의 영혼이 드러나는 것을 보거나 순수한 인간관계를 볼 때, 어떻게 하면 자신의 물질적 풍요를 증가시킬까 하는 관점에서 바라본다. 존경의 정도는 개인의 내면적 정신적 가치가 아니라 그의 재산에 따라 결정되는 경우가 많다. 에머슨

부자들의 감수성의 결핍은 동정심의 결핍만큼 잔인하지는 않다.
루소

May 29

5월 29일_삶, 양심, 죽음, 진리

삶은 너 자신 안에 있는 거룩한 정신, 일정한 제한 속에 놓인 거룩한 정신을 이해하는 것이다. 톨스토이

우리의 삶은 시간과 공간에서 아무런 제한도 받지 않고 어떠한 공간적, 시간적 사태에도 구속되지 않는 이 영원하고 무한한 정신을 한정적으로 이해하는 것이다. 톨스토이

단 하나의 명백하고 최종적인 진리는 양심의 진리다. 데카르트

나의 발밑에는 싸늘하게 얼어붙은 대지가 있다. 나의 주위에는 거대한 나무들이 서 있다. 나의 머리 위에는 안개 낀 하늘이 있다. 나는 나의 육체를 느끼고 잡다한 생각들로 가득 찬 나의 마음을 느낀다. 동시에 나는 이 모든 것들, 서리가 쌓인 이 싸늘한 대지 전체, 나무들, 하늘, 나의 몸, 나의 생각들이 모두 우연히 만들어진 것, 일시적인 세계, 나의 다섯 가지 감각들이 만들어낸 것임을 안다. 내가 만들어낸 세계는 내가 그것의 일부분이라는 이유 때문에 존재한다. 그러므로 나는 나 자신을 세계로부터 분리한다. 나는 내가 죽을 수 있다는 것을 알지만 세계는 사라지지 않을 것이다. 죽음은 내 안에서 어떤 변화를 일으킬 것이다. 그리고 나는 완전히 없어지지 않고 있는 동안에 이 세상에서 분리된 다른 존재가 될 것이다. 나는 현재 나 자신을 이해한다. 그러면 나의 내면적 자아 안에 다른 어떤 것이 또한 발생할 것이다. 그리고 이 세상과 분리되어 별도로 존재하는, 이러한 존재들이 무수히 있을 수 있다.

톨스토이

육체, 재산, 토지, 대지, 자연_5월 30일

사람들은 참으로 좋은 것들을 위해서가 아니라 그들이 재산이라고 부를 수 있는 많은 것들의 소유를 위해서 이 세상을 돌아다니고 있다. 톨스토이

우리의 인격처럼 우리의 토지도 매매의 대상이 될 수 없다. 토지의 매매 뒤에는 인격의 매매 과정이 숨겨져 있다. 톨스토이

우리 사회에서 사람은 자기가 잠자는 장소의 대가를 지불하지 않고서는 잠을 잘 수 없다. 그는 오로지 길을 걸어갈 때에만 공기나 물이나 햇빛을 공짜로 누릴 권리를 가진다. 그가 가진 유일한 권리는 이 길을 걸어가는 것이다. 피로해질 때까지 또는 더 이상 걸을 수 없을 때까지 그는 계속해서 걸어갈 것이다. 톨스토이

대지는 자연이 사람들에게 준 위대한 선물이다. 이 세상에 태어나는 사람은 누구나 이 대지를 소유할 권리를 받아야 마땅하다. 그리고 이 권리는 각 개인이 어머니의 젖을 빨 권리처럼 당연한 것이 되어야만 한다. 마르몽텔

남자들과 여자들의 육체, 그리고 더 중요하지만, 그들의 자녀들의 몸은 매매가 되어서는 안 된다. 물도, 토지도, 공기도 이와 마찬가지다. 왜냐하면 이러한 것들은 몸이 존재하는 데 필요한 조건이기 때문이다. 러스킨

May 31

5월 31일_사치, 삶, 정신, 행복

평소에는 사치를 부리지 않았지만 전적으로 우연 때문에 사치를 부릴 만한 형편이 된 사람은 자기 눈에도 남들의 눈에도 좀 더 중요한 인물로 비치기 위해 사치가 자기에게는 자연스러운 듯이, 놀랄 일이 못 되는 듯이, 자기는 그것을 대수롭게 여기지 않는다는 듯이 가장하는 경우가 많다. 이와 마찬가지로 어리석은 사람은 삶에 대해 싫증이 난 듯이, 더 재미있는 어떤 것을 발견할 수 있는 듯이 가장한다. 톨스토이

행복해지기 위해서는 행복의 가능성을 믿어야만 한다. 톨스토이

다른 사람들이 위안과 재산이라고 여기는 모든 것을 신성한 법을 준수하는 사람에게서 제거해 보라. 그럼에도 불구하고 그는 여전히 행복할 것이다. 톨스토이

자기 위장을 해친 사람은 음식이 나쁘다고 말하면서 음식을 탓한다. 이 세상에서 자신의 삶에 만족하지 못하는 사람에게도 이와 똑같은 일이 벌어진다. 톨스토이

우리는 우리 삶을 불행하게 여길 권리가 없다. 삶이 불만족스러운 것인 듯 보인다면, 우리는 그것이 우리 자신을 불만족스럽게 여길 이유라고 보아야만 한다. 톨스토이

너의 정신의 기쁨은 너의 힘을 드러내준다. 에머슨

JUNE

6월

완전한 존재만이 전폭적인 사랑의 가치가 있다. 전폭적인 사랑을 느끼기 위해 우리는 우리가 사랑하는 불완전한 대상이 "완전한 존재"라는 망상을 품거나 또는 완전한 존재, 즉 하느님을 사랑할 수 있다.

톨스토이

June 1

6월 1일_잔인, 분주함, 일, 즐거움

해치는 것보다는 아무 것도 하지 않는 것이 더 낫다. 톨스토이

잔인한 사람들은 자기 행동의 잔인성에 대한 구실을 찾아내기라도 하려는 듯이 언제나 바쁘다. 톨스토이

일반적으로 사람들은 즐거움과 기쁨이 중요하지 않고 때로는 나쁘다는 식으로 잘못 생각하고 있다. 예를 들면 이슬람이나 과거의 정통 그리스도교나 청교도주의가 그러할 것이다. 즐거움은 일만큼 중요하고 일의 보상이다. 일은 무한히 계속될 수 없고 필요한 휴식은 대개 일정 기간의 즐거움으로 마감된다. 즐거움이 나쁜 경우란 다음과 같은 세 가지 경우뿐이다.
첫째, 우리가 즐거움을 얻으려는 욕망을 직접 충족시킬 수 없기 때문에 다른 사람들이 우리를 위해 일하도록 만들어야만 하는 경우다. 둘째, 누가 최고의 즐거움 또는 가장 많은 즐거움을 누릴는지 결정하는 경쟁적 게임을 우리가 마련하는 경우다.
셋째, 즐거움이 오로지 선택된 사람들에게만 허용되는 경우다. 그러나 이러한 나쁜 경우들을 피한다면, 특히 젊은 사람들을 위해 즐거움은 나쁜 것이 아니라 좋은 것이다. 톨스토이

일과 즐거움은 서로 번갈아가면서 이어져야만 한다. 모든 일과 모든 즐거움이 다 그럴 수는 없다 해도 어쨌든 일과 즐거움은 우리의 삶을 기쁨으로 채운다. 톨스토이

겸손, 자만, 지혜_6월 2일

외부적인 힘은 아무 것도 너를 겸손하게 만들 수 없다. 겸손하게 되는 방법은 하나뿐이다. 너 자신에 관해서는 생각하지 말고 네가 하느님과 다른 사람들을 섬길 수 있는 방법에 관해서만 생각하라.

톨스토이

누구든지 자기를 높이는 사람은 낮아지고 자기를 낮추는 사람은 높아질 것이다. 루가 14:11

지혜를 찾고 있는 사람은 이미 지혜롭다. 지혜를 이미 발견했다고 생각하는 사람은 어리석은 사람이다. 동양의 지혜

발끝으로 서 있는 사람은 오래 서 있을 수 없다. 지나치게 자만하는 사람은 좋은 본보기를 남길 수 없다. 노자

June 3

6월 3일_생물, 구원, 선행, 악행

모든 생물은 자신이 알든 모르든 불가분의 관계로 서로 연결되어 있다. 톨스토이

개인의 선행도 개인의 악행도 모두 이익이나 피해를 온 세상에 전파하는 힘이 있다. 톨스토이

나는 단순히 나 자신의 개인적인 구원을 추구하거나 받지는 않을 것이다. 나는 나 자신만으로 만족하기를 바라지 않는다. 내가 살고 일하는 모든 곳에서 언제나 나는 이 세상에 있는 모든 사람과 모든 생물의 보편적 구원을 바라고 그것을 위해 노력할 것이다. 모든 사람과 모든 생물이 구원되고 자유롭게 될 때까지 나는 죄와 슬픔과 싸움의 이 세상을 버리지 않을 것이다. 중국의 지혜

네가 거대한 정신적 형제관계의 일부분임을 명심하라. 너를 진정시켜주고 만족시켜줄 이 생각에는 격려하고 위로하는 어떤 것이 들어 있다. 아우렐리우스

인류는 우리 모두가 함께 올라가거나 추락할 것임을, 우리가 함께 사는 만큼 다 같이 연대를 이룬다는 사실을 이해하기 시작했다. 사람들은 이 사실을 우리 내면에서 말해주는 목소리에 날로 더욱더 귀를 기울이고 있다. 맬러리

관습, 구원, 하인, 그리스도교, 법, 종교_6월 4일

상이한 사물들, 관습들 또는 법률들이 존중되면 될수록 너는 이러한 것들이 그렇게 존중받을 권리에 대해 더욱 예리하게 질문해야 한다. 톨스토이

그리스도교에 대한 현재의 왜곡, 악용, 오해 때문에 우리의 삶은 이교도들의 삶보다 더 악화되었다. 톨스토이

사람은 하인이 되어야만 하며, 누구의 하인이 될 것인지 선택해야 한다. 자기 욕망들의 하인이라면 그는 다른 사람들의 하인이고, 자기 내면의 신성한 정신의 하인이라면 그는 오로지 하느님만 섬기는 하인이다. 더 우월한 주인을 섬기는 것이 낫다. 톨스토이

현실에 존재하는 폐단들을 근절하기 시작할 수 있는 유일한 길은 이 세상에 살아 있는 사람은 누구나 종교적 삶을 보여줄 수 있고 종교적 진리를 토론, 창조, 발견할 수 있도록 우리의 종교들을 개방하는 것이다. 톨스토이

인류의 구원은 올바른 방향으로 생각하는 독자적인 사상가들에게 달려 있다. 에머슨

June 5

6월 5일_사물, 신성한 불꽃

외부적 세계는 우리가 바라보는 그러한 것과는 사실이 다르다. 그래서 이 세상에서 물질적인 것은 모두가 하찮은 것이다. 그렇다면 무엇이 중요한가? 그것은 모든 곳에, 언제나, 모든 사람을 위해 존재하는 신성한 불꽃, 우리 생명의 정신적 뿌리이다. 톨스토이

외부적 세계가 오로지 우리가 바라보는 그러한 것에 불과하다고 말한다면, 우리는 우리의 감각들과는 다른 감각들을 가진 다른 존재들을 부인하는 것이다. 톨스토이

사물들을 응시할 때 나는 그것들의 모습을 내 머릿속에 이미 존재하는 관념들과 연관시키려고 애쓴다. 지평선 위에 뜬 흰 색을 바라볼 때 나는 "저 멀리 흰 색의 교회가 있다."고 생각할 것이다. 우리는 이 세상에서 보는 모든 것에게 우리의 상상력에서 나온, 우리가 전생에서 가지고 온 기존의 형태를 부여하지 않는가? 톨스토이

우리는 이 세상의 만물이 하느님 안에 존재하며, 이 세상의 정신적인 것이 모두 자신과 영원히 연관되어 있다고 본다. 우리는 "신성한 자연" 에 의해 창조되었다는 것을 이해함으로써 만물이 자신의 장소와 시간으로 맺어진 관계라는 두 가지 방식을 알 수 있다.

스피노자

복수, 선행, 악행_6월 6일

악행은 영혼을 해칠 뿐만 아니라 악행을 저지른 사람에게도 자주 피해를 입힌다. 톨스토이

죄를 짓는 것은 야수를 격분시키는 것처럼 위험하다. 이 세상에서 대부분의 경우, 피해는 악행을 저지르는 사람에게 가장 나쁘고 가장 거친 형태로 돌아간다. 톨스토이

가장 큰 미덕은 너의 원수들에게조차 악행을 저지르지 않는 것이다. 너가 자기 자신을 존중한다면 가장 사소한 방식으로라도 악행을 저지르지 않을 것이다. 인도의 지혜

네가 공을 공중으로 던지면 그 공은 허공에 머물지 않고 땅으로 떨어질 것이다. 이와 같이 너의 선행이나 악행은 모두 네가 어느 길을 가든 상관없이 네 마음이 바라는 바에 따라서 다른 형태로 너에게 돌아올 것이다. 불교의 지혜

악인은 악행이 아직 성숙되지 않은 동안은 편안하지만 그것이 성숙되어 효과를 발휘하게 된다면 악행이 무엇인지 이해할 것이다. 또한 그의 악행은 바람을 거슬러 떨어버린 먼지처럼 그에게 다시 돌아올 것이다. 하늘과 땅에도, 깊은 산 속에도, 이 세상 그 어느 곳에도 사람이 죄의 결과를 피할 수 있는 곳은 하나도 없다.

불교의 지혜의 책 담마파다

복수를 노리는 사람은 자신의 상처를 악화시킬 뿐이다. 복수를 자제한다면 그의 상처는 치유될 것이다. F. 베이컨

June 7

6월 7일_겸손, 오만, 판단, 평온함, 평화, 굴욕

평온함과 겸손은 이기적이고 오만한 사람들이 누릴 수 없는 즐거움을 준다. 톨스토이

평온한 삶의 전제조건은 사람들 사이의 평화이고, 평화의 주요 장애물은 오만이다. 사람은 겸손해야 하고, 억울한 비난도 감수할 각오가 되어 있어야 하며, 모든 것을 할 준비가 되어 있어야 한다. 그래야만 그는 대인관계와 다른 사람들의 삶을 평화롭게 만들 수가 있다. 톨스토이

오만은 자기변명을 한다. 자기변명을 할 뿐만 아니라 다른 죄들에 대해서도 변명한다. 오만은 겸손을 미워하고, 그래서 치유되기를 배척하며, 죄를 숨기고 변명한다. 죄에 대한 이해는 사람에게 적극적인 영향력을 발휘하며, 오만을 키우는 선행들보다 한층 더 유익하다. 톨스토이

굴욕을 겸손하게 받아들일 수 있다면 굴욕당하기를 두려워하지 마라. 너는 겸손에 수반되는 정신적 행복을 몇 십 배의 보상으로 받을 것이다. 톨스토이

너 자신은 엄격하게, 다른 사람들은 부드럽게 판단하라. 그러면 너에게 적이 하나도 없을 것이다. 중국의 지혜

미덕, 실천, 증오, 친절, 진실_6월 8일

진실 없이는 친절도 없고, 친절 없이는 진실을 말할 수 없다.

톨스토이

친절한 척 가장하는 것은 노골적으로 비열한 것보다 더 나쁘다.

톨스토이

너희는 나에게 주님, 주님 하면서 어찌하여 내 말을 실행하지 않느냐? 그러나 내 말을 듣고도 실행하지 않는 사람은 기초 없이 맨땅에 집을 지은 사람과 같다. 큰물이 들이 닥치면 그 집은 곧 무너져 여지없이 파괴되고 말 것이다. 루가 6:46, 49

증오에 대해서는 항상 친절로 응대하라. 가장 어려운 일들도 처음에는 가장 쉽고, 가장 거창한 사업들도 그 시작은 초라하다. 어려운 일은 그것이 아직 쉬울 때 처리하고 거창한 일은 그것이 아직 작을 때 다루어라. 노자

미덕에 이르는 길은 두 가지가 있다. 첫째는 진실하고 올바른 사람이 되는 것이고, 둘째는 살아 있는 모든 것을 해치지 않는 것이다. 마누

June 9

6월 9일_빈부, 사랑, 어리석음, 이기주의, 정신, 증오

너의 일생을 바칠 가치가 있는 것은 이 세상에서 단 하나밖에 없다. 그것은 사람들 사이에서 사랑을 더욱 증가시키고 그들 사이에 존재하는 장벽을 없애는 일이다. ~톨스토이

인간 정신의 모든 노력은 노동자의 일을 가볍게 해주는 방향이 아니라 한가한 사람들의 게으름을 더욱 즐겁게 만들어주는 방향으로 집중된다. ~톨스토이

어떤 사람이 우리가 사는 세상을 아주 멀리서 바라볼 수 있다면 너무나 많은 어리석음과 증오를 발견하고는 아마도 통곡할 것이다. 우리는 우스꽝스럽고 어리석고 극도로 가증할 행동을 너무나도 많이 한다.
어떤 사람들은 짐승들을 사냥하고 자기 자신이 짐승이 된다. 또 어떤 사람들은 짐을 운반할 당나귀들과 말들은 사육하면서도 굶어주는 사람들은 경멸한다. 또 어떤 사람들은 거대한 저택을 짓느라고 엄청난 돈을 쓰면서도 집이 없는 사람들을 돕는 일은 전혀 하지 않는다. 어떤 사람들은 오로지 돈벌이만 하고 어떤 사람들은 오로지 방탕한 생활에 돈을 쓰기만 하며 또 어떤 사람들은 훔친다. 이 모든 과도한 행동, 이 모든 범죄적 행동 양식에서 우리는 이 세상에서 가장 필요한 것이 무엇인지 생각해보지도 않은 채 오로지 자기 자신만 돌보는 사람들을 본다.

~요한 크리소스토무스

극기, 삶, 영혼, 정신, 죽음_6월 10일

진정한 삶은 시간과 공간을 벗어나서 존재한다. 그러므로 죽음은 이 세상에서 삶의 외모는 변화시킬 수 있지만 삶 그 자체는 없앨 수 없다. 톨스토이

죽을 수 없는 영혼 안에는 죽음의 영향을 받을 수 없는 어떤 것이 있다. 톨스토이

사람들은 하느님의 모습 일부로서만 태어나고 살아간다. 그러므로 그들은 완전히 없어질 수가 없다. 그들은 우리 시야에서 사라질 수는 있지만 없어질 수는 없다. 어떤 사람은 나의 시야에 오래 머물러 있었고 어떤 사람은 나의 시야에서 매우 빨리 사라졌다. 그러나 나는 전자가 더 오래 존재했고 후자가 더 짧게 존재했다고는 말할 수 없다. 어떤 사람이 나의 창문을 빨리 지나가든 느리게 지나가든 그것은 아무 상관도 없다. 나는 그가 내 눈에 뜨이기 이전에 존재했고 나의 시야에서 사라진 뒤에도 존재할 것임을 분명히 안다. 톨스토이

다른 사람들을 이기는 사람은 강하다. 자기 자신을 이기는 사람은 더 강하다. 자기가 죽을 때 없어지지 않는다는 것을 아는 사람은 영원하다. 노자

이 삶의 기초가 정신임을 아는 사람은 위험에서 벗어났다. 자기 삶을 마치고 감각들의 문을 닫을 때 그는 아무런 어려움도 없다.

노자

June 11

6월 11일_변화, 생각, 죄

일상생활의 모든 물질적 변화는 정신생활의 변화에 비하면 매우 적다. 감정과 행동에 변화가 있을 수 있고 생각과 견해에도 변화가 있을 수도 있다. 그러한 너의 생각과 견해를 바꾸기 위해서는 너의 마음과 정신을 필요한 곳에 집중시켜야 한다. 톨스토이

우리는 돈이 가득 든 자루를 잃으면 후회한다. 그러나 머릿속에 떠올랐거나 남에게서 들었거나 책에서 읽은 좋은 생각 혹은 잘 기억했다가 실생활에 적용해야 했던 생각, 세상을 개선할 수도 있었던 생각을 잃어 버리면, 그 사실들은 금세 잊어 버린다. 그것이 설령 수천 만 원보다 더 값진 것이라 해도 후회하지 않는다.

톨스토이

사람의 머릿속에 떠오르는 생각은 어느 것이나 모두, 그가 외부적으로 표현하는지 여부와 상관없이 그의 삶을 해치거나 개선한다.

맥러리

너는 죄를 물리치기 위해서 죄의 뿌리가 나쁜 생각에 들어 있다고 수긍해야 한다. 우리는 모두 우리가 생각하는 것의 결과에 불과하다. 석가

고통, 하느님의 뜻_6월 12일

고통은 정신적, 육체적 성장을 위해 필요한 조건이다. 톨스토이

우리는 고통을 싫어한다고, 우리에게 고통이 너무 많다고 말하는 경우가 매우 많다. 그러나 모든 종류의 고통은 우리를 위해 언제나 좋다. 심지어 우리는 그것이 유익한 경우조차도 가끔 본다. 즉, 어린아이들은 성장할 때 또는 더러운 상처를 깨끗이 씻을 필요가 있을 때 고통을 당한다. 우리는 도덕적 고통의 유익함을 볼 수는 없지만 이러한 고통도 우리를 향상시키고 하느님께 더 가까워지게 만든다. 톨스토이

너는 고통 안에서 너의 미래의 정신적 성장의 씨를 찾아야만 한다. 그렇지 않으면 고통의 쓰라림이 극심할 것이다. 톨스토이

너희는 울며 슬퍼하겠지만 세상은 기뻐할 것이다. 너희는 근심에 잠길지라도 그 근심은 기쁨으로 바뀔 것이다. 요한 16:20

우리의 뜻이 하느님의 뜻과 일치하게 됨에 따라 우리는 그분께 더욱 가까이 다가가고 그분도 우리에게 더욱 가까이 다가오신다. 우리는 이렇게 성장한다. 에머슨

June 13

6월 13일_개선, 도덕, 이성, 자만, 진리

이성은 우리를 다른 동물들과 구별시키는 특질이다. 톨스토이

석가는 이렇게 말했다. "명상할 때, 말할 때, 살아갈 때, 연구할 때 나는 가장 중요한 것, 즉 이성의 요구를 결코 잊지 않는다."

톨스토이

도덕적인 것과 이성적인 것은 언제나 조화를 이룬다. 톨스토이

이성을 무시하면서 이성이 자기를 인도할 수 없다고 말하는 사람들은 자기 삶을 망친다. 톨스토이

이성은 모든 사람 안에서 동일하고 의사소통은 이성에 기초를 둔다. 그러므로 누구나 이성의 요구에 부합하지 않으면 안 된다.

톨스토이

자만하는 사람이 현명한 사람에게 설교를 한다면, 그는 진리를 이해하지 못할 것이다. 그것은 마치 입 안에 들어가는 숟가락이 진리를 이해하지 못하는 것과 같다. 동양의 지혜

나는 상대방 안에 이미 존재하는 선의와 친절의 도움 없이는 그가 개선되도록 해줄 수 없다. 칸트

비난, 죄, 판단, 회개_6월 14일

네가 다른 사람들을 비난하지 않으려고 노력할 때 너의 삶은 더욱 편안해질 것이다. 그러나 이러한 작은 노력을 하는 사람은 거의 없다. 톨스토이

성인들의 생애 가운데 어떤 은둔자의 이야기가 나온다. 그는 오래 전에 죽은 어느 수도자를 꿈에서 보았는데 그 수도자는 생전에 나약한 사람이었다. 그런데 그는 낙원에서 특별히 멋지고 영광스러운 자리를 차지하고 있었다. 은둔자가 수도자에게 물었다. "생전에 결점들이 많았던 당신이 어떻게 해서 이런 자리를 차지하게 되었습니까?" 수도자는 자기가 생전에 다른 사람을 단 한 명도 비난한 적이 없었기 때문이라고 대답했다. 톨스토이

너 자신에게 죄가 하나도 없는 경우가 아니라면 다른 사람들의 죄에 관해서는 한 마디도 하지 말고 조용히 있어라. 다른 사람들을 비난하지 않는 습관이 들면 너는 네 영혼 안에서 사랑하는 능력이 증가하는 것을 느낄 것이고, 너의 삶에서 선행의 증가를 볼 것이다. 톨스토이

너 자신을 엄격하게, 사정없이 판단하면 할수록 너는 다른 사람들을 판단할 때 더욱 올바르고 친절해질 것이다. 공자

다른 사람들을 비난하고 경멸하는 일을 자랑으로 여기지 마라. 친절한 사람은 다른 사람들의 수치, 심지어 자기를 해친 사람들의 수치마저도 숨겨주어야만 한다. 과거의 죄들을 뉘우치는 사람에 대해서는 그의 죄를 기억하지 마라. 탈무드

June 15

6월 15일_하느님에 대한 사랑

네가 하느님은 사랑하지 않은 채 다른 사람을 사랑한다면, 즉 그가 지닌 좋은 점들을 사랑한다면, 이러한 사랑 때문에 앞으로 겪을 실망과 고통의 씨를 뿌리는 것이다. 톨스토이

하느님을 사랑한다는 것은 우리가 만물 안에서 상상할 수 있는 최고의 가능한 선을 사랑하는 것이다. 톨스토이

사람들은 "나는 하느님에 대한 사랑을 이해하지 못한다. 하느님에 대한 사랑은 무엇인가?"라고 자주 말한다. 이것은 "하느님에 대한 사랑이 없이는 이 세상에서 사랑을 이해할 수 없다."고 말해야 더 정확할 것이다. 톨스토이

자기가 하느님은 사랑하지만 이웃들은 싫어한다고 말하는 사람들은 다른 사람들에게 거짓말을 한다. 자기가 이웃들은 사랑하지만 하느님은 사랑하지 않는다고 말하는 사람들은 자기 자신에게 거짓말을 한다. 톨스토이

오로지 완전한 존재만이 전폭적인 사랑의 가치가 있다. 전폭적인 사랑을 느끼기 위해 우리는 우리가 사랑하는 불완전한 대상이 "완전한 존재"라는 망상을 품거나 또는 완전한 존재, 즉 하느님을 사랑할 수 있다. 톨스토이

율법은 이해하면서도 하느님에 대한 사랑에서는 거리가 먼 사람은 은행 내부의 문들을 여는 열쇠들은 가지고 있지만 건물 정문의 열쇠는 없는 은행 직원과 같다. 탈무드

개선, 도덕, 완성, 행복_6월 16일

삶의 일반적인 잘못을 물리치는 방법은 하나밖에 있을 수 없다. 그것은 네 삶의 도덕적, 종교적, 정신적 완성이다. 톨스토이

사회의 개선은 오로지 개인들의 개선으로만 달성될 수 있다.

톨스토이

우리는 규율, 문화, 문명의 시대에 살고 있지만 도덕의 시대에 살고 있지는 않다. 현재 상태에서 본다면 우리는 사람들의 행복이 증가하지만 사람들의 불행도 또한 증가한다고 말할 수 있다. 사람들이 높은 수준의 도덕을 유지하도록 교육되지 않았을 때 우리가 어떻게 그들을 행복하게 만들 수 있겠는가? 그들은 현명해지지 않는다. 칸트

June 17

6월 17일_전쟁

오로지 전쟁 기간 동안에만 수백만의 사람들이 어떻게 조종될 수 있는지 분명해진다. 수백만이나 되는 사람들은 어리석고 사악하고 위험하고 고통스러우며 범죄적이라고 자기 자신이 실제로 생각하는 일들을 하면서도 자부심에 차 있다. 그리고 그러한 일들을 강하게 비판하지만 여전히 계속해서 하고 있다. 톨스토이

전쟁의 불행과 전쟁의 준비는 전쟁을 설명하려는 이유들과 아무런 상관도 없다. 전쟁의 진짜 이유들은 대개 하찮은 것이어서 논의할 가치조차 없고, 죽는 사람들에게 전혀 알려지지도 않는다.

톨스토이

정부가 전쟁의 이유로 내세우는 것은 속이는 연막에 불과하다. 그 연막 뒤에는 완전히 다른 이유들과 동기들이 숨어 있다. 톨스토이

현대의 전쟁의 광증은 왕조의 이익, 공동의 애국심, 유럽의 세력 균형, 또는 야심으로 정당화된다. 만일 사람들에게 야심이라는 것이 있다면, 전쟁 기간 중에 그들에게 저질러지는 모든 범죄, 즉 집들의 파괴, 약탈, 집단 학살 등으로 그 야심을 유지한다는 것은 매우 괴상한 방법이다. A. 프랑스

문명국 사람들이 전쟁을 하는 것이 필요한지 나에게 물어보라. 그러면 나는 전쟁이 "이미" 불필요한 것이고, 과거에도 필요한 적이 전혀 없었으며, 가끔이 아니라 항상 인류의 정상적인 발전을 막고 정의를 무너뜨리며 진보를 정지시킨다고 대답할 것이다.

G. 모크

도덕, 미덕, 양심, 영혼, 의무, 즐거움_6월 18일

우리의 의무에 대한 이해는 우리의 신성한 영혼에 대한 이해를 우리에게 제공한다. 동시에 우리의 신성한 영혼에 대한 이해도 우리에게 우리의 의무에 대한 이해를 제공한다. 톨스토이

네 양심의 목소리는 하느님의 목소리다. 톨스토이

우리 영혼 안에 있는 어떤 것은 만일 우리가 이것을 있는 그대로 보고 제대로 주목한다면 이것은 우리에게 항상 큰 즐거움을 줄 것이다. 이것은 우리가 창조될 때 우리에게 주어진 도덕적 성향 또는 특질이다. 칸트

사람들은 천상의 기쁨을 얻을 수 있다. 선한 삶을 살려고 하는 마음으로 가득 찬 순수한 사람들은 자기 몸에, 자신의 물질적 삶에 즐거움을 받아들인다. 너의 정신과 마음이 순수할 때 신성한 뜻이 너를 위해 열려 있을 것이다. 인도의 지혜

네 마음이 미덕으로 가득 차 있다면 너는 행복과 아름다움을 발견할 것이다. 에머슨

June 19

6월 19일_양심

너의 양심은 너의 정신적 기원에 대한 이해이다. 네가 이러한 의식을 유지할 때에만 그것은 너의 삶의 진정한 안내자가 될 것이다. 톨스토이

네 안에는 두 가지 서로 다른 존재가 들어 있다. 하나는 눈이 멀고 육감적인 존재이고 다른 하나는 바라볼 수 있고 정신적인 존재이다. 이 정신적 존재는 양심이라고 불리며, 한 끝은 선을 가리키고 다른 한 끝은 악을 가리키는 나침반의 바늘과 비교될 수 있다. 우리는 선의 길을 벗어나기 전까지는 이 나침반을 인식할 수 없다. 그러나 어떤 나쁜 짓을 하자마자 우리는 이것이 선한 삶의 방향에서 멀어지는 것을 느낀다. 톨스토이

너의 양심이 받아들이지 않는 것은 모두 두려워하라. 톨스토이

하느님께서는 우리에게 개인적으로 양심을 주셨을 뿐만 아니라 전체적으로 인류의 양심도 또한 주셨다. 두 날개와도 같은 이 두 가지 양심의 도움으로 우리는 더욱 높이 날아오르고 하느님께, 그리고 진리에 대한 이해를 향해 더욱 가까이 다가갈 수 있다.

마치니

오, 양심이여! 너는 하늘의 죽지 않는 목소리고 선의 진정한 안내자이자 재판관이다. 너는 사람이 하느님과 닮도록 만든다.

루소

동물애호, 육식, 야만, 사냥_6월 20일

우리 시대에는 오락이나 식량을 위해 동물들을 죽이는 것이 거의 범죄에 가깝고, 사냥과 육식은 하찮은 일이 아니라 다른 악행들과 마찬가지로 사람을 더 심한 많은 악행으로 이끄는 악행이다.

톨스토이

사람들이 사람의 살을 먹고도 아무런 잘못이 없다고 여기던 시대가 있었다. 심지어 지금도 그러한 종류의 야만인들이 있다. 사람들은 사람의 살을 먹는 행위를 점차적으로 그만두었다. 이제 그들은 동물들의 고기를 먹는 행위를, 시간이 걸린다 해도, 점차적으로 그만둔다. 그러나 오늘날 사람의 살에 대해 느끼는 것과 똑같은 혐오감을 사람들이 동물들의 고기에 대해서 느낄 때가 올 것이다. 라마르틴

네 형제를 때리려고 손을 들지 말고, 사람이든 애완동물이든 들짐승이든 새든, 이 지상에 사는 어떠한 생물의 피도 흘리지 마라. 네 영혼 깊은 곳에서 어떤 신성한 목소리는 네가 이러한 피를 흘리는 짓을 막는다. 피 안에는 생명이 있다. 너는 이 생명을 돌려줄 수가 없다. 라마르틴

어린 자녀들을 다른 사람들에게 고아로 주는 일, 검투사들이 서로 싸우게 만드는 일, 죄수들을 고문하는 일, 그리고 이와 유사한 야만적 행동들은 참혹하다. 미래에는 동물들을 죽이고 그 사체를 식용으로 삼는 것이 용납되지 않을 때가 올 것이다. J. G. 폰 침머만

June 21

6월 21일_그리스도교, 불행, 삶, 지혜

비이성적 삶의 비참함은 우리를 이성적 삶의 필요성을 향해 인도한다. 톨스토이

과거에 나는 죄악 속에서 살았고, 내 주위 사람들의 대부분도 같은 식으로 사는 것을 보았다. 강도처럼 나는 나 자신이 불행하고 고통을 당한다는 것을 알았고, 내 주위사람들이 불행하고 고통을 당한다는 것도 알았다. 이러한 상태에서 벗어나는 길이라고는 자살이나 죽음 이외에는 발견하지 못했다. 그러다가 나는 그리스도의 말들을 들었고 그 말들을 이해했다. 그러자 삶이 더 이상 불행인 듯이 보이지 않았고, 나는 심지어 죽음마저도 초월하는 삶 때문에 절망을 버리고 행복을 느꼈다. 톨스토이

고통을 당할 때 너는 고통을 피하는 방법을 생각하지 말고, 이 고통이 어떤 종류의 내면의 도덕적, 정신적 완성을 요구하는지 알아내기 위해 모든 노력을 집중하라. 톨스토이

집단적이든 개별적이든 인류의 모든 불행은 무익하지 않다. 그 불행들은 사람들, 개인들, 민족들을 각기 그 앞에 놓인 목적을 향해 서로 다른 방식으로 한층 더 가까이 다가가도록 만든다. 그 목적이란 각 개인 안에, 그리고 인류 전체 안에 하느님께서 나타나시는 것이다. 톨스토이

우리는 지혜를 세 가지 방법으로 이해할 수 있다. 첫째는 명상인데 이것은 가장 고상한 방법이다. 둘째는 다른 사람의 영향을 받거나 그를 본받는 것인데 이것은 가장 쉬운 방법이다. 셋째는 경험인데 이것은 가장 어려운 방법이다. 공자

신앙, 종교_6월 22일

우리는 어떤 것을 이성으로 이해할 수 없거나 말로 설명할 수 없다고 해도 그것을 믿을 수 있고 그것이 존재한다는 것을 알 수 있다. 톨스토이

인류 전체를 위한 참된 종교는 하나밖에 없다. 톨스토이

망설이는 일을 두려워하지 말고, 서로 다른 신앙들과 종교들을 이성적으로 연구하라. 톨스토이

종교들 사이의 차이란 얼마나 이상한 말인가! 서로 다른 신앙들, 종교를 강화하기 위해 대대로 전해져 내려온 역사적 사건들에 대한 서로 다른 믿음들은 분명히 있을 수 있다. 이와 마찬가지로 수트라, 베다, 코란 등 서로 다른 종교 경전들도 있을 수 있다. 그러나 종교는 오로지 하나밖에는 있을 수 없고 그것은 모든 시대에 걸쳐서 진정한 것이다. 칸트

네가 이슬람교도라면 그리스도교 신자로서 살라. 네가 그리스도교 신자라면 유대인으로서 살라. 네가 가톨릭 신자라면 동방 정교회 신자로서 살라. 네가 어떤 종교를 믿든 다른 종교들을 믿는 사람들을 똑같이 존중하라. 너의 모든 말이 너를 자극하거나 흥분시켜 그들의 격분을 초래하지 않는다면, 그리고 네가 그들과 자유롭게 의사소통할 수 있다면 너는 평화를 이루었다. 모든 종교의 목적은 같다고 사람들은 말한다. 그러니까 모든 사람들은 사랑을 찾고 온 세상은 사랑의 장소다. 그런데 왜 우리는 이슬람 회당과 그리스도교의 교회의 차이에 관해서 말해야만 하는가?

이슬람의 지혜

6월 23일_노예, 자유, 지식, 평화

사람들의 노예가 되든가, 아니면 하느님의 노예가 되는 것 이외에 그 중간의 길은 없다. 톨스토이

오로지 자기 삶의 본질이나 의미가 물질적인 것이 아니라 정신적인 것임을 받아들이는 사람만이 자유로울 수 있다. 톨스토이

자신의 노예상태에 대해 만족하는 노예는 이중으로 노예다. 왜냐하면 그의 육체뿐만 아니라 영혼도 노예상태에 있기 때문이다.

톨스토이

오, 신이여, 나는 이 지상에 머물러 있는 동안에는 현재 있는 그대로의 나 자신이 되고 싶습니다. 에픽테투스

평화를 얻을 수 있다면 그 평화는 큰 행복이다. 그러나 노예가 되어야만 평화를 얻을 수 있다면 그러한 평화는 행복이 아니라 불행이 된다. 평화는 모든 사람의 권리들에 대한 승낙에 기초를 둔 것이고, 노예상태는 권리들의 부정, 인간적 존엄의 부정이다. 그러므로 우리는 평화를 얻기 위해 모든 것을 희생해야만 하지만, 노예상태를 벗어나기 위해서는 한층 더 희생을 해야만 한다. 키케로

참된 지식은 오로지 하나밖에 없다. 그것은 우리가 자유롭게 되도록 도와주는 지식이다. 다른 모든 종류의 지식은 오락거리에 불과하다. 인도의 지혜

죽음_6월 24일

죽음에 대한 이해나 유의는 우리가 완전한 것들 또는 완전하게 될 수 있었던 것들을 선택하도록 가르친다. 그리고 그러한 것들이 가장 중요하다. 톨스토이

정신에게는 죽음이 없다. 그러므로 정신적 삶을 살아가는 사람은 죽음에서 해방된다. 톨스토이

네가 어떤 행동을 취해야 마땅할는지 자기 자신에게 물을 때마다, 오늘 밤 네가 죽을 수 있다고 스스로 알고 아무도 너의 행동을 알지 못할 것이라면 너는 어떻게 행동할 것인지 자기 자신에게 물어보아라. 죽음은 사람들이 자기 일들을 끝내도록 재촉한다. 모든 행동 가운데 오로지 한 가지 종류의 행동만이 완전한데 그것은 보상을 추구하지 않는 사랑이다. 톨스토이

너는 매우 빨리 죽을 가능성도 있지만 너의 열정에서 벗어날 시간은 너에게 있다. 모든 사람을 겸손하게 대하라. 아우렐리우스

너는 죽는 순간을 걱정하는가? 우리의 삶은 영원 안에서 한 순간에 불과하다. 생각해 보라. 그러면 너는 네 뒤에도 네 앞에도 영원한 시간이 존재한다는 것을 알 것이다. 그러면 네가 3일을 살든 300년을 살든 그것이 이 두 가지의 거대한 심연 사이에서 무슨 차이를 만들어내겠는가? 아우렐리우스

현명한 사람은 죽음보다 삶에 관해서 더 많이 생각한다.

스피노자

6월 25일_결점, 미덕, 비난, 삶, 행동, 행복

너의 행동들을 결코 정당화하려고 애쓰지 마라. 톨스토이

우리의 삶과 행동들이 다른 사람들에게 주는 인상을 알아채는 것은 매우 유익하다. 톨스토이

다른 사람들이 너에 대해 좋게 생각하고 너도 너 자신에 대해 좋게 생각하도록 너는 그렇게 살아야 한다. 맬러리

다른 사람들의 어떤 결점들이 그들을 까다로운 사람, 참아주기 힘든 상대방으로 만드는 경우, 네가 지닌 바로 그 결점들은 너에게 그다지 문제가 안 된다. 너는 그것들을 보지 못하며, 그 결점들을 지닌 다른 사람들에 관해 말할 때 너 자신에 관해서 설명하고 있다는 사실을 깨닫지 못한다. 라브뤼예르

미덕을 지닌 사람으로 알려지는 가장 단순하고 가장 빠르고 가장 확실한 방법은 너 자신을 개선하고 실제로 미덕을 지닌 사람이 되는 것이다. 모든 미덕을 검토해보라. 너는 어느 것이나 모두 자기개선의 노력과 수양을 통해서 얻어진 것임을 알게 될 것이다.

소크라테스

한 사람이 침묵을 지키면 다른 사람들은 그를 비판한다. 다른 사람이 말을 매우 많이 하면 그들은 그를 비판한다. 세 번째 사람이 말을 조금만 하면 그들은 그를 비판한다. 비판이나 책망을 받지 않는 사람 따위는 하나도 없다. 불교의 지혜의 책 담마파다

그리스도교, 사랑, 이성_6월 26일

사랑은 사람에게 그의 삶의 목적을 제공해준다. 이성은 그 목적을 달성하는 방법을 보여준다. 톨스토이

사람에게 이성이 없다면 그는 선과 악을 구별할 수 없다. 따라서 진정한 선을 참으로 추구할 수도 없고 또한 소유할 수도 없다.

톨스토이

세상의 구조 안에서 사람은 한낱 솔방울이나 연약한 풀이나 물가의 풀에 불과하다. 그러나 그는 어떤 이성을 지닌 풀이다.

파스칼

사람은 오로지 그의 이성에 의해서만 다른 동물들과 구별된다. 어떤 사람들은 이성을 발전시키려고 노력한다. 다른 사람들은 그들을 다른 동물들과 구별시키는 다른 특질들을 억압하려고 애쓰는 것과 마찬가지로 이성을 소홀히 한다. 동양의 지혜

나는 그리스도교가 나의 이성적 본성을 발전, 강화, 고양시키기 때문에 그것을 찬양한다. 채닝

June 27

6월 27일_노력, 행복, 하느님의 법

행복한 삶은 오로지 그것을 성취하려고 노력하는 사람들에게만 주어진다. 톨스토이

행복한 삶을 살기 위해서는 어떠한 선행도 두려워해서는 안 된다. 가장 거창하고 위대한 선행들의 경우와 마찬가지로 가장 작은 선행을 위해서도 힘이나 능력을 갖추어야만 한다. 톨스토이

네 앞에 제시된 미덕들에 따라 행복한 삶을 살도록 노력하라. 어쩌면 그것은 어려운 일일지도 모르지만, 시간이 지날수록 더욱 즐거운 일이 된다. 톨스토이

행복하게 살려면 하느님의 법을 지켜라. 하느님의 법을 지키는 것은 오로지 노력을 통해서만 가능하다. 이 노력은 행복한 삶으로 보상될 뿐만 아니라 삶의 가장 큰 축복을 주기도 한다. 톨스토이

그릇에 가득 찬 물을 쏟지 않기 위해서는 네가 그릇을 수평으로 들고 있어야 한다. 칼날을 날카롭게 만들기 위해서는 네가 칼을 갈아야만 한다. 이와 마찬가지로 네가 진정한 선을 찾고자 한다면 너의 정신을 수양해야 한다. 노자

네 안에 위대한 어떤 것이 있다면 그것은 너의 첫 번째 부름에 따라 나타나지는 않을 것이다. 일과 노력이 없이는 그것은 쉽게 나타나서 너에게 오지 않을 것이다. 에머슨

구하라. 받을 것이다. 찾으라. 얻을 것이다. 문을 두드리라. 열릴 것이다. 마태오 7:7

가족_6월 28일

가족들 사이의 사랑은 이기적 감정이다. 그러므로 그것은 나쁘고 부당한 행동들을 감싸줄 수 있다. 톨스토이

가족관계가 좋고 확고하며 사람들에게 혜택을 베푸는 것인 경우란, 오로지 그것이 가족 이외의 사람들에게도 적용되고 종교적인 것이기도 하며, 모든 가족이 유일하신 하느님과 그분의 법을 믿는 경우뿐이다. 그렇지 않다면 가족은 즐거움이 아니라 고통의 원천이다. 톨스토이

나쁜 행동들에 대한 가장 일반적인 설명들 가운데 하나는 가족이라고 하는 용어다. 사람들은 훔치고 뇌물을 주고 일상생활에서 다른 많은 나쁜 짓을 저지르는데 이 모든 것은 가족에 대한 그들의 사랑이라는 말로 설명될 수 있다. 톨스토이

가족들 사이의 사랑은 자기 자신에 대한 사랑의 경우와 마찬가지로, 고상한 도덕적 의미에서 볼 때 좋은 것도 아니고 나쁜 것도 아니다. 양자는 모두 자연스러운 것이다. 너 자신에 대한 사랑은 물론이고 너의 가족들에 대한 사랑도 그 한계를 벗어나면 악덕이 될 수 있지만, 원래 자연스러운 감정이기 때문에 그 자체가 미덕이 될 수는 없다. 톨스토이

아버지나 어머니를 나보다 더 사랑하는 사람은 내 사람이 될 자격이 없고 아들이나 딸을 나보다 더 사랑하는 사람도 내 사람이 될 자격이 없다. 마태오 10:37

June 29

6월 29일_고통, 우울함, 행복

오, 주님, 제가 당신의 뜻을 따르고 수행하면서 언제나 행복하고 기뻐하도록 도와주십시오. 톨스토이

우울함이란 네가 자신의 삶이든 세상 사람들의 삶이든 거기서 아무런 의미도 발견하지 못하는 영혼의 상태다. 이러한 상태는 네 주위 사람들에게 괴로울 뿐만 아니라 그들에게 영향을 미칠 수도 있다. 참으로 선한 사람은 이 불쾌한 상태를 자기 홀로 있을 때에만 간직한다. 네가 기분이 나쁘거나 침체되어 있거나 화가 난다면, 네가 홀로 있을 때에만 그러해야 마땅하다. 톨스토이

네 주위의 모든 것이 비관적이고 우울하고 불길하게 보이는가 하면 네가 다른 사람들에게 나쁘고 불쾌한 일들에 관해서만 말하고 싶을 때에는 너 자신의 감각과 인식을 믿지 마라. 너 자신이 만취한 상태라도 되는 듯이 조심해서 처신하라. 이러한 상태가 사라질 때까지는 아무런 조치도 행동도 취하지 마라. 톨스토이

너는 우울한 기분에 젖어서는 결코 안 된다. 톨스토이

사람은 항상 행복한 기분에 젖어야 한다. 자신이 불행하다고 생각한다면 그것은 그의 잘못일 뿐이다. 톨스토이

우리의 육체적 고통도 우울한 기간도 모두가 이 세상에서 살아가는 우리의 삶의 일부분이다. 우리는 이러한 것들이 끝나거나 우리 삶이 끝날 때까지 인내심을 가지고 기다려야 한다. 톨스토이

개선, 구원, 삶_6월 30일

누구나 "어떻게 살아야 나의 삶은 가장 좋은 삶이 될 수 있는가?"라고 자기 자신에게 묻자마자, 다른 문제들은 모두 해답을 얻는다. 톨스토이

우리가 실질적인 삶을 살아가는 곳은 외부적 변화의 영역이 아니라, 변화가 거의 관찰될 수 없는 내면적 영역, 즉 우리의 정신적 생활이다. 톨스토이

다른 사람들이 스스로 삶을 개선할 수 있다고 믿는 사람들이 많으면 많을수록 그 어떠한 개선도 한층 더 느리게 이루어질 것이다.

톨스토이

마르타, 마르타, 너는 많은 일에 다 마음을 쓰며 걱정하지만 실상 필요한 것은 한 가지뿐이다. 마리아는 참 좋은 몫을 택했다. 그것을 빼앗아서는 안 된다. 루가 10:41, 42

사람은 누구나 인류 전체를 구원하기보다는 자기 자신을 구원해야만 한다. [illegible] 베그렌

Heinz Leider nicht ab[illegible]
[illegible] halten durch [illegible] [illegible];
[illegible] [illegible] [illegible] ist; [illegible]
[illegible] ist doch ein Junge geboren!!!
Der [illegible] was bringt [illegible] [illegible]
[illegible]?!! Ein kleines Menschenkind
der Welt erblickt zu seiner Eltern [illegible]
[illegible]seligkeit. [illegible] Glück u. [illegible]
Der Himmel selbst [illegible]
bei [illegible] möchte mich [illegible]
[illegible] [illegible] [illegible] [illegible]
[illegible] zur Begrüßung zu [illegible]
[illegible] Weltenbürgers. Dann ich [illegible]
das Leben ihm hold sei. —
[illegible] ferner des heiteren Gemüts sei[illegible]
[illegible] die Güte u. ~~[illegible]~~ [illegible]
[illegible] das Gute als [illegible]
[illegible] mitnehmen für seine Reise. —
[illegible]

JULY

7월

우리는 이 정신적 세계의 진동의 일부를 느낀다. 어떤 진동들은 우리에게 아직 전달되지 않았지만, 아득한 별들의 빛의 파장이 우주를 가로질러 오고 있듯이, 다가오고 있다. 이 진동들은 우리 눈에 비록 보이지 않는다 해도 접근하고 있다.

— 톨스토이

July 1

7월 1일_삶, 영혼, 진리

인간의 영혼은 신성하다. 톨스토이

어린애가 유모에게 맡겨지는 것과 마찬가지로 삶은 우리에게 주어진 것인 만큼 우리는 그것을 완전하게 길러야 한다. 톨스토이

너를 통해서 신성한 힘이 오도록 악행을 멀리한 채 너 자신을 순수하게 보존하라. 그러면 너를 통해서 오는 이 신성한 힘의 흐름 속에 더없는 행복이 있다. 톨스토이

모든 진리의 원천은 하느님이시다. 진리가 어떤 사람 안에서 드러나는 경우, 그것은 그가 진리의 원천이기 때문이 아니라, 진리를 드러낼 수 있을 만큼 그렇게 투명하기 때문이다. 파스칼

비가 온 뒤 빗물이 지붕에서 홈통을 타고 흘러내리면 우리 눈에는 빗물이 홈통에서 나오는 것처럼 보이지만 실제로는 하늘에서 쏟아진 것이다. 거룩한 사람들이 우리에게 가르쳐준 종교적 가르침들의 경우에도 이와 똑같은 현상을 볼 수 있다. 이러한 가르침들은 그들에게서 나오는 것처럼 우리에게 보이지만 실제로는 신으로부터 오는 것이다. 스리 라마크리슈나 경전

사람이 이 지상에 존재하는 목적은 영원과 조화를 이루기 위한 것이다. 이러한 조화가 이루어졌을 때 사랑과 이성의 보편적 강물이 통하듯이 그 사람을 통해서 흐를 수 있다. 맬러리

비평, 예술, 일, 학문_7월 2일

우리 언어의 용어들이 가장 잘못 사용되는 분야는 예술 비평, 특히 사이비 예술에 대한 비평이다. 톨스토이

진정한 학문과 진정한 예술을 매우 분명히 드러내는 두 가지 지표가 있다. 첫째는 학자나 예술가가 이익을 위해서가 아니라 희생을 위해, 자신의 소명을 위해 일한다는 내면적 지표다. 둘째는 그의 작품들은 모든 사람이 이해할 수 있는 것이라고 하는 외면적 지표다. 진정한 학문은 당대의 사람들이 중요하다고 여기는 그 지식을 연구하고 거기 접근하고자 노력한다. 진정한 예술은 이 진리를 지식의 영역에서 감각의 영역으로 옮긴다. 톨스토이

예술의 창작이란 많은 사람들이 추측하는 것처럼 그렇게 고상한 것은 아니다. 그러나 분명히 유용하고 친절한 행위다. 특히 그것이 사람들을 단결시키고 그들 사이에 친절한 감정을 일으킨다면 더욱 그러하다. 톨스토이

예술 작품은 오로지 우리가 지능을 다하여 아무리 애써도 완전히 이해할 수 없는 어떤 것을 제공할 때에만 강력한 인상을 우리에게 남긴다. 쇼펜하우어

너는 경쟁심을 발동해서는 위대한 일을 전혀 할 수 없고, 오만을 부려서는 고상한 일을 전혀 할 수 없다는 사실을 명심하라.

러스킨

July 3

7월 3일_자유, 존엄성

네가 자유롭지 못하다고 느낀다면 그 원인은 너의 내면에서 찾아라. 톨스토이

사람은 자신의 삶이 오로지 물질적 시작에서만 출발했다고 믿는 그만큼 심한 노예상태에 있다. 톨스토이

확신 없이는 아무 것도 이루어질 수 없다. 주저함은 개인을 죽이거나 민족 전체를 말살할 수 있다. 사람들을 해방시키는 것이 왜 이토록 어려운가? 그것은 사람들이 뿌리 깊은 확신을 지니지 못했을 때에는 자신의 권리을 완전히 믿지 않기 때문이다.

라므네

사람들은 최고의 선이 자유라고 말한다. 그런데 자유가 선이라면 자유로운 사람이 어떻게 불행할 수 있는가? 너가 행복하지 않은 사람을 본다면 그는 자유인이 아니라 어떤 것의 노예라는 사실을 알아야 한다. 완전히 자유로운 사람이 되기 위해서는 네가 신으로부터 받은 모든 것을 신에게 바칠 각오가 되어 있어야만 한다. 너의 뜻을 신의 뜻과 일치시킬 각오가 되어 있어야만 하는 것이다.

에픽테투스

너에게 자유가 없다면 너의 삶은 짐승의 삶이 된다. 마치니

인간의 존엄성과 자유는 우리에게 끊임없이 필요한 것이다. 그러므로 우리는 이것들을 보존하거나, 아니면 품위 있게 죽자.

키케로

형벌_7월 4일

다른 사람을 형벌에 처하는 것은 불에 장작을 더 집어넣는 것과 같다. 모든 범죄는 각각 그 안에 형벌이 포함되어 있다. 그리고 그것은 인위적인 다른 형벌보다 한층 더 잔혹하고 한층 더 공정한 것이다. 톨스토이

한 개인이 악행을 저질렀다. 그래서 다른 개인이나 집단은 그 악행에 대항하기 위해 또 다른 악행을 저지르는 것보다 더 좋은 방법을 생각해낼 수가 없다. 사람들은 이것을 형벌이라고 부른다.

톨스토이

모든 형벌은 논리나 정의감에 그 기반을 두는 것이 아니라, 너에게 또는 다른 사람에게 악행을 저지른 사람들의 불행을 바라는 욕망에 기초한다. 톨스토이

사형집행은 우리의 사회구조가 그리스도교적 사회구조와는 거리가 매우 멀다는 확실한 증거다. 톨스토이

우리가 현재 식인풍습과 고대의 이교 신들에게 바치던 인신제사에 대해서 생각하는 바와 똑같이 후세 사람들은 우리의 현행의 모든 형벌체계와 형법들에 대해 생각할 것이다. 후손들은 우리에 관해 이렇게 말할 것이다. "그들은 자기들이 한 일들의 무익성과 잔인성을 어떻게 알아보지 못했단 말인가?" 톨스토이

형벌에 처하려는 욕구란 억압되어야만 할 뿐만 아니라 우리의 존재 일부가 되어서도 안 되는 매우 저열한 동물적 감정의 일부라는 점을 우리는 명심해야 한다. 톨스토이

July 5

7월 5일_근시안, 미덕, 불행, 행복

모든 것은 하느님으로부터 온다. 그러므로 모든 것은 좋은 것이다. 나쁜 것이란 우리가 근시안 때문에 이해하지 못한 좋은 것이다. 톨스토이

사람이 자기 행동들 안에 들어 있는 일종의 결점, 즉 근시안적 태도를 깨닫는다면, 그가 겪을 수 있는 다른 모든 불행은 그가 맛볼 수 있는 즐거움과 자유에 비할 때 아무 것도 아니다. 톨스토이

네가 할 수 있는 한 삶의 가장 좋은 길을 따라가라. 그러면 습관은 그 길이 너에게 적절하고 즐거운 것이 되도록 해 줄 것이다.

톨스토이

솔로몬과 욥은 인생의 무익함에 관해 잘 알고 현명하게 말했다. 솔로몬은 가장 행복했다. 욥은 사람들 가운데 가장 불행했다. 솔로몬은 쾌락의 허무함을 알았고 욥은 불행의 실체를 알았다.

파스칼

행복과 평온함은 우리 안에도 없고 우리 밖에도 없다. 그것들은 우리 안에도 계시고 우리 밖에도 계시는 하느님 안에 있다.

파스칼

오로지 미덕만이 확고하게 서 있다는 것은 삶의 신성한 법칙이다. 나머지는 모두 아무 것도 아니다. 피타고라스

네가 재앙과 불행을 두려워한다면 너는 이미 불행하다. 불행을 두려워하는 사람들은 대개 불행을 겪어야 마땅하다. 중국 속담

전쟁_7월 6일

전쟁의 사악함에 관해 논의할 때가 되었다. 여러 전쟁의 존재가 전쟁의 필요성을 증명한다는 말은 옳지 않다. 인류 역사는 이러한 전쟁들이 일어나서는 안 된다고 말한다. 톨스토이

전쟁에 관한 각종 묘사도 전쟁의 무서운 잔인성과 만행들도 사람들이 전쟁에 참가하지 못하게 막지는 못한다. 그 이유 가운데 하나는 전쟁의 만행들을 보면서 누구나 만일 이토록 참혹한 전쟁이 일어날 수 있고 그것을 사람들이 받아들일 수 있다면 전쟁이 일어날 어떤 이유가 반드시 있다고 이해하게 되기 때문이다.

톨스토이

어떤 증인이 노일전쟁 때 겪은 체험담을 이야기했는데 일본군이 공격하는 동안 그는 바리아그(Variag) 군함의 맨 위쪽 갑판에 있었다. 그는 참혹한 광경을 보았다. 사방이 피바다였고 살점들, 머리가 없는 몸통들이 널려 있었다. 피비린내가 너무나도 강해서 가장 거칠고 강인한 사람들마저도 현기증을 느꼈다. 무장한 포대가 가장 심하게 파손되었다. 포대 위에서 포탄이 폭발했고 그 군함의 함포담당인 젊은 장교가 죽었다. 가련한 그 장교에게 남은 것이라고는 대포를 쥐고 있던 손뿐이었다. 그 장교 옆에 서 있던 사병 넷 가운데 둘은 온몸이 산산조각이 났고 나머지 둘은 중상이었다. 나중에 이 두 사병은 두 다리가 절단되었고, 두 다리의 나머지 부분들도 완전히 절단되었다. 군함의 지휘관은 관자노리에 가벼운 상처를 입었다. 불결함, 무서운 질병, 굶주림, 화재, 파괴, 악행 등이 군사적 영광이라고 하는 것이다. 이것이 전쟁이다.

H. H. 가르두앙

7월 7일_하느님

하느님을 부정하는 것은 너 자신이 정신적, 이성적 존재임을 부정하는 것이다. ~톨스토이

나는 하느님과 영혼은 그에 대한 정의를 통해서가 아니라 전혀 다른 방법으로 안다. 하느님을 정의하려는 노력은 내가 지닌 이 지식을 파괴한다. 나는 하느님께서 존재하시고 내 영혼이 존재한다는 것을 안다. 이 지식은 나에게 주어진 것이기 때문에 나에게 명백하다. 나는 "나란 무엇인가? 나는 누구인가?" 라고 스스로 질문하면, 하느님의 존재에 대해 조금도 의심하지 않는다. 나의 두 다리는 내가 아니고 나의 두 팔도 내가 아니다. 머리도 내가 아니고 감각들도 내가 아니다. 심지어 나의 생각도 내가 아니다. 그러면 나란 무엇인가? 나는 나 자신이고 나는 나의 영혼이다. 이 문제에 대해 어느 쪽으로 접근하든 상관없이 나는 불가피하게 하느님께 이른다. 나의 생명의 시작은 하느님이시다. 나의 존재의 시작은 하느님이시다. 내 영혼의 경우도 마찬가지다. 내가 진리를 알고 싶다면, 모든 것의 시작에 내 영혼이 있다고 나는 안다. 내가 나의 사랑의 감정, 선의 필요성에 대한 감정을 이해하고 싶다면, 그 원천도 또한 나의 영혼 안에서 발견한다. ~톨스토이

이 세상의 생명은 어떤 존재의 뜻에 따라 존속한다. 어떤 존재가 이 세상의 모든 생명에 대해 특별한 작용을 하고 우리의 모든 생명을 어루만진다. 이러한 작용을 하는 존재는 우리가 하느님이라고 부르는 존재다. ~톨스토이

정화, 사랑, 악행에 대한 대응_7월 8일

인간 생활의 모든 모순을 풀어주고 사람들에게 가장 큰 기쁨을 주는 감정은 사랑이다. 톨스토이

사랑은 죽음을 파괴하고 공허하게 만든다. 사랑은 무의미한 것들에게 의미를 부여하고 불행을 진정한 행복으로 전환시킨다.

톨스토이

사람은 사랑을 적게 품을수록 더 많은 고통을 당한다.

톨스토이

네가 어려운 입장에 처해 있다면, 우울하다면, 다른 사람들과 너 자신을 두려워한다면, 시달림을 당하고 있다면, 너 자신에게 "나는 이 삶에서 만나는 모든 사람을 사랑할 것이다."라고 말하라. 이 원칙을 지키도록 노력하라. 그러면 너는 모든 것이 스스로 풀려나가고 단순해질 것이며, 너에게는 더 이상 의심이나 두려움이 없을 것임을 깨닫게 될 것이다. 톨스토이

악인들에게는 너의 선행으로 갚아라. 그들의 증오에 대해 너의 친절로 대항해라. 너는 비록 다른 사람들을 이기지 못한다 해도 너 자신을 정복할 것이다. 아미엘

불은 물질세계에서 모든 것을 정화한다. 사랑은 정신세계에서 모든 것을 정화한다. 아미엘

July 9

7월 9일_독서, 지혜

지식의 부족을 두려워하지 말고 거짓 지식을 두려워하라. 이 세상의 모든 불행은 거짓 지식에서 나온다. 톨스토이

사람들은 미덕이 많은 것은 지식에 있다고 잘못 생각한다. 중요한 것은 지식의 분량이 아니라 그 질이다. 톨스토이

논쟁과 토론에서 나온 지식은 의심스러운 것이다. 톨스토이

소크라테스는 어리석음은 지혜와 양립할 수 없다고 말했지만, 무식이 어리석음이라고 말한 적은 결코 없다. 크세노폰

우리는 철학, 과학, 이성의 시대에 살고 있다. 거대한 도서관들이 모든 사람에게 개방되어 있다. 과거 수천 년 전 사람들의 지혜를 제공하는 학교, 대학, 대학교들이 어느 곳에나 다 있다. 그래서 어떻다는 것인가? 이 모든 것 때문에 우리는 더욱 지혜로워졌는가? 우리의 삶에 대해, 또는 우리의 존재의 의미에 대해 더욱 잘 이해하고 있단 말인가? 우리의 삶을 위해 무엇이 좋은지 알고 있는가?

루소

지나치게 많은 독서는 너의 생각의 독자성을 해친다. 학자들 가운데 내가 만났던 가장 위대한 사상가들은 지나치게 많이 읽지는 않는 사람들이다. G. 리히텐베르크

불행, 신앙, 의무, 진리, 평온함_7월 10일

신앙은 다수결로 얻을 수 있는 것이 아니다. 톨스토이

오늘날의 세계에서 진정한 신앙은 대개의 경우 여론으로 대체되었다. 사람들은 하느님은 믿지 않지만 다른 사람들이 가르치는 많은 사소한 것들은 믿는다. 톨스토이

사람들의 불행의 원인은 그들이 자신의 의무를 알지 못하는 것이 아니라 잘못 아는 데 있다. 톨스토이

오늘날 존재하는 불행의 주요 원인은 우리 시대의 사람들이 신앙이 없다는 것이다. 톨스토이

하느님께서는 누구나 진리와 평온함 가운데 하나를 선택하게 하신다. 에머슨

July 11

7월 11일_권력, 미덕, 부자, 자선, 친절

참으로 미덕을 지닌 사람은 약자들에게 사랑을 베푸는 사람이다.

톨스토이

부자가 참으로 미덕을 지닌 사람이 될 수 있다면, 그는 매우 빨리 부자의 처지를 버릴 것이다. 톨스토이

권력은 약자들을 억압하기 위해서가 아니라 부축하고 돕기 위해서 개인에게 주어지는 것이다. 러스킨

달라는 사람에게는 주고 빼앗는 사람에게는 되받으려고 하지 마라. 너희는 남에게서 바라는 대로 남에게 해주어라.

루가 6:30, 31

친절한 행위는 모두 미덕이다. 목마른 사람에게 물을 주거나, 길에서 돌을 집어 들거나, 네 이웃들과 친구들에게 미덕을 실천해야만 한다고 설득하거나, 나그네에게 길을 가르쳐주거나, 네 이웃의 얼굴을 쳐다보면서 미소를 짓거나, 이 모든 것이 미덕이다.

모하메드

사랑, 선행, 신성한 불꽃, 정신세계, 자선_7월 12일

우리는 서로 별개의 존재들처럼 보이지만 내면적 삶에서는 모든 생물들과 긴밀하게 연결되어 있다. ~톨스토이

사랑의 기반은 모든 사람들 안에 살아 있는 신성한 불꽃의 일체성을 각자가 이해하는 데에 있다. ~톨스토이

사람들을 하나로 결합시키는 것은 모두 선하고 아름답다. 사람들을 분열시키는 것은 모두 사악하다. 누구나 이것을 안다. 이것은 우리 마음속에 굳게 새겨져 있다. ~톨스토이

우리는 이 정신적 세계의 진동의 일부를 느낀다. 어떤 진동들은 우리에게 아직 전달되지 않았지만, 아득한 별들의 빛의 파장이 우주를 가로질러 오고 있듯이, 점점 다가오고 있다. 이 진동들은 우리 눈에 비록 보이지 않는다 해도 접근하고 있다. ~톨스토이

모든 선행이나 자선행위, 어려운 다른 사람들을 돕는 모든 비영리적 지원은, 우리가 그 기원과 기반을 살펴볼 때, 불가사의하고 설명이 불가능한 것이 된다. 왜냐하면 이러한 행위들은 모든 생물의 일체성에 대한 불가사의한 이해에서 나오고, 그 이외의 다른 것으로는 설명이 될 수 없기 때문이다. ~쇼펜하우어

July 13

7월 13일_개선, 소비, 영혼

사물들의 기존 질서는 개선될 수 있다. 톨스토이

우리가 나름대로 이해하는 하느님의 법을 준수하기 위해서는 수많은 사람들이 공동으로 노력해야 한다. 그러면 속도가 느릴지는 몰라도 우리는 이 신성한 법을 이해하는 방향으로 움직일 것이다.

톨스토이

현명한 소비는 현명한 생산보다 훨씬 더 복잡하다. 다섯 사람이 생산한 것을 한 사람이 매우 쉽게 소비할 수 있다. 모든 개인과 모든 나라에 문제가 되는 것은 우리가 어떻게 생산할 것인지가 아니라 우리의 생산물들이 어떻게 소비되어야만 하는지 하는 것이다.

러스킨

너는 사람들을 고문할 수 있다. 그들을 마치 짐승이라도 되는 듯 취급할 수도 있다. 그들을 모든 방법으로 괴롭힐 수도 있다. 또한 마치 하루살이라도 되는 듯 그들을 죽일 수도 있다. 그러나 사람들은 영원한 영혼을 가지고 있기 때문에 가장 엄밀한 의미에서 자유로운 존재로 남아 있을 것이다. 러스킨

사랑, 종교, 하느님의 나라_7월 14일

하느님의 나라는 우리 안에 있다. 그러므로 하느님의 나라를 너 자신 안에서 찾아라. 그러면 나머지 모든 것은 가능한 한 가장 좋은 방법으로 스스로 해결될 것이다. 톨스토이

하느님의 나라는 우리에게 드러난 만큼 하느님의 뜻을 사람들 사이에서 실현하는 것이다. 톨스토이

이 세상의 존속에 있어서 수천 년은 1년처럼 보인다. 그러므로 우리는 영원의 실현을 위해 열심히 일해야만 하고 종교가 이 세상을 완전히 교화할 그 날을 기다려야 한다. 톨스토이

지상의 하느님의 나라는 인류의 최종 목적이고 소망이다.

칸트

종교예식에서 우리가 이해해야만 하는 것은 종교의식 자체도 아니고 사제만이 수행할 수 있는 초자연적인 것들도 아니다. 우리는 하느님과 이웃들에 대한 사랑을 이해하는 것이다.

아르카젤스키

July 15

7월 15일_신, 자아, 하느님에 대한 사랑

나의 물질적 생명은 고통과 죽음을 당하며, 나의 어떠한 노력도 내가 고통이나 죽음을 면하게 해줄 수 없다. 나의 정신적 생명은 고통도 죽음도 당하지 않는다. 그러므로 고통과 죽음에서 구원되는 것은 단 한 가지, 즉 나의 의식적 "자아"를 물질적인 것에서 정신적인 것으로 이전시키는 것뿐이다. 톨스토이

이 세상을 이해하는 길은 너의 내면적 자아를 이해하는 것이다. 사랑의 도움으로, 다른 것들에 대한 사랑의 힘으로 우리는 사람들, 동물들, 식물들, 돌들, 천체들 등 다른 것들을 이해한다. 그리고 이러한 것들이 자기 자신에게 취하는 태도를 이해한다. 이러한 태도가 우리가 알고 있는 전 세계를 만들어낸다. 이해하는 방법은 사랑, 그리고 세상에 존재하는 모든 다른 피조물과 이루는 일치에 그 기초가 있다. 톨스토이

우리의 동물적 "자아"의 행복이나 불행이라고 우리가 이해하는 그것은 가장 높은 정신적 의지에 달려 있다. 톨스토이

제 뜻대로 하지 마시고 아버지의 뜻대로 하십시오. 루가 22:42

하느님께 대한 사랑의 본질은 영혼이 창조주를 찾는 열망, 이 더 높은 빛과 일치하기를 바라는 열망에 있다. 탈무드

너 자신 안에 있는 이 영원한 시작은 항상 존재했고, 지금도 존재하며 앞으로도 언제나 존재할 것이다. 그것의 시간은 끝이 없다.

브라민의 지혜

말_7월 16일

공허한 잡담보다 게으름을 더 잘 지탱해주는 것은 없다. 사람들은 침묵을 지킨 채, 오락을 위해 습관적으로 하는 지루하고 공허한 말들을 하지 않는 것이 더 나을 것이다. 그들은 어떻게 그것을 견딜 수가 있는가? 톨스토이

할 말이 그리 많지도 않은 사람들이 말을 가장 많이 한다.

톨스토이

말을 적게 하면 할수록 너는 일을 그만큼 더 많이 할 것이다.

톨스토이

말을 많이 하는 사람은 행동으로 자기 말을 모두 실천하는 경우가 없다. 현명한 사람은 말이 행동을 앞서지나 않을까 항상 조심한다. 중국의 지혜

먼저 생각을 하고 나서 그 다음에 말하라. "그만 하면 됐다."는 말을 들으면 말을 멈추어라. 사람은 말하는 능력 때문에 동물보다 더 높다. 그러나 이 능력을 적절하게 사용할 수 없다면 그는 동물보다 더 낮은 것이다. 사아디

네가 어떤 사람의 행동을 막고 싶다면, 그가 그 주제에 관해서 말을 더욱 많이 하도록 만들어라. 말을 많이 하면 할수록 사람들은 행동할 욕구를 더욱 적게 느낀다. 칼라일

July 17

7월 17일_무저항, 폭력

네가 다른 사람을 오로지 폭력으로만 굴복시키려고 한다면 그의 이성은 무엇 때문에 있는가? 톨스토이

고대사회의 기초는 폭력이었다. 현대사회의 기초는 현명한 합의, 폭력의 부정이다. 톨스토이

폭력이 아니고는 다른 사람들을 지배할 수 없다고 생각하는 사람들이 있다. 그들은 사람이 말에게 눈가리개를 하여 말이 더욱 고분고분하게 원을 따라 걷도록 만들 듯이 다른 사람들을 그렇게 다룬다. 톨스토이

사람들이 폭력을 사용하는 모든 경우에 너는 그들이 그렇게 하지 말도록 설득해야 한다. 너는 일상생활의 속세가 아니라 그들의 더 높은 정신적 이해에 호소하면서 현명하고 신빙성 있는 주장을 하도록 노력해야 한다. 그렇게 해서 성공하면 너는 네 양심의 완전한 만족을 얻을 것이다. 톨스토이

앙갚음하지 마라. 누가 오른뺨을 치거든 왼뺨마저 돌려대라.

마태오 5:39, 40

다른 사람들과 의사소통하는 데 참으로 능숙한 사람은 대개 겸손하고 조용한 사람이다. 이것은 무저항의 미덕이라고 하며 하늘과 이루는 조화이다. 노자

영생, 영혼, 죽음_7월 18일

자기의 삶이 출생과 더불어 시작된 것이 아니고 죽음으로 끝나지도 않을 것이라고 믿는 사람들은 이것을 이해하지 못하거나 믿지 않는 사람들의 경우보다 선하게 사는 것을 훨씬 더 쉽게 여긴다.

톨스토이

사람들은 삶의 시작이 정신적이고, 영원하다고 믿기 때문에 영원한 삶을 믿는다. 톨스토이

사람은 결코 자기가 태어나지도 않았고, 과거에도 존재했고, 현재에도 존재하고 있으며 앞으로도 항상 존재할 것이라고 이해할 때 죽는 것을 두려워하지 않는다. 사람은 자기의 삶이 하나의 파도, 즉 시간의 일정한 기간이 아니라 이승의 삶에서 하나의 파도로 드러나는 영원한 동작이라고 이해할 때 자신의 영원성을 믿을 것이다. 톨스토이

우리의 영혼에는 영원성의 징표가 들어 있다. 채닝

우리의 가장 큰 욕구는 영원히 사는 것이다. 그러나 우리는 이 육신에서 벗어났을 때 육신으로 다시 돌아가기를 바라지 않을 것이다. 일단 태어난 뒤에 다시 어머니의 자궁으로 돌아가기를 바라는 아기가 있겠는가? 감옥에서 풀려난 뒤 다시 감옥으로 돌아가려는 사람이 있겠는가? 이와 마찬가지로, 이 물질적 삶에 지나치게 밀착되어 있지 않은 사람이라면 앞으로 자기 육체에서 벗어나는 것을 두려워해서는 안 된다. 페르시아의 이슬람 종파 바브교의 경전

July 19

7월 19일_단순함, 본보기, 진리, 학자

참으로 진실하고 선하고 위대한 것들은 항상 단순하다.

톨스토이

가장 단순하고 학식이 가장 적은 사람들이 삶의 의미를 쉽게 무의식적으로 이해할 수 있는 경우가 매우 많은 반면, 학식이 가장 많은 사람들은 이러한 능력이 없다. 왜냐하면 후자는 아는 것이 너무 많아서 모든 사람에게 기본적인 단순한 것들을 이해할 수 없기 때문이다. 톨스토이

본받을 모범을 발견하고 싶다면 너는 단순하고 비천한 사람들 가운데에서 그것을 찾아야 한다. 참으로 위대한 것들은 자기 자랑도 하지 않고 자기가 위대하다고 생각하지도 않는 사람들 안에만 있다. 톨스토이

진리의 말은 언제나 단순하다. 세네카

가장 명료하고 가장 단순한 개념들은 거의 언제나 복잡한 명상으로 가려진다. 키케로

고통, 동물애호, 살해_7월 20일

다른 생물들에 대한 동정심은 나에게 우리 육체의 고통에 대한 감각을 상기시킨다. 네가 시간이 지나면 육체적 고통에 대해 덜 민감해질 수 있는 것처럼 다른 사람들에 대한 너의 동정심도 줄어들 수 있다. 톨스토이

다른 사람이 겪는 고통 때문에 네가 고통을 느낄 때에는 고통당하는 사람을 피하려는 최초의 욕구에 굴복하지 말고, 오히려 가능한한 최대한으로 가까이 다가가서 그를 도와주려고 노력하라.

톨스토이

너의 삶에 종교를 받아들이는 첫째 조건은 살아 있는 모든 것들에 대해 사랑과 동정을 표시하는 것이다. 중국의 지혜

동물들에 대한 동정은 사람의 성격과 밀접하게 관련되어 있다. 동물들에게 잔인한 사람은 친절한 사람이 될 수 없다고 너는 자신있게 말할 수 있다. 쇼펜하우어

살해는 모두 참혹하다. 그러나 가장 참혹한 것은 네가 너의 위장의 민족을 위해 생물을 죽이고 그것을 잡아먹고 싶어 할 때 저지르는 살해다. M. 골드스타인

July 21

7월 21일_사랑, 신앙, 친절, 후회

세상 사람들이 너를 비난한다 해도 친절한 사람이 되어라. 그것은 그와는 반대로 다른 사람들의 칭찬을 받으면서도 계속해서 나쁜 사람으로 머물러 있는 경우보다 더 낫다. 톨스토이

사랑은 시간을 초월해서 존재하는 신성한 본성을 드러내는 것이다. 사랑은 생활방식일 뿐만 아니라 다른 사람들의 이익을 도모하는 행동이기도 하다. 톨스토이

미래 안에는 사랑이 없다. 사랑은 오로지 현재의 순간에만 존재할 수 있다. 현재 사랑을 드러내지 않는 사람은 전혀 사랑하지 않는 것이다. 톨스토이

과거에 할 수는 있었지만 실제로는 하지 않았던 모든 일을 회상하기란 분명히 괴롭다. 예를 들면 어떤 자선행위, 너에게 도움을 기대하고 있던 사람들에게 네가 도움을 거절했던 경우, 마땅히 거두었어야 했던 유종의 미를 스스로 포기한 경우 등이 그러하다.

톨스토이

신약성서는 매우 단순한 신앙, 즉 하느님께 대한 신앙과 존경을 반영한다. 계명을 지키는 경우에도 마찬가지다. 계명이란 네 이웃을 사랑하라는 계명 하나뿐이다. 스피노자

실천, 의무_7월 22일

사랑이 신앙과 조화를 이루지 못할 때 그 신앙은 참된 신앙이 아니다. 톨스토이

하느님의 계명이라고 자신이 이해하는 것들을 서둘러 지키지 않는 사람은 계명도 하느님도 믿지 않는다. 톨스토이

하늘나라의 문은 네가 원하는 그만큼 너에게 열려 있다. 너의 근심과 걱정거리들을 버리고 네 영혼이 정신적인 것들을 지향하게 하라. 결과는 생각하지 않은 채 너의 의무를 주의 깊게 완수하라. 네가 사태를 이끌어서는 안 되고 사태가 너를 이끌어야만 한다.

인도의 지혜

어떤 사람이 믿음이 있다고 말하면서 그것을 행동으로 나타내지 못한다면 무슨 소용이 있습니까? 그런 믿음이 그 사람을 구원할 수 있겠습니까? 야고보서 2:14

법을 알지만 지키지는 않는 사람은 밭을 갈지만 씨는 뿌리지 않는 사람을 나에게 상기시킨다. 동양의 지혜

July 23

7월 23일_게으름, 노력, 모욕, 육체

노력은 도덕적 완성의 필수조건이다. 톨스토이

사람들이 자기는 높은 정신적 삶을 살아갈 수 있다고 생각하면서도 몸은 게으름과 사치에 얽매여 있다면 그들은 착각하고 있다.

톨스토이

네가 모욕을 당했다면 너를 모욕한 사람들을 사랑하도록 노력하라. 네가 다른 사람을 모욕했다면 네가 초래한 피해를 바로잡으려고 노력하라. 톨스토이

육체는 영혼의 첫 제자다. H. D. 소로

사람에게는 노력보다 더 진정한 공로라고 여겨질 수 있는 것이 없다. 오로지 노력에서만 그 사람의 진면목이 드러난다. 코란

목표, 삶, 선행, 완성_7월 24일

사람은 삶의 법을 이해할 때 자기 안에 살아있는 하느님의 일부분을 드러낸다. 톨스토이

길게 보면 사람들은 오로지 자기를 위해 설정하는 목표만 달성한다. 그러므로 너 자신을 위해 가능한 한 가장 높은 목표를 설정하라. 톨스토이

선행의 법을 지키는 것은 일상생활의 물질적 번영과 전혀 관계가 없다. 때로는 물질적 번영이 도덕적 선행과 충돌한다. 여기서 초래되는 고통은 정신을 가장 높은 단계로 끌어올린다. 톨스토이

왕에서부터 가장 가난한 사람에 이르기까지 누구나 자기 완성을 추구해야만 한다. 왜냐하면 자기완성만이 인류를 개선하기 때문이다. 공자

July 25

7월 25일_고통, 선행

네가 직접 겪는 고통의 원인들을 살펴보라. 때로는 이 고통은 너의 행동의 직접적 결과다. 때로는 그것은 네가 오래 전에 저질렀던 악행이 오랜 기간의 변모를 거쳐서 나타난 것이다. 그러나 원인은 항상 네 안에 있고 그것에서 벗어나는 길은 너의 행동, 너의 생활방식을 바꾸는 것이다. 톨스토이

때로는 우리가 우리의 고통과 죄 사이의 관련성을 볼 수 없다. 그러나 이 관련성은 분명히 존재한다. 톨스토이

"나는 선행을 했는데 악행으로 보답되었다." 그러나 너는 네 선행의 대상이 되었던 사람들을 사랑한다면 보답을 이미 받았다. 그러므로 사랑하는 마음으로 네가 하는 모든 것은 너 자신을 위해서 하는 것이다. 톨스토이

미덕에 대한 보상은 선행에 대한 인식이다. 키케로

신앙, 정신세계_7월 26일

모든 신앙에 있어서 오로지 정신적인 것만이 진실하다.

톨스토이

너의 생명이 시작할 때 그것이 정신에서 왔다고 믿는다면, 너는 왜 그 정신을 다른 곳에서 발견할 수 있다고 생각하면서 찾고 있는가? 이렇게 행동하는 사람은 대낮에 등불을 켜고 다니는 사람과 같다. 톨스토이

너의 시선을 다른 곳에 돌리게 하는 것들, 즉 물질적인 모든 것, 눈으로 볼 수 있고 감각으로 느낄 수 있는 모든 것에서 벗어나기를 두려워하지 마라. 너의 신앙의 정신적 핵심을 정화하면 할수록 너의 신앙은 더욱 확고해질 것이다. 톨스토이

하느님은 영적인 분이시다. 그러므로 예배하는 사람들은 영적으로 참되게 하느님께 예배드려야 한다. 요한 4:24

July 27

7월 27일_삶, 지식, 학자

삶의 목적은 하느님의 법을 지키는 것이지 더 많은 지식을 얻는 것이 아니다. 톨스토이

지식은 도구지 목적이 아니다. 톨스토이

사람들은 아는 것이 별로 없다. 왜냐하면 자기가 이해할 수도 없는 것들, 즉 하느님, 영원, 정신 등을 이해하려고 애쓰기 때문에, 또는 고려할 가치도 없는 것들, 즉 물이 어는 방식, 숫자에 관한 새로운 이론, 바이러스가 병을 옮기는 방법 등을 이해하려고 애쓰기 때문이다. 너의 삶을 어떻게 살아야 가장 좋은지 아는 것만이 참된 지식이다. 톨스토이

삶에서 가장 중요한 것이 지식이라고 생각하는 사람들은 촛불에 뛰어들어 자기 몸을 태우고 촛불도 꺼버리는 불나방을 나에게 환기시킨다. 톨스토이

"학자"라는 호칭은 학교를 다녔고 거기서 공부한 사람을 가리키지만, 그가 참으로 중요한 지식을 얻었다는 것을 의미하지는 않는다. G. 리히텐베르크

악행, 회개, 후회_7월 28일

너의 잘못들을 인정하지 않는 것은 그것들을 증가시키는 짓이다.

톨스토이

회개는 언제나 완성에 선행한다. 회개가 불필요하다고 사람들이 생각하는 것은 슬픈 일이다. 톨스토이

너는 무엇이든지 모두 네 마음에게 고백할 수 있도록 그렇게 살아야만 한다. 톨스토이

악행의 원인이 우리의 외부에 있다고 여기는 것은 위험하다. 그러한 사람들에게는 회개가 불가능하다. F. W. 로버트슨

나는 영혼의 짐을 지고 있다. 오래 이어진 평생 동안 나는 친구든 가족이든 심지어 나 자신이든 아무도 행복하게 해주지 않았다. 나는 나쁜 일을 많이 했다. 세 번에 걸친 큰 전쟁이 원인이었다. 나 때문에 80만 명이 전쟁터에서 죽었고 그들의 어머니들, 형제들, 아내들이 슬피 통곡했다. 이제 이 모든 것이 나와 하느님 사이에 서 있다. 비스마르크

July 29

7월 29일_이성, 정신

하느님께서는 우리가 그분의 뜻을 이해하고 이루도록 하기 위해 우리에게 그분 자신의 정신과 이성을 주셨다. 그러나 우리는 이 정신을 잘못 사용하며, 우리 자신의 뜻을 이루는 데 응용한다.

톨스토이

너의 삶에 존재하는 어떤 것이 중요하면 할수록, 네가 그것을 잘못 사용하는 경우 앞으로 너에게 더욱 해로울 수가 있다. 사람들의 불행과 재앙은 우리의 삶의 가장 중요한 도구, 즉 이성을 잘못 사용하기 때문에 생기는 경우가 많다. 톨스토이

"나는 이 세상에 왜 존재하는가?"라는 질문에 대해 자신의 이성으로 대답하려는 사람은 현기증을 느낀다. 인간의 이성은 이러한 질문에 대답하기가 불가능하다. 이것은 무엇을 의미하는가? 이것은 인간의 이성은 이러한 질문에 해답을 발견하도록 우리에게 주어지지 않았다는 의미다. 우리의 이성이 대답할 수 있는 질문은 "나는 어떻게 살아야만 할까?"라고 하는 것뿐이나. 그리고 그 해답은 단순하다. "우리는 모든 사람에게 이익을 가져다주도록 그렇게 살아야만 한다."고 하는 것이다. 톨스토이

이성의 목적은 진리를 드러내는 것이다. 그러므로 이성적 노력으로 진리를 왜곡하는 것은 해로운 오류다. 톨스토이

이성이 악덕과 욕망의 노예, 거짓말의 지지자가 된다면, 그것은 타락할 뿐만 아니라 질병에 걸리며, 우리는 진실과 허위, 선과 악, 미덕과 악덕의 차이를 식별할 수 없게 된다. 채닝

결점, 겸손, 모욕, 용서, 죄_7월 30일

우리는 자신의 영혼을 깊이 들여다볼 때, 우리가 비난하던 다른 사람들의 죄들과 똑같은 죄들을 거기서 발견한다. 우리가 자신의 영혼 안에서 어떤 특정한 죄를 발견하지 못할 때에는 좀 더 자세히 살펴보아야 한다. 그러면 처음에 찾던 것보다 더 심한 죄들마저도 발견할 것이다. 톨스토이

자기 결점을 아는 사람들만이 자기 이웃의 결점에 대해 관대해질 수 있다. 톨스토이

우리는 다른 사람들의 입장에 서서 볼 수 있다면 자신의 오만을 줄이게 된다. 톨스토이

나의 자녀들이여, 어떤 사람이 말로 너를 모욕한다면 아랑곳하지도 마라. 기도할 때 아무 말도 하지 마라. 친구들에게 분쟁의 해결을 부탁하라. 그리고 너를 모욕한 사람들과 화해하라. 탈무드

남을 용서할 수 없는 사람은 자기가 건너가야만 할 다리를 파괴한다. 왜냐하면 사람은 누구나 용서받을 필요가 있기 때문이다.

E. 허버트

깊은 강물은 네가 돌을 하나 던진다고 해서 흔들리지는 않는다. 종교를 믿는 사람이 비판 때문에 상처를 받는다면 그는 강물이 아니라 얕은 물웅덩이다. 다른 사람들을 용서하라. 그러면 너도 용서를 받을 것이다. 사아디

July 31

7월 31일_그리스도교, 부자, 빈부, 재산, 완전함

그리스도교 신자들이 계명을 지킨다면 부자도 가난한 사람도 없을 것이다. 톨스토이

재산은 나에게 들판에 있는 똥을 환기시킨다. 들판에 쌓인 커다란 똥 무더기는 악취를 풍긴다. 그러나 들판 어디에나 골고루 분배된다면 그것은 토지를 비옥하게 만든다. 톨스토이

가난한 사람들이 이토록 득시글거리는 그리스도교 사회에서 엄청난 재산을 가졌다고 자랑하는 사람들이 있는 것을 보면, 그들은 도덕에 대해 완전히 눈을 감은 것이 분명하다. 톨스토이

네가 완전한 사람이 되려거든 가서 너의 재산을 다 팔아 가난한 사람들에게 나누어주어라. 그러면 하늘에서 보화를 얻게 될 것이다. 그러니 내가 시키는 대로 하고 나서 나를 따라 오너라.

마태오 19:21

부자는 다른 사람들의 불행에 대해 무감각하고 전혀 무관심할 수 있다. 탈무드

AUGUST

8월

전통에 따라 대대로 전해졌기 때문에 진리라고 받아들여진 많은 주장들은 오로지 우리가 그것을 시험해본 적도 좀 더 정밀하게 살펴본 적도 전혀 없다는 이유만으로 진실인 듯이 보인다.

— 톨스토이

August 1

8월 1일_선행, 이성, 자유

자유는 그것을 찾는다고 해서 얻을 수 있는 것이 아니라 진리를 찾아야만 얻을 수 있다. 자유는 목적이 아니라 결과가 되어야만 한다. 톨스토이

이성은 개인을 자유롭게 만들 수 있다. 그의 삶이 이성에서 멀어질수록 그의 자유는 더욱 줄어든다. 톨스토이

현명한 사람은 자신의 욕구에 부합하는 삶을 살아간다. 왜냐하면 그는 자기가 얻을 수 있는 것만 원하기 때문이다. 이러한 사람은 자유롭다. 톨스토이

우리는 인간의 도덕적, 육체적 본성을 거스르는 생활방식을 만들어냈다. 그리고 이러한 종류의 삶을 살아가면서도 자유롭게 되기를 바란다. 톨스토이

자유는 다른 사람들이 너에게 부여할 수 없다. 누구나 스스로 자유로워지도록 노력해야 한다. 톨스토이

네가 악행을 저지르기를 바라지 않는다면 네가 할 수 없는 선행이란 하나도 없다. 중국의 지혜

죽음_8월 2일

정신적인 삶을 살아가는 사람들에게는 죽음이 없다. 톨스토이

네가 물질적인 존재라면, 죽음은 모든 것의 끝이다. 그러나 네가 정신적인 존재라면, 육체는 너의 정신적 존재를 제한하고 죽음은 변화에 불과하다. 톨스토이

우리의 육체는 우리가 영혼이라고 부르는 정신적 신성한 불꽃을 제한한다. 그릇이 거기 담기는 액체나 기체에게 형태를 주는 것과 마찬가지로 우리의 육체도 우리의 정신적 존재에게 형태를 준다. 그릇이 깨지면 그 안에 있던 것은 더 이상 형태를 유지하지 못하고 흘러나온다. 그것은 새로운 형태를 취하는가? 다른 존재들과 결합하는가? 이에 대해 우리는 아무 것도 모른다. 사후에는 영혼이 다른 어떤 것, 말이나 글로 표현할 수 없는 어떤 것이 된다.

톨스토이

죽음이란 영혼이 그것을 이 세상에서 담고 있던 물질적 개체로부터 해방되는 것이다. 톨스토이

죽음은 지속적 발전의 한 단계다. T. 파커

우리의 마지막 날은 파괴를 초래하는 것이 아니라 오로지 변화를 초래할 뿐이다. 키케로

8월 3일_미덕, 처벌, 선행, 악행

우리는 자신의 선행에 대해서는 보상을 기대하고 악행에 대해서는 처벌을 예상한다. 그러나 보상과 처벌은 즉시 오지 않는 경우가 많다. 정신의 삶에는 선과 악이 다 함께 존재한다. 그리고 정신적 삶이 시간을 초월해서 존재한다고 해도, 또한 보상이나 처벌의 징조가 우리 눈에 분명하게 보이지는 않는다 해도, 우리는 양심으로 보상이나 처벌을 느낀다. 톨스토이

가장 심한 처벌은 네가 자기에게 주어진 좋은 것들을 올바르게 사용하지 못했다는 것을 알고 있는 것이다. 심한 처벌을 예상하지 마라. 이러한 후회보다 더 심한 처벌은 없다. 톨스토이

선행을 하는 것은 더없는 기쁨에 이르는 단 하나의 확실한 길이다. 톨스토이

선행은 아무리 작은 것이라 해도 서둘러서 해야만 하고 죄는 서둘러서 피해야만 한다. 한 가지 선행은 다른 선행으로 이끌고 한 가지 죄는 다른 죄로 이끈다. 미덕에 대한 보상은 미덕이고 악덕에 대한 처벌은 더 많은 악덕이다. 탈무드

너는 악행의 원인을 찾는다. 그런데 그것은 오로지 너 자신 안에만 있다. 루소

극기, 기쁨, 사랑, 이기주의, 자기희생_8월 4일

극기는 너의 자아 전체를 포기하는 것이 아니라 너의 동물적 존재만 포기하는 것이다. 톨스토이

사람이 알 수 있는 가장 큰 기쁨은 오로지 자기희생과 사랑을 통해서만 올 수 있는 완전한 자유와 행복의 상태다. 톨스토이

너의 이기심을 부정하라. 그러면 삶의 최고선, 즉 사랑을 이해하게 될 것이다. 톨스토이

사람이 다른 사람들에게 많이 줄수록, 그리고 자기 자신을 위해서는 적게 요구할수록, 그에게는 더욱 이익이 된다. 그러나 다른 사람들에게 적게 줄수록, 자기 자신을 위해서는 많이 요구할수록, 그에게는 더욱 해롭게 된다. 우리의 동시대인들은 이와 반대로 생각한다. 톨스토이

사람은 누구나 인류 전체의 삶을 이해할 수 있는 능력을 지니고 있다. 이 능력은 영혼 깊은 곳에 숨겨져 있지만 어쨌든 존재한다. 누구나 그것을 조만간 발견할 것이다. E. 카펜터

진정한 삶은 자기희생과 더불어 시작된다. 칼라일

August 5

8월 5일_거짓말, 모욕, 부화뇌동, 생각, 영향력, 자유

대개의 경우 허위의 해로운 의견들은 영향력 있는 사람들이 전파하고 지지한다. 우리는 남의 관점과 생각을 스스로 더 깊고 자세하게 살펴보려고도 하지 않은 채 너무 쉽게 받아들인다. 하찮은 사람들이란 독자적인 생각은 하지 않은 채 남의 생각을 받아들이는 사람들이다. 톨스토이

너의 생각은 다른 사람이 곁에 있을 때 쉽게 영향을 받는다. 사람은 오로지 홀로 있을 때에만 완전히 자유로울 수가 있다.

톨스토이

사람은 거짓말을 하면서 사는 데 쉽게 익숙해질 수 있다. 특히 그가 자기 주위 사람들이 모두 그렇게 사는 것을 보는 경우에는 더욱 그러하다. 톨스토이

세력을 떨치는 그릇된 견해들은 거기 수반되는 요란한 선전으로 쉽게 식별될 수가 있다. 진실은 외부적 치장이 전혀 필요하지 않다. 톨스토이

다른 사람들에게 영향을 미칠 수 있는 가능성은 도덕 수준이 높은 사람으로 하여금 남에게 영향을 미칠 수 있는 자신의 언행에 대해 더욱 엄격해지도록 만든다. 톨스토이

너를 모욕하는 사람들의 기분이나 정신 상태에 결코 영향을 받지 마라. 그들이 걸어가는 길을 너는 걸어가지 마라. 아우렐리우스

부화뇌동, 생각, 이성, 등불_8월 6일

어떤 사람들은 자기 생각에 따라서 살고 행동하지만, 또 어떤 사람들은 다른 사람들의 생각에 따라 살고 행동한다. 이것은 사람들 사이의 중대한 차이이다. 톨스토이

이성만이 인생의 적절한 길잡이다. 톨스토이

이성적 삶을 사는 사람은 자신의 앞길을 비추어줄 등불을 들고 가는 사람과 같다. 이러한 사람은 이성의 빛이 앞을 비추어주기 때문에 어두운 곳에는 결코 가지 않는다. 이러한 종류의 삶에는 죽음에 대한 두려움이 없다. 왜냐하면 네가 들고 다니는 등불은 마지막 순간까지 너의 길을 비추어주고, 너는 평생 동안 한 것과 똑같이 평온하고 조용하게 그 빛을 끝까지 따라갈 것이기 때문이다.

톨스토이

몸의 등불은 눈이다. 네 눈이 성하면 온 몸이 밝을 것이며 네 눈이 병들었으면 온 몸이 어두울 것이다. 루가 11:34

August 7

8월 7일_명성, 미덕, 칭찬, 허영

너의 삶의 길잡이를 선택하는 데 있어서는 다른 사람들의 의견을 따르는 것보다 더 나쁜 선택은 있을 수 없다. 톨스토이

허영은 한이 없다. 톨스토이

명성과 다른 사람들의 칭찬에 관심을 두는 것은 현명하지 못하다. 왜냐하면 무엇이 좋은지에 대해 어떠한 두 사람도 의견이 같지 않기 때문이다. 톨스토이

허영으로 가득 찬 사람은 자기 자신에 너무나도 몰두해 있기 때문에 다른 사람이나 사물을 받아들일 여지가 전혀 없다. 팬

"다른 사람들이 처신하는 것과 똑같이 너도 처신해야만 한다."는 말은 원래 가장 위험한 것이다. 이 말을 따른다면 너는 언제나 잘못된 처신을 하고 말 것이다. 라브뤼예르

우리가 다른 사람들을 칭찬한다면 그것은 그들이 우리와 비슷하다는 우리의 생각 때문이다. 다른 사람을 존경한다는 것은 그를 자기와 같은 수준에 놓는다는 것을 의미하는 경우가 많다.

라브뤼예르

진정한 미덕은 자신의 그림자, 즉 명성을 결코 돌아다보지 않는다. 괴테

사상가, 작가, 영향력, 전통, 종교, 진리_8월 8일

존경받는 작가나 사상가의 의견은 사회에 중대한 영향을 미칠 수 있다. 그것은 또한 참된 진리를 이해하는데 심한 장애가 될 수도 있다. 톨스토이

신성한 진리는 어린아이들의 말에서, 또는 미치광이들의 헛소리와 악몽에서, 또는 단순한 사람들의 일상적 대화에서 드러날 수가 있다. 논거가 약하고 거짓된 사상들은 걸작이라고 여겨진 책들에서, 심지어 신성하다고 여겨진 책들에서조차 발견될 수 있다.

톨스토이

전통에 따라 대대로 전해졌기 때문에 진리라고 받아들여진 많은 주장들은 오로지 우리가 그것을 시험해본 적도, 좀 더 정밀하게 살펴본 적도 전혀 없다는 이유만으로 진실인 듯이 보인다.

톨스토이

구약, 신약, 코란, 인도의 신성한 책 우파니샤드에 표현된 생각은 신성하게 여겨지는 책에 표현되었다는 이유만으로 진리가 되는 것은 아니다. 모든 신성한 책에 기록된 모든 말을 우리가 진리라고 생각한다면 그것은 우상을 만들어내는 짓이다. 톨스토이

모든 중요한 생각은 그것이 어디서 오는지 상관없이 논의되어야 한다. 모든 생각은 그것을 누가 말했는지 상관없이 주목을 받아야 한다. 톨스토이

August 9

8월 9일_생각, 악행, 행동

오로지 좋은 생각들만 하라. 시간이 지남에 따라 그것들은 좋은 행동들이 될 것이다. 톨스토이

사람들이 저지르는 악행의 대부분은 악의의 결과가 아니라 그들이 무비판적으로 받아들이고 따르는 나쁜 생각들이 전파된 결과이다. 톨스토이

악행을 초래하는 생각은 악행 자체보다 더 나쁘다. 너는 악행을 멈출 수 있고, 뉘우칠 수 있으며 반복하지 않을 수 있다. 그러나 나쁜 생각은 계속해서 반복되고 다른 악행들을 초래한다. 나쁜 생각은 꼬리에 꼬리를 물고 일어난다. 톨스토이

좋은 생각들을 하라. 그러면 그것들을 좋은 행동들로 변할 것이다. 모든 것은 생각에서 시작한다. 너의 생각을 잘 인도하는 것은 자기완성에 이르는 열쇠들 가운데 하나다. 네가 불행을 겪는다면, 그 원인을 너의 행동에서 찾지 말고 행동을 초래한 너의 생각에서 찾아라. 그리고 이러한 생각들을 개선하도록 노력하라. 네가 일상생활의 어떤 사건에서 어떤 착상을 하게 된다면, 그 사건을 초래한 먼저 생각들에서 그 기원을 찾아라. 톨스토이

물질적 결과들은 눈에 보이지 않는 힘이 드러난 것이다. 우리에게 날아온 포탄들은 우리가 모르는 때에 우리 눈에 보이지 않는 대포에서 발사된 것이다. 이와 마찬가지로 모든 중요한 사건들은 생각에서 나온다. 아미엘

현재_8월 10일

현재는 생명의 신성한 본질이 드러나는 순간이다. 우리는 현재의 시간을 존중하자. 하느님은 현재의 시간 안에 존재하신다.

톨스토이

너는 너의 결정을 현재 내린다. 현재는 시간 밖에서 존재한다. 현재는 과거와 미래라고 하는 두 시기가 만나는 짧은 순간이다. 현재 안에서 너는 언제나 자유롭게 선택한다. 톨스토이

현명한 사람이 삶에서 가장 중요한 시간, 사람, 사물은 무엇인지 질문을 받았다. 그는 이렇게 대답했다. "가장 중요한 시간은 현재입니다. 왜냐하면 사람이 자기 자신을 통제할 수 있는 시간은 현재이기 때문입니다. 가장 중요한 사람은 당신이 현재 대하고 있는 바로 그 사람입니다. 왜냐하면 당신은 이 세상에서 다른 사람을 대할 수가 있을 것이라는 보장이 없기 때문입니다. 가장 중요한 것은 그 사람을 사랑하는 것입니다 왜냐하면 이 세상에 태어난 모든 사람은 오로지 다른 사람에 대한 사랑의 목적만 가지고 태어났기 때문입니다." 톨스토이

가장 위험한 유혹은 현재 제대로 살아가는 대신에 앞으로 살아갈 준비를 하겠다는 유혹이다. 미래는 너에게 속하는 것이 아니다. 그러므로 네가 아는 가장 좋은 방식대로 "현재" 살아가는 것임을 명심하라. 유일하게 필요한 완성은 사랑하는 일의 완성이고 이것은 오로지 현재에만 도달할 수 있는 것이다. 이것이 우리가 세상에 태어난 이유이다. 톨스토이

August 11

8월 11일_선행, 죽음, 선

사람은 자신의 정신적 삶을 사는 방식 그대로 홀로 죽는다.

톨스토이

사람은 하느님이나 다른 사람들에게 도움을 요청할는지 모르지만, 오로지 그의 선행들만이 그를 도울 수 있다. 그리고 그는 이 선행들을 스스로 해야만 한다. 톨스토이

누구나 내면적 삶의 깊은 곳, 즉 설명이 불가능한 본질을 지니고 있다. 때로는 네가 이 본질을 다른 사람들에게 설명하고 싶지만, 다른 사람이 이해하도록 이것을 설명하기가 불가능하다는 것을 깨달을 것이다. 그래서 너는 하느님과 소통하는 너 자신의 통로가 필요하게 된다. 이 통로를 만들고 다른 어떠한 것도 찾지 마라.

톨스토이

너는 너 자신이 실천하는 것을 소유한다. 너는 영원한 선이 네 안에 존재하고, 네가 살아 있는 한 그것이 자라고 발전한다는 것을 믿어야 한다. 에머슨

너는 너 자신이 죄를 지을 작정을 하고 너 자신이 악행을 저지를 작정을 한다. 그리고 너 자신만이 죄를 피하고 네 생각을 정화시킬 수가 있다. 오로지 너의 내면적 자아만이 너를 단죄할 수 있고, 너의 내면적 자아만이 너를 구원할 수 있다.

불교의 지혜의 책 담마파다

십자가, 하느님의 뜻_8월 12일

누구나 각자 지고 가지 않으면 안 되는 짐, 즉 십자가는 두 개의 평면으로 구성된다. 길이가 더 긴 수직의 평면은 하느님의 뜻이고, 길이가 더 짧고 수평인 평면은 인간 자신의 뜻이다. 네가 자신의 뜻을 하느님의 뜻과 나란히 가도록 방향을 잡는다면 너에게는 지고 가야만 할 십자가, 즉 짐이 없을 것이다. 톨스토이

네가 하느님의 뜻을 이루기를 바란다면 모든 것이 잘 될 것이다. 네가 자신의 뜻을 이루기를 바라고 너 자신의 뜻이 하느님의 뜻과 일치하지 않는다면 모든 것이 실패할 것이다. 톨스토이

하느님을 알고 영원을 믿는 유일한 방법은 너 자신의 뜻과 하느님의 뜻을 일치시키는 것이다. 톨스토이

진정한 행복은 오로지 너의 삶을 하느님의 뜻과 조화시키는 것으로만 이룩될 수 있다. 맬러리

내 편에 서지 않는 사람은 나를 반대하는 사람이며 나와 함께 힘을 합치지 않는 사람은 헤치는 사람이다. 루가 11:23

8월 13일_미덕, 이성, 죄, 지혜, 칭찬

현명해지기 위해서는 네가 이성을 따라야 한다. 설령 그러한 삶이 자주 비난을 받는다 해도 너는 이성을 따라야만 한다.

톨스토이

너는 지혜가 비난을 받는 것을 본다고 해서 마음이 흔들려서는 안 된다. 지혜는 나쁜 삶의 어리석음을 드러내지 않는다면 진정한 지혜가 아닐 것이다. 그리고 사람들이란 지혜가 이렇게 드러내는 것을 비난하지 않은 채 고스란히 참고 견딜 리가 결코 없다.

톨스토이

하늘은 우리가 죄를 지을 때 인정하지 않고, 땅은 우리가 미덕을 실천할 때 인정하지 않는다. 탈무드

너를 존경하고 칭송하는 사람들의 수효가 아니라 그들의 사람됨에 관심을 기울여라. 나쁜 사람들이 너를 싫어한다면 그것은 더욱 좋다. 세네카

인간의 이성은 신성한 등불이고 그 빛은 사물의 깊숙한 곳까지 침투한다. 동양의 지혜

설득, 이성, 폭력_8월 14일

사람들은 폭력의 행사에 너무 익숙해졌다. 그들에게는 폭력이 없는 삶이란 상상할 수가 없는 듯이 보인다. 톨스토이

사람들은 현명한 존재다. 그들은 자신의 이성이 지시하는 바에 따라서 살아갈 능력이 있고, 폭력의 상태로부터 완전한 조화와 이해의 상태로 발전할 것이다. 모든 폭력행위는 이러한 상태가 오늘로부터 한층 더 멀어지게 만든다. 톨스토이

사람이 행동하도록 만드는 방법은 두 가지가 있다. 하나는 사람이 마지못해 행동하도록 강제하는 것이다. 또 하나는 그가 원하는 바를 인도하고 논리로 설득하는 것이다. 전자는 폭력의 방법이고 무지한 사람들이 이용하는 것이며 완전한 실망으로 이끈다. 후자는 경험의 지지를 받는 것이고 항상 성공한다. A. 콤

하느님을 믿지 않으면 너는 사람들에게 행동을 강제할 수는 있지만 그들을 설득할 수는 없다. 또한 너는 폭군은 될 수 있지만 스승은 될 수 없다. 마치니

August 15

8월 15일_육식

육식에 반대하는 모든 다른 주장은, 아무리 강력한 것이라 해도 동물들이 우리 안에 존재하는 것과 똑같은 생명체를 가지고 있다는 사실에 관해서는 무의미하다. 우리는 동물의 생명을 뺏는 짓이 자살에 가까운 어떤 짓을 저지르는 것이라고 느껴야 한다. 이러한 내면적 느낌을 받는 사람들에게는 육식을 반대하는 다른 어떤 주장도 필요하지 않다. 톨스토이

우리는 탐식의 취향을 만족시키기 위해 육식하는 사람들을 모른 척하며 그대로 내버려 둘 수는 없다. 톨스토이

육식을 반대하는 주장의 논리는 강력하지 않다. 논리는 정연하지만 그러한 논리가 맞지 않는 경우들도 있다. 그러나 이 사실은 알아두어야만 한다. 사람은 다른 생물들에게 동정심을 많이 베풀수록 더욱 친절하고 더욱 훌륭하다는 사실이다. 스포츠를 위해서든 연료를 얻기 위해서든 동물을 죽이는 것은 잔인하다. 톨스토이

육류를 많이 먹는 것은 너의 육체를 더 강하게 만들 수 있지만 너의 정신은 약화시킨다. 플루타르코스

어린아이들에게 육식주의자가 되도록 강요하여 그들의 타고난 식성을 말살하는 일을 하지 않는 것은 그들의 건강을 위해서는 물론이고 그들의 성격을 위해서도 매우 중요하다. 우리는 그 이유는 모르지만 육류를 많이 먹는 사람들이 대개 잔인하다는 것은 안다.

루소

생물, 동정심, 목적, 사랑, 신앙, 공동체_8월 16일

우리는 다른 사람들은 물론이고 모든 생물들 하고도 정신적으로 모든 면에서 연결되어 있다. 톨스토이

모든 생물의 일체성을 이해하도록 노력하라. 모든 생물을 돌보고 그것들과 함께 고통을 느끼도록 노력하라. 톨스토이

사람은 누구나 자기 안에 선한 요소와 악한 요소를 지니고 있으며, 그의 기분에 따라 선한 요소와 악한 요소가 드러날 수 있다고 어떤 사람이 나에게 말한 적이 있다. 우리는 이 세상을 이해하는 서로 다른 두 가지 방식을 우리 안에 가지고 있다. 하나는 사람들이 서로 분열되고 멀어지고 소외되어 있다는 느낌이다. 이러한 상태에서는 모든 것이 우울하게 보인다. 우리는 질투, 무관심, 증오 이외에는 아무 것도 느끼지 못한다. 또 다른 하나는 보편적 통합의 이해 방식이라고 부르고 싶다. 이러한 상태에서는 사람들이 매우 가까운 듯이 보이고, 모든 사람은 서로 평등하다. 그러므로 이러한 상태는 우리 안에 동정심과 사랑을 일으킨다. 쇼펜하우어

모든 사람은 동일한 원천을 가지고 있고 동일한 법이 지배를 받으며 동일한 목적을 위해 창조되었다. 그러므로 우리는 하나의 신앙, 하나의 행동목적, 그리고 우리의 삶과 투쟁을 이끌어갈 하나의 깃발을 지녀야 한다. 마치니

August 17

8월 17일_선행, 친절

친절은 영혼의 주요 특질이다. 어떤 사람이 친절하지 않다면 그는 어떤 거짓말, 욕망, 또는 자신의 자연 상태를 거스르는 유혹에 굴복했기 때문에 그러한 것이다. 톨스토이

친절은 모든 것에 반드시 추가될 필요가 있는 것이다. 톨스토이

친절 없이는 사람의 가장 우수한 능력과 자질도 무의미하고 무가치하다. 심지어 가장 심한 악행들마저도 친절이 작용하면 쉽게 용서될 수 있다. 톨스토이

우리의 외부적 속성들, 즉 유전, 공식 회견, 잘 되는 소화 또는 소화불량, 성공 등에서 오는 자연적 친절이 있다. 이러한 종류의 친절은 그것을 체험하는 사람과 그의 주위 사람들 모두에게 유쾌하다. 그리고 내면적, 정신적 노력에서 나오는 친절이 있다. 이러한 종류의 친절은 매력이 덜하다. 그러나 첫째 종류의 친절이 증오로 쉽게 변하거나 변모한다 해도, 둘째 종류의 친절은 결코 사라지지 않고 계속해서 증가할 것이다. 톨스토이

네가 하는 선행은 너에게 즐거움을 주지만 만족은 주지 않을 것이다. 너는 아무리 많은 선행을 했다고 해도 더 많은 선행을 하길 바란다. 공자

그리스도교, 종교_8월 18일

오로지 종교만이 자기본위와 이기심을 없애서 사람은 자기 자신만을 위한 것이 아닌 삶을 살기 시작한다. 오로지 종교만이 죽음에 대한 두려움을 없애고, 오로지 종교만이 우리에게 삶의 의미를 주며, 오로지 종교만이 사람들 사이에 평등을 설정하고, 오로지 종교만이 사람을 외부적 압력에서 벗어나게 해준다. 우리는 우리 각자를 위해 매우 단순하고 실질적인 길잡이를 제공해주는 이 정신적 가르침을 믿어야만 한다. 톨스토이

그리스도는 복음을 전해주기 위해 이 세상에 파견되었다. 이것이 그의 주요 활동이었다. 그러나 그들은 그의 이름으로 이것을 가르치는가? 그는 노예상태를 자유로 전환시키고 싶었다. 이것은 그의 이름으로 가르쳐지고 있는가? 그가 완수하고 싶어 하던 것들은 완수되었는가? 가난한 사람들은 복음을 들었던가? 낙담한 사람들은 희망을 얻었던가? 소경들은 볼 수 있는가? 죄수들의 족쇄는 모두 풀렸던가? 죄수들은 모두 석방되는가? 아니다. 그리스도는 자기 사도들을 기다리면서 여전히 십자가에 매달려 있다. 그들은 가능한 한 빨리 와야만 한다. 왜냐하면 십자가의 고통은 임성나고, 그의 두 눈은 동쪽을 바라보면서 주님의 때의 태양이 떠오르기를 기다리는 일에 지쳤기 때문이다. 라므네

종교는 성인들이 가르쳤기 때문에 진실한 것이 아니다. 그러나 성인들은 종교가 진실하기 때문에 그것을 가르쳤다. 레싱

August 19

8월 19일_선행, 행복

단순한 행복은 개인이 자기 자신만을 위해서 바라는 것이고, 진정한 행복은 그가 자기 자신과 다른 사람들을 위해서 바라는 것이다. 단순한 행복은 노력으로 얻을 수 있는 반면, 진정한 행복은 겸손해야만 얻을 수 있다. 톨스토이

삶은 끊임없는 움직임이다. 그러므로 삶에 있어서 행복이란 어떤 상태가 아니라 움직임의 방향이다. 이 방향은 너 자신이 아니라 하느님을 섬기는 방향이다. 톨스토이

진정한 행복은 하느님을 섬기는 것이다. 톨스토이

너는 상대방을 가리지 않은 채 선행을 해야만 한다. 선행은 일단 실천되면 네가 그것을 잊어버린다 해도 결코 없어지지 않을 것이다. 행복해지는 방법은 오직 하나뿐이고, 그 확실한 방법은 선행을 하고 그 결과를 다른 사람들과 공유하는 것이다. 톨스토이

사람마다 행복을 찾는 방법은 여러가지다. 어떤 사람들은 권력에서, 어떤 사람들은 학문에서, 또 어떤 사람들은 방탕에서 행복을 찾는다. 행복에 가까이 접근한 사람들은 자신을 위한 진정한 행복이란, 모든 사람들이 이 행복을 누리고 자기들끼리 공유할 때 행복이 존재한다는 것을 이해한다. 파스칼

단순함, 법, 욕망, 절제, 행복, 자연_8월 20일

사람들은 절제의 생활을 할 때에만 부족함도 없고 질투도 없이 살아갈 수 있다. 톨스토이

참으로 주요한 일들에 몰두한 사람은 매우 단순하다. 왜냐하면 그는 불필요한 것들을 만들어낼 시간이 없기 때문이다. 톨스토이

모든 욕망은 충족된 뒤에는 줄어들고 모든 악덕은 충족된 뒤에도 증가한다. 아미엘

모든 새로운 욕망은 다른 새로운 욕망의 시작, 즉 새로운 슬픔의 시작이다. 볼테르

너는 쾌락과 사치 따위를 행복이라고 부르지만 내 생각에는 아무것도 원하지 않는 것이 신의 행복이다. 그리고 너는 원하는 것이 극히 적을 때 비로소 이 신성한 최고의 행복에 가까이 다가간다.

소크라테스

자연은 사소한 것들을 요구하고 기존의 법은 과도한 것들을 많이 요구한다. 세네카

August 21

8월 21일_기도, 생각

정직하고 진지한 생각을 한 한 시간은 공허한 이야기로 보낸 일주일보다 더 소중하다. 톨스토이

보람 있는 기도란 너의 깨어 있는 정신 속에 삶의 의미에 대한 이해를 심는 것이다. 그리고 너는 네 삶의 가장 좋은 기간 동안 이 상태를 체험할 수 있다. 톨스토이

너는 매 시간마다 기도해야만 한다. 가장 필요하고 가장 어려운 형태의 기도는 정신을 산란하게 만드는 생활의 수많은 일에도 불구하고, 하느님과 그분의 계명에 대한 너의 의무들을 기억하는 것이다. 너는 겁에 질리고 불안해지며 당황하고 어떤 것에 지나치게 개입하거나 정신을 뺏긴다. 그러나 너는 자신이 누군지, 무엇을 해야만 하는지 항상 기억해야 한다. 이것이 바로 진정한 기도가 지향해야할 바이다. 이것은 처음에는 어렵지만 시간이 갈수록 너는 이러한 기도 습관을 기르고 몸에 배이게 할 수 있다.

톨스토이

기도는 내면의 정식 종교예식, 즉 너 자신을 위한 어떤 자비를 더 높은 힘에게 간청하고 그것을 얻는 예식이라고 이해되지만 이것은 그릇된 생각이다. 반면에 우리의 모든 행동으로 하느님을 기쁘게 하려는 우리 마음의 욕구야말로 우리 안에 항상 존재해야만 하는 진정한 기도의 정신이다. 칸트

너희는 기도할 때에 이방인들처럼 빈말을 되풀이하지 마라. 그들은 말을 많이 해야만 하느님께서 들어주시는 줄 안다. 마태오 6:7

August 22

과학, 삶, 종교, 학문_8월 22일

너의 내면적 삶에 관한 가르침이 가장 유익한 것이다. ~톨스토이

우리의 삶이 순전히 물질적 힘들의 산물이고, 이러한 힘들에 전적으로 의존한다는 사상을 전파하는 것은 위험하다. ~톨스토이

우리 시대의 과학자들보다 선과 악의 개념을 더 심하게 혼동하는 사람들은 없다. 그들의 과학이란 물질세계에 관한 연구에서는 많은 성과를 거두지만, 인간의 내면적, 정신적 삶에 있어서는 불필요하고 때로는 해로운 것이다. ~톨스토이

우리 시대에서 과학은 게으름을 위한 면허장을 주기 시작했다.

~톨스토이

학문의 진정한 목적은 우리 삶의 진실을 이해하는 것이고, 그릇된 목적은 이 세상의 악한 것을 정당화하는 것이다. 여기서 말하는 학문은 법학, 정치학, 특히 신학, 즉 종교에 관한 학문을 가리킨다. ~톨스토이

사이비 학문과 사이비 종교는 그 이론들과 교리들을 단순한 사람들이 신비하고 중요하고 매력적인 것으로 여기도록 하려고 매우 세련된 용어로 표현한다. 그러나 이 신비로운 용어는 지혜의 표시가 아니다. 현명한 사람일수록 자기 생각을 표현하기 위해 사용하는 용어가 더욱 단순하다. ~맬러리

August 23

8월 23일_두려움, 빛, 진리

진리는 악행을 저지르는 사람들에게만 해롭다. 선행을 하는 사람들은 진리를 사랑한다. 톨스토이

사람들은 완전히 미덕을 갖춘다면 진리에서 결코 벗어나지 않을 것이다. 톨스토이

과연 악한 일을 일삼는 자는 누구나 자기 죄상이 드러날까 봐 빛을 미워하고 멀리한다. 그러나 진리를 따라 사는 사람은 빛이 있는 데로 나아간다. 요한 3:20, 21

상대방이 지위가 낮거나 높거나, 학자이거나 무식하거나 그 누구도 두려워하지 마라. 모든 사람을 존중한다면, 너는 모든 사람을 사랑해야만 하고 아무도 두려워해서는 안 된다. 채닝

살아가는 동안 네가 한 어떠한 선행이든 그 결과는 네가 진리를 벗어나자마자 없어지고 만다. 네 안에 살아 있고 너와 결합되어 있는 고상한 정신은 언제나 선행과 악행을 찾아내려고 한다.

미누

진리는 기다리고 관찰해야만 이해될 수가 있다. 그리고 네가 한 가지 진리를 얻으면 두 가지가 더 네 앞에 나타날 것이다.

러스킨

발전, 삶, 완성, 하느님의 나라, 분열_8월 24일

육체와 정신의 끊임없는 싸움은 결코 끝나지 않을 것이다. 이 싸움은 영원한 것이며 삶의 본질이다. 삶의 목적은 사랑하는 것, 사랑으로 모든 것에 침투하는 것이다. 그것은 악에서 선을 향하여 점진적으로 서서히 변화하는 것이며, 진정한 삶, 사랑으로 가득 찬 삶을 만들어내는 것이다. 톨스토이

사람들은 사랑 안에 결합됨으로써 이루어질 하느님의 나라를 향해 눈에 보이지는 않아도 끊임없이 전진하고 있다. 톨스토이

인간세계는 항상 완성을 향하여 전진하는 중이다. 그리고 이 완성 과정에 대한 이해는 인류의 가장 큰 기쁨 가운데 하나며, 이 기쁨은 누구나 얻을 수 있는 것이다. 톨스토이

모든 개인은 물론이고 인류 전체도 발전을 조금도 멈추지 않은 채 변화하여 더 높은 단계로 올라갈 것이다. 그리고 그들의 발전 한계는 하느님 자신이다. 라므네

천만에! 전능하신 하느님의 말씀은 우리가 전부 들은 것이 결코 아니다. 그리고 그분의 생각은 속속들이 완전히 이해된 것도 아니다. 그분은 창조하셨고 지금도 창조하시며 우리가 떠난 뒤에도 영원히 창조하실 것이다. 인간의 정신은 이것을 이해할 수 없다.

마치니

나는 이 세상에 불을 지르러 왔다. 내가 이 세상을 평화롭게 하려고 온 줄로 아느냐? 아니다. 사실은 분열을 일으키려고 왔다.

루가 12:49, 51

August 25

8월 25일_게으름, 노동, 일, 자연

네가 아무 일도 하지 않고 있다면 그것은 네가 나쁜 일들을 하고 있다는 뜻이다. ~톨스토이

노동은 물질적, 물리적 세계에서 존재의 조건이다. 로빈슨 크루소는 일을 하지 않았더라면 얼어 죽거나 굶어죽었을 것이다. 노동은 정신적 삶을 위해서도 필요한 조건이다. 그러나 이 사실은 육체를 위한 육체노동의 필요성과 마찬가지로 명백하다 해도 모든 사람이 분명히 이해할 수 있는 것은 아니다. ~톨스토이

아무 일도 하지 않는 사람들은 나쁜 일들을 하고 있다. 아무 일도 하지 않는 사람들은 동료와 지지자들이 많다. 게으른 사람의 머릿속은 악마가 즐겨 머무르는 장소다. ~톨스토이

너는 일이라면 가장 천하고 가장 더러운 일마저도 결코 부끄러워해서는 안 된다. 오히려 네가 부끄러워하지 않으면 안 되는 단 한 가지는 가장 더러운 도덕적 상태인 내 육체의 게으름, 즉 다른 사람들의 노동의 결과를 소비하는 필연적 결과다. ~톨스토이

일하기 싫어하는 사람은 먹지도 마라. ~데살로니카 후서 3:10

자연은 발전을 멈추지 않으며 모든 종류의 게으름을 처벌한다.

~괴테

겸손, 정의_8월 26일

정의는 정의를 위한 노력이 아니라 사랑으로 성취된다.

톨스토이

과녁을 맞히려면 너는 과녁보다 더 먼 곳을 겨냥해야만 성공할 것이다. 정의로운 사람이 되려면 너는 자기희생을 하고 너 자신을 부당하게 대해야 할 것이다. 톨스토이

아무도 자신의 모든 행동에서 완전히 정의로울 수는 없다. 그러나 진실한 사람이 오로지 진실만 말하려고 노력하는 면에서 거짓말쟁이와 다른 것과 마찬가지로 정의로운 사람도 그의 노력 때문에 불의한 사람과 완전히 다를 수 있다. 톨스토이

너는 완전히 정의로운 사람이 될 수는 없다. 너는 어떤 때는 정의에 못 미치고 어떤 때는 지나친다. 정의를 거슬러 죄를 짓지 않는 방법은 단 한 가지뿐이다. 그것은 언제나 상대방을 변화시키고 개선하고 더 좋은 상태로 올려주는 것이다. 톨스토이

삶의 법칙 가운데 참으로 귀중한 것은 단 한 가지뿐이다. 그것은 네가 항상 불의에 시달린다 해도 겸손한 자세를 유지하라고 하는 것이다. 아우렐리우스

8월 27일_자아, 권력, 명성, 미덕, 영혼, 행복

누구에게나 가장 좋고 가장 중요한 대상은 자신의 내면적 자아, 자신의 정신적 존재다. 톨스토이

모든 학문은 다 알아도 자기 자신은 모르는 사람은 가련하고 무식한 사람이다. 자신의 내면적, 정신적 자아 이외의 다른 것은 전혀 모르는 사람은 참된 지식을 얻은 사람이다. 톨스토이

사람은 자신의 모든 불행을 피할 안전한 장소를 언제나 가지고 있는데 그것은 그의 영혼이다. 톨스토이

네가 너 자신이 누구인지 깨달을 수만 있다면 너의 모든 걱정거리는 전혀 불필요하고 하찮은 것들로 보일 것이다. 톨스토이

권력에 대한 욕망을 느끼는 경우 너는 당분간 고독 속에 머물러 있어야 한다. H. D. 소로

명성에 이르는 길은 왕궁을 통과하고, 행복에 이르는 길은 시장을 통과하며, 미덕에 이르는 길은 사막을 통과한다. 중국의 지혜

그리스도교, 신앙_8월 28일

신앙은 다른 모든 것의 기반이다. 그것은 모든 지식의 뿌리다.

톨스토이

이 세상에는 두 가지 종류의 믿음이 있다. 하나는 다른 사람들이 말하는 것을 믿는 것, 즉 사람들에 대한 믿음이다. 또 하나는 하느님께 대한 믿음이다. 이 종류의 믿음은 변함이 없으며 모든 사람에게 필요한 것이다. 톨스토이

신앙은 영혼에게 필요한 특질이다. 너에게 잘 알려진 모든 것의 본질적인 무의미함을 느끼고, 너에게 미지의 것이긴 해도 중요한 것들의 무한한 가치를 느껴라. 톨스토이

뱃사람이 자기 주위의 다른 조짐들이 나침반의 방향과 반대된다 해도 나침반의 방향만 따르는 것과 마찬가지로, 너도 그리스도의 가르침에만 완전히 매달리고 다른 가르침들은 모두 버려라.

톨스토이

자기에게 신앙이 없다고 믿는 사람들은 착각하고 있다. 그들은 단순히 신앙이 무엇인지 모르거나, 그것을 원하지 않거나, 또는 표현할 수 없을 뿐이다. 톨스토이

8월 29일_영혼, 평등, 형제, 공동체

사람은 자신의 영혼 안에서 하느님을 이해한다면 자신과 세상의 모든 사람들의 연관성을 이해한다. 톨스토이

우리는 모두가 동일한 아버지의 자녀들이다. 그래서 우리 형제들을 사랑하지 않는 것은 부자연스러운 일이다. 톨스토이

사회에서 너의 지위가 아무리 높다고 해도 오만하지 마라. 네 안에, 내 안에, 그리고 다른 모든 사람 안에 동일한 신, 동일한 생명의 힘이 살아 있다. 너는 나를 경멸해야 아무 소용이 없다. 우리는 모두 평등한 존재다. 인도의 지혜

나는 위대한 생각에 가득 차 있다. 그것은 내 영혼의 위대성, 내 영혼과 하느님의 일치에 관한 생각이다. 나의 영혼은 하느님께 예속되어 그분과 일치하는 것이 아니라, 그분을 이해할 수 있는 능력, 그분을 통해서 영원히 존재할 수 있는 능력으로 일치한다.

아미엘

봉사, 종교, 이상, 죄, 형제_8월 30일

산꼭대기에 있는 사람들은 계곡에 있는 사람들보다 더 빨리 해가 뜨는 장면을 바라볼 수 있다. 정신적으로 높은 수준에 도달한 사람들의 경우도 이와 같다. 그들은 물질적 삶을 살아가는 사람들보다 더 빨리 하늘나라의 해가 뜨는 장면을 바라볼 수 있다. 그러나 해가 하늘 높이 떠서 모든 사람이 해를 바라볼 수 있는 때가 올 것이다. 톨스토이

해가 뜨면 별들이 사라지듯이 한층 더 높은 이상들이 우리 앞에 놓이면 거짓 이상들은 모두 사라지고 말 것이다. 톨스토이

하느님께서는 사람을 자기 형제들과 결합시키셨기 때문에 그의 삶은 형제들에게 봉사하는 경우에만 위대하다. 우리는 이 사실을 모든 사람이 깨달을 때가 오기를 바란다. E. 브라운

강력한 힘이 이 세상에서 작용하고 있다. 아무도 그것을 멈출 수 없다. 우리는 종교에 대한 새로운 이해, 사람들에 대한 새로운 존중, 형제애에 대한 새로운 느낌에서 이 강력한 힘의 징표들을 본다. 채닝

August 31

8월 31일_예술

비평가들의 칭찬을 받는 사이비 예술의 작품은 모두 "예술의 위선자들"이 우리 마음속에 침투하는 문이다. 톨스토이

오늘날 예술작품의 창작과 판매는 순전히 매춘행위다. 이 비교는 모든 세부사항에서 사실이다. 진정한 예술작품은 진정한 예술가마저도 창작해내는 경우가 매우 드물 뿐이다. 그것은 자궁 속의 태아처럼 진정한 예술가의 과거의 모든 삶이 성숙된 결실이다. 그러나 사이비 예술작품은 기술자가 시장의 요구에 따라 무성의하게 생산할 수 있는 것이다. 남편에게 충실한 아내처럼 진정한 예술작품은 지나친 치장이 불필요하다. 창녀처럼 사이비 예술작품은 치장하기를 요구한다. 진정한 예술작품은 산모가 아기를 출산해야만 하듯이, 진정한 예술가의 내면에 형성된 감정을 표현할 절실한 필요에서 나온다. 사이비 예술작품은 오로지 이익만 노린다. 진정한 예술작품은 산모가 새로운 사람을 이 세상에 들여보내듯이, 우리 삶에 새로운 감성을 불어넣어 준다. 사이비 예술작품은 사람들을 타락시킨다. 다시 말하면 사람들을 방탕하게 만들고 마음을 혼란시키며 정신력을 약화시킨다. 모든 사람은 이러한 사실을 알아야 한다. 그래야만 그들은 액면 그대로 매춘행위인, 이 더럽고 방탕한 종류의 사이비 예술작품의 지겨운 확산을 피할 수가 있는 것이다. 톨스토이

너는 너의 재능, 천부적 소질은 팔 수 없다. 그것을 팔면 너는 즉시 창녀가 된다. 너는 너의 노동력은 팔 수 있지만 너의 영혼은 팔 수 없다. 러스킨

SEPTEMBER

9월

재산을 모으려고 애쓰는 사람들이 재산을 얻음으로써 자기가 무엇을 잃는지 분명히 깨달을 수만 있다면, 그들은 재산을 얻으려고 지금 애쓰는 그만큼의 노력을 그 재산을 버리기 위해서 쏟을 것이다.

— 톨스토이

September 1

9월 1일_중독, 마약, 방탕, 사냥, 법, 술, 허영, 군대

술이나 담배에 중독되는 것은 범죄가 아니다. 그러나 그것은 범죄의 준비행위다. 톨스토이

전투가 벌어지고 있을 때 안전지대에서 한가롭게 서 있는 지원부대 군사들은 앞으로 닥쳐올 위험을 딴 데로 돌리기 위해서라면 어떠한 종류의 행동도 취할 것이다. 내가 보기에는 삶을 피하려고 하는 사람들은 이러한 군사들과 마찬가지로 행동한다. 다시 말하면 어떤 사람들은 허영에 들떠서 행동하고, 또 어떤 사람들은 카드놀이, 정치, 법률문제, 호색, 도박, 승마, 사냥, 포도주, 공무처리 등에 마음이 쏠려 있다. 톨스토이

사람들이 브랜디, 포도주, 담배, 마약의 중독에서 벗어난다면 그들의 삶에 얼마나 놀라운 변화가 일어날는지는 상상하기 어렵다.

톨스토이

어떤 종파에서는 종교예식이 끝난 뒤 불을 끄고는 광란의 술잔치를 벌인다고 한다. 우리 사회의 경우, 방탕한 삶을 계속하는 사람들은 마약, 술, 담배 등 중독성 있는 물질로 이성의 등불을 끈다.

톨스토이

어떤 사람들은 "당신이 술을 마시거나 담배를 피우는 것은 중요하지 않습니다."라고 말한다. 그런 행위가 너 자신을 해치고 너의 본보기로 다른 사람들도 해친다고 스스로 안다면, 그리고 그것이 중요하지 않다면, 왜 당장 끊지 않는가? 톨스토이

거짓 신앙, 목적, 진리, 성직자_9월 2일

우리가 언제나 명심해야만 하는 한 가지 철칙이 있다. 그것은 좋은 목적이 나쁜 수단을 통해서만 달성될 수 있다면, 그 목적은 결국 좋은 목적이 아니거나 그것을 아직 이룰 때가 되지 않았다고 본다. 톨스토이

사람들은 진리에 가까이 도달하면 할수록 다른 사람들의 잘못에 대해 더욱 관대해진다. 톨스토이

자신의 신앙의 정신적 기초를 믿지 않고 종교예식의 겉껍데기에 형식적으로 충실한 척하는 데 불과한 사람들은 다른 사람들에게 관대할 수가 없다. 톨스토이

참된 진리, 진정한 신앙은 세상의 지지도 외부적 멋진 치장도 필요치 않으며, 다른 사람들이 받아들이도록 강요될 필요도 없다. 하느님께서는 시간을 가지고 계신다. 그분에게는 수천 년이 1년처럼 지나간다. 폭력이나 무력으로 자신의 신앙을 전파할 필요성을 느끼는 사람들은 하느님을 믿지 않거나 자기 자신을 믿지 않는다 톨스토이

관대하지 못하고 권력에 굶주린 신부들과 목사들은 사람들이 종교를 부정하게 만든다. W. 워버턴

신앙이 없는 사람들은 조잡하고 유치한 이해를 통해서 믿는 신자들과 똑같이 관대하지 못할 수 있다. J. F. 뒤클로

September 3

9월 3일_이성, 하느님

하느님에 대한 개념이 너에게 분명하게 설명되지 않는다 해도 걱정하지 마라. 그것은 분명하게 설명되면 될수록 진리로부터, 그것의 기초로부터 더욱 먼 것이다. — 톨스토이

인간의 이성은 하느님을 이해할 수 없고 오로지 인간의 마음만이 그분을 느낄 수 있다. — 톨스토이

이성은 투명한 유리를 통해서 들어오는 불빛과 같다. 나는 그 빛을 본다. 그 빛이 어디서 오는 것인지 모른다 해도 나는 그것이 존재한다는 것을 안다. 우리는 하느님에 대해서도 똑같은 말을 할 수 있다. — 톨스토이

우리는 어린애가 자기를 안고 있는 어머니에 대해 품는 것과 똑같은 심정을 지닌 채 우리 자신이 하느님께 완전히 의지하고 있다는 사실을 깨달을 때에만 하느님의 존재를 이성으로 이해할 수 있다. 어린애는 누가 자기를 먹이는지, 따뜻하게 해주는지, 보살펴 주는지 모르지만 누군가 이러한 일을 해주는 사람이 존재한다는 것은 이해하고, 심지어 자기를 지탱해주는 그 힘을 사랑하기조차 한다.

— 톨스토이

하느님을 믿고 그분을 섬겨라. 그러나 그분의 존재를 이해하려고 노력하지 마라. 아무리 힘들여 애써도 실망과 피로 이외에는 아무것도 얻지 못할 것이다. 또한 그분께서 존재하는지 여부도 알아내려고 애쓰지 마라. 다만 마치 그분께서 존재하는 듯이, 모든 곳에 존재하시는 듯이 그분을 섬겨라. 그것 이외에는 아무 것도 필요하지 않다. — 필레몬

시작, 미덕, 완성_9월 4일

진정한 미덕은 한 순간에 얻을 수 있는 어떤 것이 아니라 끊임없는 노력을 통해서만 얻을 수 있는 것이다. 왜냐하면 진정한 미덕은 완성을 위해 끊임없이 노력하는 데 있기 때문이다.

톨스토이

신속하거나 주목할 만한 성공은 기대하지 않은 채 미덕을 갖추기 위해 노력하라. 너는 그 노력의 결과들을 보지 못할 것이다. 왜냐하면 네가 전진하면 할수록 네가 도달하려고 애쓰는 완성의 이상은 더욱 높이 올라갈 것이기 때문이다. 미덕을 갖추려는 노력, 그 과정 자체가 우리의 삶을 정당화한다. 톨스토이

왕의 목욕실에는 다음과 같은 말이 새겨져 있었다. "날마다 너 자신을 완전히 쇄신하라. 그리고 처음부터 새로 시작하라."

중국의 지혜

현명한 사람이 미덕에 이르는 길은 장거리 여행이나 높은 산을 오르는 것과도 같다. 먼 곳으로 가는 사람들은 첫 발걸음으로 시작하고 높은 산에 오르는 사람들은 밑에서부터 시작한다. 공자

쟁기를 잡고 자꾸 뒤를 돌아다보는 사람은 하느님 나라에 들어갈 자격이 없다. 루가 9:62

September 5

9월 5일_본보기, 용서, 학문, 형벌, 인디언

죄를 지은 사람들이 언젠가 다른 사람들을 형벌에 처할 권리를 받았다. 우리의 불행은 대부분이 여기서 시작되었다. 톨스토이

너는 다른 사람들을 좋은 본보기로 가르쳐야 한다. 나쁜 본보기로 가르친다면 너는 그들을 가르치는 것이 아니라 망치는 것이다.

톨스토이

네가 어떤 사람이 너에게 잘못을 저지른다고 생각한다면 그를 용서하라. 잘못한 사람을 네가 한 번도 용서해준 적이 없다면 새로운 기쁨, 즉 용서의 기쁨을 체험할 것이다. 톨스토이

형벌은 언제나 잔인하고 언제나 고통스럽다. 톨스토이

우리가 "학문"의 이름으로 무가치한 것들, 때로는 해로운 것들마저도 추구한다는 것을 입증하는 가장 강력한 증거는 형벌에 관한 학문의 존재다. 형벌 그 자체는 인간에게 알려진 가장 무지하고 해로운 종류의 행동 가운데 하나이고, 어린애나 미치광이의 수준보다 더 낮은 단계, 즉 인간의 발전단계 중에 가장 낮은 단계의 흔적이다. 톨스토이

아메리카 인디언들은 법률도 형벌도 정부도 없었다. 그들은 모든 인간 본성의 일부인 선악에 대한 도덕적 이해를 따랐다. 제퍼슨

일곱 번뿐 아니라 일곱 번씩 일흔 번이라도 용서하라.

마태오 18:22

어리석음, 재산, 즐거움_9월 6일

삶을 한층 더 안락하게 만들려고 하는 우리의 행동들은 적을 보지 않으려고 자기 머리를 숨기는 타조를 상기시킨다. 우리는 타조보다 더 어리석게 행동한다. 미래의 의심스러운 어떤 것을 성취하기 위해 우리는 분명하게 주어진 현재의 시간에 우리 삶을 분명히 망치고 있다. 톨스토이

오늘날 사람들은 세상의 모든 어리석은 일과 잔인한 일, 즉 극소수가 독점한 막대한 재산, 대다수 사람의 극심한 가난, 폭력과 전쟁 등이 자신의 생활영역 밖에서 일어나는 현상이고 자기 자신과 자기의 생활양식을 간섭하지 않는다고 믿으려고 하는데, 이것은 어리석은 짓이다. 톨스토이

그릇된 생각은 대부분의 사람들이 그렇게 생각한다고 해도 여전히 그릇된 생각으로 남는다. 톨스토이

사람들은 즐거움을 찾아서 이리저리 뛰어 다니는데 그 이유는 단 한 가지다. 그것은 그들이 새로운 오락이 발휘하는 매력의 공허함보다는 자기 삶의 공허함을 한층 더 분명하게 보기 때문이다.

파스칼

September 7

9월 7일_삶, 죽음, 현재, 과거, 미래

미래는 실제로 존재하지 않는다. 그것은 우리가 현재 만들어내는 것이다. ~톨스토이

삶이 좋은 것이라면, 삶의 필요한 일부인 죽음도 또한 좋은 것이다. ~톨스토이

진정한 삶은 오로지 현재 안에만 존재한다. 미래는 의미가 없다. ~톨스토이

진정한 삶의 목적은 영원히 존재하는, 하느님의 법을 지키는 것이다. 그 법은 항상 존재했고 지금도 존재하며 앞으로도 항상 존재할 것이다. ~톨스토이

너는 미래 또는 과거 안에 들어가자마자 하느님을 떠나며, 외롭고 버림받고 예속되어 있다고 느낀다. ~톨스토이

사람이 사기 삶의 실게지리고 느끼기 위한 조건이 있다. 그는 자신의 모든 노력과 모든 지능을 현재의 순간에 집중할 때 그렇게 느낀다. ~톨스토이

언젠가, 어디선가, 매우 먼 곳에서, 미래의 어느 시기에 일어날 일에 대해 걱정하지 마라. 지금, 여기서, 이 장소에서 일어나는 일을 생각하고 그곳에서 주의를 집중하라. ~러스킨

어린 아이_9월 8일

어린 시절보다 더 좋은 기간이 있겠는가? 순진한 기쁨과 사랑의 갈망보다 더 나은 미덕이 있겠는가? 이러한 것들은 생명이 가장 순수하게 드러난 상태다. 너는 모든 사람을 존중해야 하지만, 무엇보다도 어린 아이를 가장 존중해야 하며 그의 영혼의 순진한 순수성을 파괴해서는 안 된다. 톨스토이

하늘과 땅의 주인이신 아버지, 안다는 사람들과 똑똑하다는 사람들에게 이 모든 것을 감추시고 오히려 철부지 어린아이들에게 나타내 보이시니 감사합니다. 마태오 11:25

새로 태어나는 아이들이 없다면 이 세상은 참으로 무서운 장소가 될 것이다. 그들은 순진함, 그리고 인간이 좀 더 완성될 수 있다는 희망을 이 세상에 가져다준다. 러스킨

어린 시절은 잔인한 행위로 가득 찬 삶에 낙원의 일부를 가져다주기 때문에 하늘의 축복을 받는다. 날마다 태어나는 무수한 아이들은 인류의 소멸, 우리의 타락한 본성, 우리가 죄에 완전히 빠져버린 상태를 거슬러서 싸우는 순진함과 순수함을 새롭게 추가해주는 존재들이다. 아미엘

September 9

9월 9일_과학, 지식, 학문

우리의 지식이 아무리 많다고 해도 그것은 우리 삶의 주요 목적, 즉 도덕적 완성을 이루도록 우리를 도울 수는 없다. 톨스토이

우리가 현재 학문의 이름으로 받아들이는 지식은 사람들의 삶의 개선을 돕기보다는 오히려 방해한다. 톨스토이

천문학, 기계학, 물리학, 화학, 그 외의 다른 모든 학문은 각각, 그리고 총체적으로 삶의 특수한 일면을 연구하지만 인류의 정신적 삶에 관해서는 어떠한 결론도 내리지 않는다. 톨스토이

과학은 태양의 흑점들에 관한 이론을 설명할 때가 아니라 우리 자신의 삶의 법칙들, 그리고 그 법칙들을 위반한 결과에 관해 이해하고 설명할 때 그 목적을 달성한다. 러스킨

September 10

선행, 신앙, 양심, 영혼, 육체, 친절_9월 10일

네 양심의 소리는 너의 모든 소망들의 잡음 가운데에서 식별할 수 있다. 왜냐하면 그것은 무익한 듯 보이고 어리석게 보이고 이해할 수 없다고 보이는 어떤 것을 항상 바라지만, 동시에 노력을 통해서만 얻을 수 있는, 실제로는 아름답고 선한 어떤 것을 바라기 때문이다. 톨스토이

양심의 소리는 잘못하는 경우가 없다. 그것은 동물적 자아의 욕망을 충족시키는 일이 아니라 그러한 욕망의 거부 또는 희생을 바란다. 톨스토이

자기가 어디로 가고 있는지(요한복음 3:8) 또는 하느님께 자기가 무엇을 받았는지(요한 3:34) 모르는 그리스도교 신자는 자기 삶의 진정한 목적을 모른다. F. 스트라코프

우리의 이기심이 줄어들면 근심이 사라지고, 좋은 정신적 기질들과 깨끗한 양심을 항상 우리에게 제공해주는 조용하고 확고한 기쁨이 온다. 모든 선행은 우리가 이러한 기쁨을 느끼도록 돕는다. 이기주의자는 고독감을 느끼고 자신이 험악하고 생소한 처지에 놓여 있다고 느끼며, 그의 모든 욕망은 바로 걱정거리가 된다. 친절한 사람은 전체의 이익이 곧 자기 자신의 이익이 되는 인정이 풍부한 여건에서 산다. 쇼펜하우어

오로지 자기 육체만 염려하면서 사는 사람은 동물적, 감각적 삶의 미로에서 길을 잃을지도 모른다. 한편 그의 영혼은 항상 진리를 찾고 있으며 길을 발견할 것이다. 맬러리

September 11

9월 11일_구원, 신앙

너에게 신앙이 없다는 사실을 안다면, 사람이 세상에서 처할 수 있는 가장 위험한 처지 가운데 하나에 네가 처해 있다는 사실도 알아야만 한다. 톨스토이

진정한 신앙이 사람들을 끌어당기는 이유는 그것이 신자들에게 이익을 약속하기 때문이 아니라, 우리 삶의 모든 문제, 걱정거리, 불행에서 벗어날 뿐만 아니라 죽음에 대한 공포에서도 벗어나는 유일한 탈출로이기 때문이다. 톨스토이

네가 목숨을 바치려고 각오할 어떤 대상이 없다면 그것은 불행한 일이다. 톨스토이

사람들을 괴롭히는 불행들의 원인을 생각해 보라. 피상적인 원인을 떠나 근본적인 원인을 캐어보라. 그러면 너는 사람들이 번민하는 어떠한 문제든, 모든 문제의 가장 근본적이고 가장 중요한 원인은 세상과 세상의 기원에 대한 그릇된 태도에서 나오는 나약한 신앙이라는 사실을 불가피하게 발견할 것이다. 톨스토이

구원은 종교예식에도 특정한 신앙에도 달려 있지 않고 너의 삶의 의미를 명확히 이해하는 데 달려 있다. 톨스토이

악마, 신, 가난, 사치, 재산_9월 12일

너는 신과 악마를 모두 섬길 수는 없다. 너의 재산을 불리는 일에만 몰두하는 것은 진정한 정신적 삶이 요구하는 것과 전혀 상관이 없다. 톨스토이

내가 보기에는 재산이 행복을 가져다준다는 낡은 편견이 불신을 받기 시작한 듯하다. 톨스토이

가난은 두려워하지 말고 부유함은 경계하라. 톨스토이

재산을 모으려고 애쓰는 사람들이 재산을 얻음으로써 자기가 무엇을 잃는지 분명히 깨달을 수만 있다면, 그들은 재산을 얻으려고 지금 애쓰는 그만큼의 노력을 그 재산을 버리기 위해서 쏟을 것이다. 톨스토이

막대한 재산에 대한 사랑은 너에게 "네 영혼을 제물로 바쳐라."고 명령한다. 그리고 사람들은 자기 영혼을 제물로 바칠 것이다.

요한 크리소스토무스

지나치게 사치스러운 옷은 몸을 자유롭게 움직이지 못하게 방해한다. 지나치게 많은 재산은 우리 영혼의 움직임을 방해한다.

데모스테네스

재산에 대한 욕망은 결코 채워질 수가 없다. 이미 막대한 재산을 가지고 있는 사람들은 한층 더 많이 가지고 싶은 욕망에 자극을 받고, 더 많이 얻은 뒤에도 여전히 그러하다. 키케로

September 13

9월 13일_불화, 욕망, 운명, 주위여건, 침묵, 현명함

사람은 다른 사람들과 불화할수록, 주위환경에 대해 불만을 품을수록, 그리고 자기 자신에 대해 만족할수록, 그는 지혜로부터 더욱 멀어진다. ~톨스토이

현명한 사람은 자신이 처한 여건을 변경시키고 싶어 하지 않는다. 왜냐하면 하느님의 법, 즉 사랑의 법을 모든 여건에서 지키기는 불가능하다고 알기 때문이다. ~톨스토이

내면적 침묵, 네 입술과 마음의 완전한 침묵을 네 안에 마련하도록 노력하라. 그러면 너는 하느님께서 우리에게 어떻게 말씀하시는지 알고 그분의 목소리를 들을 것이며, 그분의 뜻을 어떻게 실현해야 할는지도 알게 될 것이다. ~톨스토이

현명한 사람은 모든 것을 자기 자신 안에서 찾고 미치광이는 모든 것을 다른 사람들 안에서 찾는다. ~공자

나는 나의 운명을 결코 한탄하지 않는다. 나는 신발이 없을 때 하느님께 불평했다. 침울한 심정으로 공회당에 갔더니 거기서 두 다리가 없는 사람을 보았다. 그래서 나는 그분께서 나에게 두 다리를 주셨고 나의 문제란 신발이 없다는 것뿐인 데 대해 감사를 드렸다. ~사아디

현명한 사람은 탐구하지 않고도 어떻게 행동해야 좋을지 선천적으로 안다. 왜냐하면 그는 자기 안에 신성한 것을 지니고 있기 때문이다. 탐구하면 할수록, 찾을면 찾을수록 너는 더욱 적게 안다.

~노자

권력, 삶, 여론, 폭력, 굴복_9월 14일

모든 폭력은 사랑과 상반된다. 어떠한 폭력에도 가담하지 마라.

톨스토이

폭력은 해로운 것이다. 그것은 대개 재산을 배경으로 삼고 있다. 따라서 구역질을 일으켜야 할 것들에 대해서도 어느 정도 존경심을 일으키기 때문이다. 톨스토이

권력을 쥔 사람들은 오로지 폭력만이 백성을 이끈다고 확신한다. 따라서 기존질서를 유지하기 위해 폭력을 사용한다. 그러나 기존질서란 폭력이 아니라 여론에 그 기초를 두고 있는 것이다.

톨스토이

사람은 다른 사람들을 굴복시키거나 다른 사람들의 명령에 복종하기 위해 태어나지는 않았다. 사람들은 이 두 가지 방식 때문에 타락한다. 그들은 전자는 지나치게 중요시하고 후자는 지나치게 경시한다. 두 가지 모두 위엄이 거의 없다. V. 콩시데랑

우리의 삶은 그 안에 있는 구역질나는 것들을 우리가 모두 볼 수만 있다면 대단히 멋진 것이 될 것이다. H. D. 소로

폭력으로 다른 사람들을 굴복시키는 것은 결코 정의가 아니다.

파스칼

폭력에 의지하는 사람은 사악하게 행동하는 것이다. 멋진 연설을 하는 사람이 현명한 것이 아니라 증오와 두려움에서 벗어난 사람만이 참으로 현명하다. 불교의 지혜

September 15

9월 15일_거짓말, 그릇된 생각, 발전, 진리

거짓말의 폭로는 명백하게 표현된 진리와 똑같이 공동체에게 유익하다. 톨스토이

진리를 이해하는 데 가장 큰 장애물은 진리처럼 위장된 거짓말들이다. 톨스토이

인류의 발전은 우리에게 감추어진 장애물들을 드러내는 데 있다.

톨스토이

실생활에서는 허위가 우리의 삶을 잠시 변화시키는 데 불과하다. 그러나 사상과 이성의 영역에서는 그릇된 사상들이 수천 년 동안 진리로 받아들여지거나, 온 세상 사람들을 웃음거리로 만들거나, 인류의 고귀한 소망들을 침묵시키거나 사람들을 노예로 만들고 그들에게 거짓말을 할 수 있다. 이 그릇된 생각들은 인류 역사상 가장 현명한 사람들이 없애려고 노력하는 적들이다. 진리의 힘은 막강하지만 그것의 승리는 얻기가 어렵다. 그러나 네가 이 승리를 일단 얻으면, 결코 빼앗길 수 없다. 쇼펜하우어

사람이 그릇된 생각, 사이비 진리, 거짓말로부터 벗어나게 하는 것은 그에게서 아무 것도 빼앗지 않고 오히려 그에게 중요한 어떤 것을 준다. 쇼펜하우어

의심, 불신, 죽음_9월 16일

의심은 진리를 무너뜨리지 않고 강화시킨다. 톨스토이

너는 삶의 정신적 차원을 더 이상 믿지 않을 때를 만날 것이다. 이러한 시기를 너의 신앙의 발전 과정에서 일어나는 현상이라고 여겨라. 삶의 정신적 본질을 이해하는 사람은, 대개 단기간에 그치기는 하지만, 일정한 시기에 죽음에 대해 여전히 두려워할 것이다. 이것은 네가 극장에서 연극의 장면을 관람할 때 자기가 연극을 관람한다는 사실을 잊은 채 네가 보는 것을 마치 현실의 일인 듯이 착각하여 두려워하는 것과 같다. 실생활에서도 이와 마찬가지다. 스스로 착각에 빠질 때에는 신앙인이 물질적 삶에서 일어나는 일이 자신의 정신적 삶을 방해할 수 없다는 사실을 잊어버리는 것이다. 낙담하는 이러한 시기에 너는 자기 자신을 마치 환자처럼 다루어야만 한다. 톨스토이

믿기를 망설이는 사람은 하느님으로부터 멀리 떨어져 있지 않다. 하느님께서 존재하신다거나 또는 존재하지 않으신다고 하는 다른 사람의 말을 주저하지 않고 믿는 사람은 하느님으로부터 멀리 떨어져 있다. 톨스토이

불신이란 사람이 어떤 것을 믿거나 믿지 않거나 할 때의 상태가 아니다. 그것은 그가 자기가 믿지 않는 것들을 예언할 때의 상태다. 마르티노

현명한 사람은 그가 가장 확실하게 믿을 때에도 의심한다. 진정한 진리에는 항상 의심이 따른다. 나는 망설일 수가 없었더라면 믿을 수도 없었을 것이다. H. D. 소로

September 17

9월 17일_불의, 토지

다른 어떠한 불의와 마찬가지로, 넓은 토지를 사유물로 소유하는 불의는 그것을 보호하기 위해 사용되는 다른 수많은 불의와 필연적으로 연결되어 있다. 톨스토이

넓은 토지를 개인이 소유하는 것은 다른 사람들을 물건처럼 소유하는 것과 똑같이 불의하다. 톨스토이

너는 토지소유에 관한 기존법률들이 합법적이라고 말할 수 없다. 폭력, 범죄, 권력은 기존법률들에서 나오는 것이다. H. 스펜서

토지의 개인적 소유는 사람들 사이의 자연적 관계에서 나온 것이 아니라 강탈을 통해서 이루어진 것이다. H. 조지

삶, 양심, 영혼, 완성, 정신, 신성한 불꽃_9월 18일

삶의 본질은 너의 육체가 아니라 너의 양심에 있다. 톨스토이

너의 정신적 측면이 너의 물질적 측면을 인도하도록 하고, 그와 반대가 되게 하지는 마라. 사람은 자신의 현재 상태를 개선하기 위해서는 물질적 완성이 아니라 정신적 완성을 위해 노력해야 한다. 톨스토이

신성한 불꽃은 우리 모두의 내면에 살아 있고 그 원천을 향해 다가가려고 영원히 애쓰고 있다. 세네카

네가 주위의 모든 것이 일시적이라고 본다면 비로소 영원한 다른 것들을 깨달을 것이다. 불교의 지혜의 책 담마파다

너는 영혼을 볼 수 없지만 영혼은 사물의 본질을 볼 수 있다.

탈무드

나는 정신이 사람의 일부분이지만 독자적으로 존재하며 우리가 삶을 이해하도록 해주는 것이라고 말한다. 아우렐리우스

September 19

9월 19일_거짓말, 선행, 신앙, 편견, 헌신, 하인

사람이 하느님을 섬기지 않으면 안 된다는 깨달음보다 사람들의 삶을 한층 더 개선하고 그들의 짐을 더욱 가볍게 해주는 것도 없다. 톨스토이

악행에 대해 선행으로 갚아라. 우리는 자기에게 돌을 던지는 사람들에게 열매를 주는 나무들처럼 되어야 한다. 톨스토이

너는 자기 자신을 주인이 아니라 하인으로서 받아들여라. 그러면 너의 모든 악감정, 근심, 경각심, 불안, 불만이 고요하고 평온한 경지로 변할 것이다. 그리고 너의 내면은 너의 목적에 관한 명백한 전망으로, 엄청난 기쁨으로 가득 찰 것이다. 톨스토이

신앙을 거부하거나 소홀히 하는 것은 중대한 잘못이지만 편견과 거짓말은 그보다 훨씬 더 중대한 잘못이다. 플루타르코스

인생은 짧다. 우리 삶에서 가장 중요한 것, 즉 다른 사람들을 위해서 사는 것과 그들을 위해 선행을 하는 것을 결코 잊지 마라.

아우렐리우스

사람의 아들도 섬김을 받으러 온 것이 아니라 섬기러 왔고 많은 사람을 위하여 목숨을 바쳐 몸값을 치르러 온 것이다.

마태오 20:28

노력, 선행, 악행, 지식, 진리_9월 20일

모든 선행은 노력을 통해서만 이루어질 수 있다. 톨스토이

게으름을 피우던 시기가 지나 힘든 육체노동을 할 때 사람은 고통스럽다고 비명을 지른다. 정신적 개선을 위한 힘든 노력을 잠시라도 쉰다면 이와 똑같은 고통을 초래한다. 톨스토이

악행은 하기 쉽고 선행은 노동과 노력을 통해서만 이루어진다.

불교의 지혜의 책 담마파다

좁은 문으로 들어가라. 멸망에 이르는 문은 크고 또 그 길이 넓어서 그리로 가는 사람이 많지만 생명에 이르는 문은 좁고 또 그 길이 험해서 그리로 찾아 드는 사람이 적다. 마태오 7:13, 14

진정한 지식에 이르는 길은 꽃으로 덮인 부드러운 풀밭을 통과하지 않는다. 진정한 지식을 발견하기 위해서는 가파른 산들을 올라야 한다. 러스킨

진리를 찾아라. 진리는 발견되기를 바란다. 파스칼

September 21

9월 21일_생각, 악행, 자유, 헌신

자유에서 가장 중요하고 필요한 표현은 너의 생각에 특정한 방향을 제시해주는 것이다. ― 톨스토이

하느님을 섬길는지, 아니면 우리 자신을 섬길는지에 관한 우리의 선택을 제외하고는 모든 것이 하늘의 권한에 달려 있다.

― 톨스토이

너의 생각들을 정화하기 위해 힘써라. 나쁜 생각이 없다면 너는 악행을 할 수 없을 것이다. ― 공자

우리는 머리 위로 새가 날아가지 못하게 막을 수는 없지만 우리 머리 위에 둥지를 틀지 못하게 막을 수는 있다. 이와 같이 나쁜 생각들이 때로는 우리 머릿속에 떠오르지만, 우리는 그것들을 그대로 내버려두고 스스로 둥지를 틀어 악행들을 낳도록 할는지 여부는 선택할 수 있다. ― 루터

악행을 저지르는 것뿐만 아니라 악행에 관해 생각하는 것마저도 죄다. ― 조로아스터

삶, 영원, 영혼, 죽음_9월 22일

영원함에 대한 우리의 이해는 우리 안에 살아계시는 하느님의 목소리다. 톨스토이

영원함의 존재에 대한 믿음은 우리 인간만이 지니는 특성이다.

톨스토이

죽음이란 내가 생전에 나의 세계를 보는 수단인 육체적 기관들의 파괴, 이 세상을 내가 보는 수단인 안경의 파괴다. 이 안경의 파괴는 눈 자체의 파괴를 의미하지 않는다. 톨스토이

영혼은 육체를 주택이 아니라 천막, 즉 임시거처로 삼아서 그 안에 산다. 인도의 지혜

누가 나를 이 세상에 데리고 왔는가? 누구의 명령에 따라서 나는 바로 이 자리에, 이 특정한 시간에 존재하는가? 인생이란 우리가 이 세상을 방문해서 보내는 매우 짧은 시간에 대한 기억이다.

파스칼

유한한 생명의 인간은 오래 살 수 없다. 우리에게 주어진 시간은 극히 짧다. 그러나 우리의 영혼은 늙지 않는다. 영혼은 영원한 것들을 믿고 영원히 살 것이다. 토리클리디스

September 23

9월 23일_무지, 지식, 학자

인류가 축적한 지식은 우리의 과거의 무지에 비해서 아무리 많은 것처럼 나에게 보인다 해도 가능한 모든 지식의 무한히 작은 일부분에 불과하다. 톨스토이

필요 이상으로 많이 아는 것보다는 필요한 것보다 적게 아는 것이 더 낫다. 지식의 부족을 두려워하지 마라. 오히려 허영심의 만족만을 위해 얻는 불필요한 지식을 두려워하라. 톨스토이

소크라테스에게는 수많은 학자들의 약점이 없었다. 그들의 약점이란 대상으로 삼을 수 있는 모든 것에 대해 알려는 욕망, 궤변철학자들이 "사물들의 본성"이라고 부르는 것, 즉 사물들의 기원과 설명을 배우려는 욕망, 천체들의 기원을 알아내려는 욕망이었다. 소크라테스는 이렇게 말했다. "사람들이 지상의 이 모든 것들에 관해서 그토록 관심을 가지고 있다는 것이 사실인가? 모든 것을 알아야만 한다고 생각한다면 그것은 그들이 잘못 생각하는 것이다. 그들은 지식의 가장 필요하고 가장 중요한 분야들은 경멸하고 우리에게 속하지 않는 불가사의들은 파헤칠 수 있다고 생각한다." 크세노폰

지식은 한이 없다. 그래서 가장 학식이 풍부하고 최고의 교육을 받은 사람도 무식한 농부와 똑같이 진정한 지식에서는 멀리 떨어져 있다. 러스킨

소경이 눈을 뜨기 전까지는 암흑을 상상할 수 없는 것과 마찬가지로 우리도 우리의 무지의 범위는 상상할 수 없다. 칸트

육식_9월 24일

육식을 정당화하는 어떤 진지한 주장이 있다면 육식을 할 수 있을 것이다. 그러나 그러한 주장은 없다. 육식은 전혀 정당화되지 않은 채 존재하는 나쁜 일에 불과하다. 톨스토이

육식이 우리의 관습과 전통의 일부라고 맹목적으로 받아들여진 것이 아니라면, 지각 있는 사람이 어떻게, 지구가 식물을 통해 이토록 수많은 다른 좋은 식품을 공급한다는 사실에도 불구하고, 우리는 식생활을 위해서 이토록 엄청난 숫자의 동물들을 죽여야만 한다는 생각을 하겠는가? 톨스토이

어느 한편에는 육류 이외에 다른 식품은 구할 수가 없는 처지의 사람들이 있고, 또다른 한편에는 야채와 우유가 풍부한 나라에 살고 있으면서 육식을 반대하도록 교육을 받은 현재의 교양인들이 있다. 이들 양자 사이의 차이는 매우 심하다. 교육을 받은 사람은 잘못된 생활방식이라고 스스로 알고 있기에 이를 계속한다면 중대한 죄를 짓는 것이다. 톨스토이

어떠한 성질의 생존경쟁 또는 어떠한 종류의 광증이 동물들을 잡아먹기 위해 네 손으로 피를 흘리도록 너를 강요하는가? 네가 삶의 모든 안락함을 누린다면 왜 이런 짓을 하는가? 플루타르코스

September 25

9월 25일_게으름, 과식, 일, 오락

노동은 미덕이 아니라 미덕을 실천하는 삶의 필요한 조건이다.

톨스토이

짜증을 내면서 허겁지겁 해치우는 일은 다른 사람들의 비판적인 눈길을 끈다. 참으로 가치 있는 일은 언제나 조용하고 지속적이며 남의 눈에 띄지 않는 것이다. 톨스토이

아무 일도 하지 않는 사람이 한 명 있을 때마다 지나치게 일을 많이 하는 다른 사람이 반드시 있다. 지나치게 많이 먹는 사람이 한 명 있을 때마다 굶주리는 다른 사람이 어딘가 반드시 있다.

톨스토이

일 때문에 바쁜 척하는 게으른 사람들의 활동의 대부분은 오락에 불과하다. 그것은 다른 사람들에게 짐을 추가할 뿐이다. 사치스러운 모든 오락에 대해서도 똑같이 말할 수 있다. 톨스토이

열심히 일하는 사람이 되는 것만으로는 충분치 않다. 너는 무엇을 이루려고 일하는지에 대해 생각하라. H. D. 소로

도덕, 이성_9월 26일

진정한 지혜와 진정한 신앙은 동일한 도덕 법칙 안에서 분명히 드러나 있다. 톨스토이

도덕적인 법칙은 너무나도 분명하기 때문에 그것을 모르는 사람들마저도 위반에 대해 변명할 구실이 전혀 없다. 그들이 의지할 것이라고는 단 한 가지, 즉 자신의 이성을 배척하는 것뿐이다.

톨스토이

온 세상은 한 가지 법칙의 지배를 받고 생각하는 모든 존재는 동일한 기본적 이성을 지닌다. 그러므로 현명한 사람들은 모두 완전함에 관한 동일한 생각을 지닌다. 아우렐리우스

내가 두 가지 것에 시간을 많이 바치면 바칠수록 그것들은 나의 삶을 항상 증가하는 즐거움으로 더욱 가득 채워준다. 하나는 나의 머리 위에 있는 하늘이고 또 하나는 내 안에 있는 도덕적인 법칙이다. 칸트

너희는 남에게서 바라는 대로 해주어라. 이것이 율법과 예언서의 정신이다. 마태오 7:12

September 27

9월 27일_논쟁, 비난, 진리, 근시안

진리는 토론을 통해서 얻어진다. 그러나 좀 더 현명한 사람은 논쟁을 하지 않는다. 톨스토이

비난은 어떤 사람들이 좋아하는 오락이며 그들은 그것을 자제할 수 없다. 이러한 비난이 초래하는 모든 피해를 볼 때 너는 사람들이 이러한 짓을 못하게 막지 않는 것이 죄라는 사실을 알게 된다.

톨스토이

너는 남을 비난하기 시작하는 순간 그 비난을 그만 두어라. 다른 사람에 관한 좋지 않은 이야기는 하지 않도록 명심하라. 심지어 그것이 사실이고 네가 아는 경우라 해도 그 이야기를 하지 마라. 특히 네가 그것이 사실인지에 대해서는 자신이 없고 남에게 들은 소문을 반복하는 데 불과한 경우에는 더욱 그 이야기를 해서는 안 된다. 톨스토이

나를 비난하고 싶다면 너는 나와 함께 있어서는 안 된다. 너는 내 안에 있어야만 한다. A. 미키에비치

우리의 가장 큰 결함은 우리의 내면적 시야에 들어 있다. 우리는 너무나 심한 근시안이기 때문에 다른 사람들에게서 나쁜 것을 보지 못하고 우리 자신에게서도 나쁜 것을 발견하지 못한다.

E. 브라운

이성, 행동_9월 28일

대부분의 사람들은 심사숙고한 결과에 따라서 또는 자신이 느끼는 바에 따라서 행동하는 것이 아니라, 마치 최면술에라도 걸린 듯이 어떤 행동양식들을 무의미하게 반복할 따름이다.

톨스토이

나의 영혼 안에서 들리는 많은 목소리들 가운데 내 영혼의 참된 목소리를 식별할 수만 있다면 나는 결코 잘못을 하지 않고 악행도 저지르지 않을 것이다. 이것이 바로 너 자신을 알아야 할 필요가 있는 이유이다. 톨스토이

네가 내면적 욕구 때문이 아니라 어떤 외부적 영향 때문에 행동한다고 스스로 깨닫는다면, 즉시 행동을 멈추고, 너의 행동의 동기가 좋은 것인지 나쁜 것인지 생각해 보라. 톨스토이

너는 삶에 있어서도, 너 자신에 대한 교육에 있어서도 너 자신의 이성을 과감하게 사용해야 한다. 칸트

9월 29일_전쟁, 군대

전쟁의 모든 피해와 참혹한 일들보다 더 나쁜 것은 전쟁이 초래하는 정신의 타락이다. 군대는 존재하고 전쟁의 대가도 존재한다. 그래서 사람들은 존재하는 것들에 대해 설명하려고 애쓴다. 전쟁은 이성으로 설명할 수 없다. 따라서 사람들은 그것을 정당화하기 위해 정신을 타락시킨다. 톨스토이

전쟁도 군대의 존재도 정당화하려고 애쓰지 마라. 사악한 것들을 설명하기 위해 네가 논리적 사고를 적용한다면, 그러한 노력은 너의 이성을 마비시키고 네 마음을 악하게 만들 따름이다.

톨스토이

우리가 서로 마주보는 강변에 각각 살고 있고 우리의 왕들이 서로 다툰다는 이유 때문에 나를 죽일 권리가 있다고 주장하는 사람보다 더 모순된 것이 있는가? 파스칼

사람들이 전쟁의 어리석음을 이해할 때가 올 것이다. C. 리치

유럽 국가들은 약 400만 명의 군대를 가지고 있다. 이 국가들의 예산의 3분의 2는 군사비로 쓰인다. 몰리나리

고독, 육체, 하느님_9월 30일

이 삶에서 모든 것과 격리된 일시적 은둔, 신성한 것들에 관한 너의 내면적 심사숙고는 너의 육체를 위해 필요한 음식과 똑같이 너의 영혼을 위해 필요한 음식이다. 톨스토이

사람은 고독하면 할수록 하느님의 목소리를 더욱 분명하게 들을 수 있다. 톨스토이

너의 좋은 의도들을 이루기 위한 의지는 네가 그것들을 주장하는지 여부에 달려 있다. 너는 젊었을 때 주장하던 일들을 마치 네가 화단에서 꺾어 내버려서 땅에 놓인 채 쓰레기로 변한 꽃들인 듯이 기억하고 있다. 톨스토이

삶의 가장 중요한 문제들을 우리는 항상 홀로 직면한다. 우리의 내면 깊이 고인 생각들은 다른 사람들이 이해할 수 없다. 우리 영혼의 깊은 곳에서 진행되는 연극의 대부분은 독백이거나, 좀 더 정확하게 말하자면, 하느님과 우리 양심과 우리 자신 사이의 매우 진지한 대화다. 아미엘

Seine Liebe nicht ab[illegible]
[illegible] Strauß [illegible]
[illegible]
[illegible] ist doch in Herz geboren!!
Der [illegible] was klingt drein [illegible]
[illegible]!! Ein kleines Menschenkind
der Welt erblickt zu seinen Eltern [illegible]
Seligkeit. Wirklich Glück u. [illegible]
Der [illegible] Lieder
bin ungebildet [illegible]
[illegible] mitkommen wenn der
[illegible] zur Begleitung zu [illegible]
[illegible] Weltenbürgers dem ich [illegible]
das Leben ihm [illegible] hat sie.
[illegible] heiteren Gemüt [illegible]
die Güte u. [illegible]
[illegible] das [illegible]
[illegible] mitnehmen für seine Reise.
[illegible]

OCTOBER

10월

사람들은 세 가지 유형이 있다. 첫째는 아무것도 믿지 않는 사람들이다. 둘째는 어려서부터 믿도록 배운 그러한 가르침만을 믿는 사람들이다. 셋째는 자기 마음으로 이해하는 것을 믿는 사람들이다. 세 번째 유형의 사람들이 가장 현명하고 가장 확고하다.

톨스토이

October 1

10월 1일_공부, 무지, 지혜, 현명함

현명한 사람은 지식의 부족을 두려워하지 않는다. 망설임도 힘든 일도 두려워하지 않는다. 그러나 그는 단 한 가지, 즉 자기가 모르는 것을 아는 척하는 행위만은 두려워한다. 톨스토이

진정한 지혜는 무엇이 좋은 일이고 무슨 일을 해야만 하는지 아는 데서 오지 않는다. 그것은 무엇이 더 좋은 일이고 무엇이 더 나쁜 일인지, 따라서 무슨 일을 먼저 하고 무슨 일을 나중에 해야만 하는지 아는 데서 온다. 톨스토이

현명한 사람이 되려면 좋은 생각과 행동, 그리고 나쁜 생각과 행동을 모두 연구해야 되지만, 나쁜 것부터 먼저 연구해야만 한다. 너는 무엇이 현명하지 않은지, 무엇이 정의롭지 않은지, 무엇이 할 필요가 없는지부터 먼저 알아야만 한다. 톨스토이

너는 아는 것이 별로 없다는 사실을 이해하기 위해서 더 많이 공부해야만 한다. 몽테뉴

네가 모르는 것을 모른다고 시인하는 것을 결코 부끄럽게 여기지 마라. 아랍 속담

모든 것을 시험해보고 좋은 것을 꼭 붙드십시오.

데살로니카 전서 5:21

거짓 신앙, 도덕, 사랑, 종교_10월 2일

대부분의 사람들은 하느님의 목소리는 듣지 않지만 그분 만큼은 숭배한다. 그러나 그분을 숭배하지는 않더라도 그분의 목소리는 듣는 것이 더 낫다. 톨스토이

종교란 사람에게 그가 누구인지, 그가 사는 세상의 본질이 무엇인지 알려주는 존재이다. 톨스토이

우리는 자녀들에게 불교, 이슬람교, 그리스도교, 유대교를 비롯한 모든 종교에 공통된 기본 원칙들, 즉 사랑의 도덕과 모든 사람의 일치를 위한 원칙들을 가르쳐야만 한다. 톨스토이

도덕적 가르침은 종교적인 것이 아닌 경우에는 완전하지 않다. 그러나 종교적 가르침은 도덕에 기초를 두지 않는 경우, 즉 선한 삶으로 인도하지 않는 경우에는 무익하다. 톨스토이

October 3

10월 3일_가난, 영혼, 욕망, 재산

막대한 재산도 너에게 만족감을 주지 못한다. 너는 재산이 증가하면 할수록 더 많이 가지려고 한다. 톨스토이

가난에서 벗어나는 방법은 두 가지가 있다. 첫째는 더 많은 재산을 얻는 것이다. 둘째는 너의 욕망을 줄이는 것이다. 전자는 항상 우리 힘으로 될 수 있는 것이 아니지만 후자는 항상 우리 힘으로 될 수 있는 것이다. 톨스토이

더욱 많은 재산을 얻으려는 욕망을 어느 정도 합리적으로 제한하는 일은 불가능하지는 않아도 어려운 것이다. 쇼펜하우어

너는 도둑들이 훔쳐 갈 수 없는 재산, 권력을 쥔 자들이 빼어갈 수 없는 재산, 심지어 너의 사후에도 너와 함께 머물 재산, 결코 줄어들지도 않고 없어지지도 않는 그러한 종류의 재산을 얻어야만 한다. 이러한 재산은 너의 영혼이다. 인도의 지혜

사랑, 성자_10월 4일

다른 사람들이 너를 사랑하도록 강요하지 마라. 그저 다른 사람들을 사랑하라. 그러면 너는 사랑을 받을 것이다. 톨스토이

진정한 사랑은 특정 개인에 대한 사랑을 가리키는 것이 아니라 모든 사람을 사랑하는 정신적 상태를 가리킨다. 톨스토이

사랑한다는 것은 네가 사랑하는 사람들의 삶 속에서 산다는 것을 의미한다. 톨스토이

사람이 사랑을 많이 표현하면 할수록 더욱 많은 사람들이 그를 사랑한다. 그리고 더욱 많은 사람들이 그를 사랑할수록 그는 다른 사람들을 사랑하기가 더욱 쉽다. 이러한 방식으로 사랑은 영원하다. 톨스토이

거룩한 사람은 세상에서 살지만 무엇보다도 다른 사람들에 대한 자신의 태도에 대해서 걱정한다. 그는 모든 사람의 말을 들을 수 있고 모든 사람을 볼 수 있다. 그러면 모든 사람들도 역시 그를 바라보고 그의 말을 듣는다. 노자

사랑이 없이는 아무 것도 너에게 유익하지 않다. 사랑에서 나오는 모든 행동은 사소하고 하찮게 보이는 것까지도 나중에는 너에게 유익한 결과를 초래할 것이다. "신성한 사상의 책"

종교는 사랑의 가장 높은 단계다. T. 파커

October 5

10월 5일_노력, 선행, 수양, 정신, 악덕

네가 선행을 하도록 돕거나, 더욱 중요한 것이지만, 네가 악행을 하지 못하게 막아줄 수 있는 어떠한 행동도 미워하지 마라.

톨스토이

너의 육체가 지배하려고 끊임없이 노력하고 있기 때문에 너의 정신도 끊임없이 대항해야 한다. 네가 정신의 수양을 멈춘다면 너의 육체가 즉시 너를 완전히 지배할 것이다. 톨스토이

선행은 항상 노력으로 이루어진다. 그리고 이러한 노력이 여러 번 반복될 때 선행은 습관이 된다. 톨스토이

명백하지 않은 것은 명백하게 만들어야 한다. 쉽지 않은 것은 대단한 끈기로 이루어야 한다. 공자

우리는 우리의 악덕들 때문에 괴로움을 당하고 이것들을 극복하려고 애쓴다. 이러한 노력을 하는 이유는 우리가 완전하지 않기 때문이다. 그러나 우리의 구원은 악덕들을 극복하려는 이 노력에 달려 있다. 또한 하느님께서 악덕들과 싸울 능력을 우리에게서 제거하신다면 우리는 영원히 악덕들과 함께 남아 있을 것이다.

파스칼

건강, 질병_10월 6일

질병을 두려워하지 마라. 그리고 질병에 걸리면 너의 도덕적 의무들이 면제된다고도 생각하지 마라. — 톨스토이

질병은 삶의 자연적 조건이다. — 톨스토이

너의 건강을 돌보지 않는 것은 네가 다른 사람을 위해 봉사하지 못하게 막을 수 있다. 너의 육체와 그 건강을 지나치게 돌보는 것도 같은 결과를 초래할 수 있다. 중용을 지키기 위해 너는 다른 사람들을 위해 봉사하는 데 도움이 되고 그들을 위한 봉사를 막지 않는 범위 내에서만 너의 육체를 돌보아야 한다. — 톨스토이

어떠한 질병도 사람이 해야만 하는 일을 못하게 막을 수 없다. 네가 일을 할 수가 없다면, 다른 사람들에게 사랑을 베풀어라.

— 톨스토이

정신의 질병은 육체의 질병보다 훨씬 더 위험하다. — 키케로

October 7

10월 7일_하느님

너는 하느님을 여러 가지 명칭으로 부를 수 있다. 너는 그분의 이름을 모두 피할 수 있다. 그러나 너는 그분의 존재를 받아들이지 않을 수는 없다. 하느님이 존재하시지 않는다면 아무 것도 여기 존재할 수 없다. 톨스토이

내가 아는 모든 것은 하느님께서 존재하시기 때문에 내가 아는 것이다. 그분께서 나에게 모든 것에 대한 지식을 주시기 때문에 나는 그분을 안다. 톨스토이

하느님을 기억하는 것은 매우 중요하다. 그것은 그분을 기억한다고 입으로 말하는 것이 아니라, 너의 행동들을 뒤따르시고 지지하시거나 비판하시는 그분을 의식한다는 의미에서 기억하는 것이다. 러시아의 농민들에게는 "너는 하느님을 기억하는가?" 라는 속담이 있다. 톨스토이

우리는 신에 관해서 생각하고 그분을 기억하며 가능한 한 자주 그분에게 말을 하자. 에픽테투스

신은 우상이 아니다. 그분은 우리가 일상생활에서 도달하려고 애써야만 하는 이상이다. 맬러리

무지, 불신, 불가사의, 신앙, 학자_10월 8일

너는 자기가 모르는 어떤 것을 아는 척하지 마라. 그것은 있을 수 있는 일 가운데 가장 나쁜 일이다. 톨스토이

오로지 삶의 가장 중요한 일들에 관해 전혀 생각해 보지 않은 사람들만이, 모든 것이 인간의 이성에게는 가능하다고 믿을 수 있다. 톨스토이

사람들은 세 가지 유형이 있다. 첫째는 아무 것도 믿지 않는 사람들이다. 둘째는 어려서부터 믿도록 배운 그러한 가르침만을 믿는 사람들이다. 셋째는 자기 마음으로 이해하는 것을 믿는 사람들이다. 세 번째 유형의 사람들이 가장 현명하고 가장 확고하다.

톨스토이

모든 시작들은 불가사의들, 즉 창조의 불가사의다. 아미엘

현재의 학문들은 신과 그의 미덕들에 관해서 너를 가르칠 수 없다. 학문들은 너를 덕성이 풍부한 사람으로 만들 수 없고, 다만 덕성을 함양하는 길에서 너를 돕는다. 세네카

October 9

10월 9일_구원, 불신, 정신, 현명함

자신의 정신적 자아의 삶을 이해하게 된 사람은 살아 있을 때나 죽을 때나 불행을 두려워하지 않는다. 톨스토이

모든 사람의 경우 구원은 그의 정신적 삶에 있다. 불행은 자신의 정신적 삶을 아는 사람을 좌우할 수 없다. 톨스토이

육에서 나온 것은 육이고 영에서 나온 것은 영이다. 새로 나야 된다는 내 말을 이상하게 생각하지 마라. 요한 3:6, 7

현명한 사람들의 영혼들은 그 존재의 미래의 상태를 바라본다. 그들의 모든 생각은 영원을 향해서 집중된다. 키케로

신을 믿지 않은 채 선량해질 수 있는 사람은 하나도 없다.

세네카

죽음_10월 10일

죽음 직전의 마지막 순간에 영혼은 육체를 떠나간다. 영혼은 무한하고 시간의 제약을 받지 않으며 영원한 영혼과 결합하여 우리가 모르는 다른 형태로 변모한다. 죽음이 닥친 뒤 우리의 육체는 뒤에 남겨지고 오로지 관찰의 대상이 될 뿐이다. 톨스토이

사람은 동물인 동시에 정신적 존재다. 동물의 입장에서는 사람이 죽음을 두려워한다. 그러나 정신적 존재의 입장에서는 죽음을 체험하지 않는다. 톨스토이

죽음은 변화를 드러낸다. 그것은 너의 양심이 머물던 장소가 사라지는 것을 드러낸다. 극장의 무대장치의 변화가 관람객을 없앨 수 없듯이 죽음은 양심 자체를 없앨 수 없다. 톨스토이

아마도 너는 죽음이 초래하는 변화를 두려워할는지도 모른다. 그러나 그와 똑같은 변화는 네가 태어날 때 이미 일어났고, 나쁜 것은 하나도 거기서 초래되지 않았다. 톨스토이

10월 11일_권력, 명성, 악인, 이기주의, 재산, 지혜

스스로 현명하다고 생각하는 사람에게는 지혜가 없다.

톨스토이

대부분의 사람들은 존경을 불러일으키는 것들이 아니라 불필요하거나 심지어 해롭기마저 한 것들, 즉 명성, 권력, 재산을 자랑스럽게 여긴다. 톨스토이

주위 사람들을 둘러볼 때 자기보다 더 나쁜 악당을 발견하고, 그래서 스스로 만족할 수 있는 사람보다 더 나쁜 악당은 없다.

톨스토이

자기 자신을 사랑하는 사람은 경쟁자들이 거의 없다는 면에서 유리하다. 톨스토이

이기적인 사람은 항상 자기중심적이다. 그런데 사람은 다른 사람과 관계를 맺는다. 그는 자기중심적이기 때문에 이기적이고 이기적이기 때문에 자기중심적이다. 톨스토이

오만한 사람은 그가 자신의 실제 상태보다 한층 더 중요한 인물이라고 다른 사람들이 생각하도록 우선은 만든다. 그러나 항상 그러하듯이 이 영향력이 사라지면 그는 조롱거리가 될 뿐이다.

톨스토이

관습, 부화뇌동, 전통_10월 12일

기존의 전통과 관습에서 벗어나는 일에는 진지한 노력이 엄청나게 필요하다. 그러나 새로운 것들에 대한 진정한 이해에는 이러한 노력이 필요하다. 톨스토이

기존의 전통과 관습에 등을 돌려서 사람들을 격분시키는 것은 나쁜 일이다. 그러나 너의 양심과 이성의 요구를 무시한 채 일반대중의 관습을 따르는 것은 더 나쁜 일이다. 톨스토이

사회는 개인에게 이렇게 말한다. "우리가 생각하는 대로 생각하고 우리가 믿는 것을 믿어라. 우리가 먹고 마시는 것을 먹고 마시고 우리가 입는 것을 입어라." 맬러리

너는 네가 옳다고 생각하는 대로 행동해야만 하고 일반대중의 충고를 따라서는 안 된다. 에머슨

October 13

10월 13일_권력, 폭력

너는 폭력이 너에게 필요하지 않도록 그렇게 살아야만 한다.

톨스토이

국가조직이란 어떠한 종류의 것이든 상관없이 모두 그 기능이 그리스도교가 요구하는 것과 매우 거리가 멀다. 톨스토이

국가의 폭력은 법률로 소멸될 수 없고 오로지 진리와 사랑으로만 소멸될 수 있다. 그것은 과거 · 현재의 세대들에게는 필요할지도 모른다. 그러나 사람들은 폭력이 필요 없는 미래의 정부를 구상해야 한다. 톨스토이

현명한 사람들이 권력을 잡은 나라들에서는 백성이 지배자들의 존재를 의식하지 않는다. 노자

침묵, 말_10월 14일

침묵을 지켜라. 너의 손보다는 혀가 더 많이 쉬도록 하라. 너는 침묵을 지킨 것에 대해서는 결코 후회하지 않을 것이다. 그러나 말을 너무 많이 한 것에 대해서는 자주 후회할 것이다. 톨스토이

사람들은 말하기를 배운다. 그러나 그들의 주요 관심은 침묵을 지키는 방법에 쏠려야 한다. 톨스토이

네 혀가 좋은 말을 한다면 세상에 그보다 더 좋은 것은 없다. 네 혀가 나쁜 말을 한다면 세상에 그보다 더 나쁜 것은 없다.

탈무드

나는 현명한 사람들 사이에서 평생을 보냈는데 침묵보다 더 좋은 것이 이 세상에 없다는 사실을 발견했다. 말 한 마디의 값이 동전 하나라면 침묵의 값은 동전 두 개다. 침묵은 영리한 사람들에게 적합하고 현명한 사람들에게는 한층 더 적합하다. 탈무드

너의 혀가 "나는 모른다."고 하는 말에 익숙해지도록 하라.

동양의 지혜

October 15

10월 15일_봉사, 삶, 영혼, 완성

삶에서 너의 주요업무는 너의 영혼을 돌보는 일이다. 너는 너의 영혼을 돌봐야 하며 그것을 개선하기 위해 일해야 한다. 그리고 너는 너의 영혼을 오로지 사랑으로만 개선할 수 있다.

톨스토이

삶의 의미는 두 가지 중요한 영역, 즉 너의 개인적 완성과 다른 사람들에 대한 봉사에 있다. 너는 완성을 향해 나아가는 동안에 다른 사람들에게 봉사할 수 있고, 다른 사람들에게 봉사함으로써 완성을 향해 나아갈 수 있다. 톨스토이

완성을 향해 나아간다고 말할 때 나는 물질적 차원에서 정신적 차원, 즉 시간이나 죽음의 영향을 받지 않는 선행의 차원으로 나아가는 것을 의미한다. 톨스토이

다섯 살 난 아이와 내 나이의 어른 사이의 거리는 불과 한 걸음밖에 되지 않는다. 갓 태어난 아기와 다섯 살 난 아이 사이의 거리는 대단히 멀다. 태아와 갓 태어난 아기 사이에는 심연이 놓여 있다. 존재하지 않는 상태와 태아 사이에는 심연뿐 아니라 인간의 이해력을 초월하는 장벽이 놓여 있다. 톨스토이

태어나서부터 죽을 때까지 인간은 실생활에서 어떠한 처지에 놓이든 상관없이 정신적 삶을 향해 더욱 가까이 다가가기 위해 노력한다. 하느님께서 원하시는 것을 배우기 위해 노력하라. 그러면 너의 삶은 자유와 기쁨으로 가득 찰 것이다. 톨스토이

하느님, 자아_10월 16일

하느님께서는 우리 모두의 내면에 존재하신다. 그리고 우리 모두는 그분을 우리 안에서 발견하고 이해하는 것이 가능하다.

톨스토이

너 자신을 안다는 것은 너의 내면에 깃들인 선을 발견하는 것이다. 톨스토이

네가 어려운 시절을 보내고 있다면 하느님을 이해하기 위해 더 열심히 일하라. 네가 그분을 이해하자마자 모든 어려운 일들은 쉬워지고 너는 사랑과 기쁨을 느낄 것이다. 톨스토이

사람이 자기 내면에서 신성한 힘을 느끼지 않는다면, 그것은 신성한 힘이 그의 내면에 존재하지 않는다는 의미가 아니라 그가 그것을 알아보는 방법을 아직 배우지 못했다는 의미이다. 톨스토이

신은 우리에게 가깝고 우리와 함께 있다. 신성한 정신은 우리 안에 있다. 신이 존재하지 않는다면, 선한 사람이 될 힘은 우리의 능력이 미치지 못하는 대상일 것이다. 신이 존재하지 않으면 사람은 선한 사람이 될 수 없다. 세네카

October 17

10월 17일_종교, 하느님, 공동체

종교에 대한 사람들의 인식은 경직된 것이 아니라 항상 변하고 있으며 더욱 순수하고 명백한 것이 되고 있다. 톨스토이

사람들이 존재하고 하느님께서 존재하신다면 하느님과 사람들 사이에는 여러 가지 관계가 성립된다. 그리고 이러한 관계는 시간에 따라서 변하고, 종교에 대한 사람들의 인식은 끊임없이 진화하고 개선되며, 시간이 갈수록 더욱 명백해지고 쉽게 이해된다.

톨스토이

하느님은 정신이며, 이 정신의 일부분은 내 안에서 살고 나의 삶에 의미를 부여한다. 톨스토이

코란, 불교의 경전들, 유교의 경전들, 구약성경, 인도의 우파니샤드, 신약성경에는 배워야 할 좋은 내용이 많다. 그러나 종교사상가나 철학자는 우리가 사는 시대와 가까운 인물일수록 우리가 현재의 삶에 비추어서 이러한 가르침들로부터 교훈을 얻도록 더욱 많이 도와줄 수가 있다. 톨스토이

현재, 과거, 미래, 빛, 선행, 습관_10월 18일

너는 선행을 하고 싶다면 바로 지금 실천하라. 시간이 지나면 너는 그 선행의 기회를 다시는 얻지 못할 것이다. ~톨스토이

과거는 더 이상 존재하지 않는다. 미래는 아직 오지 않았다. 존재하는 것은 오로지 현재뿐이다. 그리고 현재의 시간에만 사람의 자유로운 영혼의 신성한 본성이 드러날 수 있다. ~톨스토이

빛이 너희와 같이 있는 것도 잠시뿐이니 빛이 있은 동안에 걸어가라. 그리하면 어둠이 너희를 덮치지 못할 것이다. 어둠 속을 걸어가는 사람은 자기가 어디로 가는지 모른다. ~요한 12:35

우리의 습관들은 시간이 오래 될수록 더욱 개선되고 강화된다는 것을 누구나 안다. 잘 걸어가는 사람이 되려면 너는 많이 걸어야만 한다. 멀리 달려가는 사람이 되려면 너는 자주 달리기를 해야만 한다. 이해력이 많은 독자가 되려면 너는 가능한 한 많이 책을 읽어야만 한다. 너의 영혼에 관해서도 이와 마찬가지다. 화를 낼 경우에 너는 악행을 할 뿐만 아니라 악습도 몸에 붙이며 다른 악행을 할 너의 잠재력을 증가시킨다는 사실을 알아야만 한다.

~에픽테투스

October 19

10월 19일_삶, 의무, 철학

삶의 의미는 자기에게 드러날 것들을 받아들일 준비가 되어 있는 사람들에게 드러난다. 그리고 사람의 종래 생활양식을 바꾸어주는 것은 진리 그 자체가 아니라, 진리를 있는 그대로 받아들이는 사람이다. 톨스토이

나는 누구인가? 나는 무엇을 해야만 하는가? 나는 무엇을 믿고 무엇을 바라야만 하는가? 철학의 모든 것은 이 질문들 안에 들어 있다고 철학자 리히텐베르크는 말했다. 그러나 이 질문들 가운데 가장 중요한 것은 두 번째 질문이다. 자기가 무엇을 해야만 하는지 안다면, 그는 자기가 알아야만 하는 모든 것을 이해할 것이다.

톨스토이

삶의 보편적 의미를 찾는다면 너는 삶의 진정한 의미를 받아들이기가 불가능하다. 또한 삶의 진정한 의미는 너무나도 단순한 것이기 때문에, 네가 개인적으로 무엇을 해야만 하는지 알아야만 할 때, 바보들과 어린애들에게도 설명이 가능한 그러한 것이다.

톨스토이

이해하지 못하면서 찾고 자신의 기반을 모르는 사람들은 불행하다. 탈무드

모든 새는 자기 둥지를 어디에 만들어야 할지 안다. 새가 둥지를 어떻게, 어디에 만들어야 좋을지 안다면 이것은 그 새가 자기 삶의 목적을 안다는 것을 의미한다. 그런데 모든 생물 가운데 가장 현명한 사람은 어찌하여 어느 새나 다 아는 자신의 삶의 목적을 모르는가? 중국의 지혜

도움, 하느님의 뜻, 미덕, 법, 봉사, 의무_10월 20일

사람을 대할 때 너는 그가 너를 어떻게 도울 수 있을는지에 관해 생각해서는 안 되고, 네가 그를 어떻게 돕고 그를 위해 어떻게 봉사해야 좋을는지에 관해 생각해야만 한다. 톨스토이

우리는 모든 행동에 대해 반드시 필요한 법을 가지고 있고, 어떠한 권력도 이 법을 억압할 수 없다. 심지어 감옥에 갇히고 고문과 죽음의 위협을 받을 때마저도 이 법의 준수는 가능하다.

톨스토이

하느님의 뜻에 부합하는 그러한 종류의 삶을 찾아라. 그러면 너는 삶의 의무를 완수할 것이다. 톨스토이

사람의 삶이란 네가 의무의 완수를 깨달을 때 비로소 합리적인 것이 된다. 우리는 누구나 죽음이 자기를 기다리고 있다는 사실을 분명히 안다. 그러나 죽음이 언제 우리에게 닥칠는지는, 우리 자신이 어디서 왔는지 모르듯이, 우리는 알지 못한다. H. 조지

미덕은 사람이 자기 자신에게 베풀어야만 하는 봉사다. 심지어 하늘나라가 없고 이 세상을 다스리는 신이 존재하지 않는다 해도 미덕은 여전히 삶에 필요한 법인 것이다. 인도의 지혜

October 21

10월 21일_욕망, 정신, 평온함, 분수

진정한 힘은 일시적인 욕망에 있지 않고 완전한 평온함에 있다.

톨스토이

폭풍이 물을 흔들고 흐리게 만드는 것과 마찬가지로 욕망들도 우리 영혼을 괴롭히고 이승의 삶에 대한 우리의 이해를 방해한다.

톨스토이

외부적인 완전한 평온함은 불가능하다. 그러나 어떤 평온한 기간이 있을 때에는 우리가 그 기간을 고맙게 여기고 그것이 좀 더 오래 지속되도록 만들어야 한다. 이 기간은 유익한 생각들이 떠오를 때인데, 그 생각들은 더욱 강해지고 삶의 과정에서 우리를 인도해 준다. 톨스토이

위대하고 탁월한 정신의 소유자들은 항상 평온하고 행복하다. 그러한 정신을 소유하지 못한 사람들은 언제나 불행하다.

중국 속담

사람은 자신의 정신을 이해할 때에만 비로소 이 세상에서 자신의 분수를 이해한다. 중국의 지혜

앞으로 일어날 일에 관해서는 너무 걱정하지 마라. 닥치는 모든 일은 너를 위해 좋고 유익한 것이다. 에픽테투스

말조심, 정신, 판단_10월 22일

시간은 지나가지만 네가 한 말은 남을 것이다. 톨스토이

너의 형제에 관해 험담하지 않도록 조심하라. 톨스토이

말을 너무 많이 하지 못하게 너의 혀를 억제하는 것은 위대한 미덕의 징표다. 톨스토이

너의 이웃에 대해 판단하는 것이 필요하다고 생각한다면, 그를 정면으로 마주 바라보면서, 그리고 그의 원한을 사지 않는 방식으로 너의 판단을 그에게 말해주어라. 톨스토이

사람의 정신은 그 자체의 힘이 아니라 어떤 다른 힘에 의해서 진리와 선을 향해 더욱 가까이 밀려간다. 우리는 이것을 잘 이해하면 할수록 더욱 겸손해질 것이다. 아우렐리우스

October 23

10월 23일_삶, 양심, 진리

양심이란 우리 안에서 살고 있는 신성한 시작에 대한 이해다.

톨스토이

너는 양심의 명령을 거슬러서 싸울 수는 없다. 양심의 명령은 하느님의 계명이다. 너는 그것에 복종하는 것이 낫다. 톨스토이

양심은 선악의 진정한 심판관이고, 양심은 개인을 하느님과 비슷하게 만들어주는 것이며, 양심은 인간본성에서 가장 유익한 것이다. 양심이 없다면 우리를 동물의 수준보다 높이 이끌어줄 것은 하나도 없을 것이고 사람들의 거짓말은 꼬리에 꼬리를 물 것이다.

루소

너의 삶의 목적은 대부분의 사람들이 사는 것처럼 사는 것이 아니라, 네가 스스로 이해하는 내면적 법에 따라 사는 것이다. 너의 양심이나 진리를 거슬러서 행동하지는 마라. 이러한 방식으로 산다면 너는 너의 삶의 임무를 완수할 것이다. 아우렐리우스

동정심, 분노, 불행, 삶_10월 24일

우리 삶의 기초가 우리 모두 안에서 동일한 본성의 것이 아니라면, 우리가 실제로 체험하는 동정심을 서로 설명할 수 없을 것이다. 톨스토이

너보다 더 불행한 사람은 수없이 많다. 이 말은 네가 거주할 만한 곳의 지붕은 될 수 없지만, 폭풍우를 피할 만한 곳의 지붕은 되고도 남을 것이다. 톨스토이

진정한 동정심은 네가 고통을 당하는 사람들의 입장에 서고 실제로 고통을 느낄 때에만 비로소 베풀어지기 시작한다. 톨스토이

격분에 대한 반응으로 표시된 동정심은 불을 끄는 물과 같다. 네가 격분할 때에는 다른 사람에 대해 동정심을 느껴라. 그러면 너의 격분은 사라질 것이다. 쇼펜하우어

너는 불행을 피해서 숨는다. 그러나 다른 사람들이 겪는 불행을 안다면 너는 자기의 불행에 관해 불평하지 않을 것이다. 솔론

October 25

10월 25일_삶, 자유, 정신, 존엄성, 성자

사람은 자신의 존엄성을 이해하는 것과 똑같은 방식으로 자신의 목적을 이해한다. 오로지 종교적인 사람만이 자기 삶의 목적을 이해할 수 있다. 톨스토이

개인의 자유는 대단히 소중한 것이다. 심지어 전 민족의 자유마저도 단 한 명의 개인의 자유에서 시작된다. 톨스토이

너는 너 자신, 너의 이웃, 그리고 모든 사람의 자유를 존중해야 한다. 톨스토이

오로지 자신을 정신적 존재로 이해하는 사람만이 다른 사람들의 정신적 존엄성을 이해할 수 있다. 이러한 사람은 정신적 인간에게 적합하지 않은 어떠한 행동으로도 자신을 비하하지 않을 것이다.

톨스토이

왕이 성자에게 "당신은 나를 기억하고 있습니까?"라고 물었다. 성자는 "그럼요. 나는 신을 잊어버릴 때 당신을 생각합니다."라고 대답했다. 사아디

우리는 다른 사람들의 삶을 우리 자신의 삶이라고 느낄 때 하느님의 법을 준수한다. 마치니

사물, 개선, 욕망, 행동_10월 26일

도덕적, 정신적 삶에 있어서 사물들의 중요성은 그 물질적 가치가 아니라 그 유익함의 정도에 따라서 측정된다. 톨스토이

대부분의 사람들은 자기 삶의 향상을 위해 비범하고 어려운 어떤 일을 하고 싶어 한다. 그러나 그들은 자신의 욕망을 정화하고 내면적 자아를 개선하는 것이 더 낫다. 톨스토이

물질적 삶에서 정신적 삶으로 너 자신이 이동한다는 것은 오로지 정신적인 일들만 한다는 것을 의미한다. 나의 물질적 육체는 내면적 자아를 자기 쪽으로 끌어당기지만 나는 정신적 자아를 물질적 육체로부터 분리시키려고 애쓴다. 나는 비록 육체를 사용한다 해도, 나의 진정한 삶인 내면적 삶을 살고 있다. 톨스토이

자기 삶의 향상을 위해 비범하고 어려운 어떤 일을 하는 것보다는 자신의 욕망을 정화하고 내면적 자아를 개선하는 것이 훨씬 더 중요하다. 페늘롱

사람은 생각이 아니라 행동을 통해서 자기 자신을 이해한다. 사람은 노력하는 행동을 통해서 자신의 가치를 이해할 것이다.

괴테

October 27

10월 27일_이성, 종교, 빛

진리를 이해하려면 너는 너의 이성을 억압해서는 안 된다. 오히려 너의 이성을 정화하고 활용해야만 하고, 우리가 시험해 볼 수 있는 모든 것을 이성적으로 검토하고 시험해 보아야 한다.

톨스토이

진정한 종교는 이성과 상반될 수 없다. 톨스토이

네가 종교 안에서 자신의 이성을 신뢰할 수 없다고 믿지는 마라. 우리 이성의 힘은 진정한 신앙의 기초를 지원하고 있다. 채닝

신앙의 대상인 하느님께서 우리의 이해력을 능가하시고 우리가 그분을 이해하지 못하는 경우, 그것은 네가 그분을 이해하려고 애쓰는 이성을 사용해서는 안 된다는 의미는 아니다.

F. 스트라코프

빛이 있는 동안에 빛을 얻고 빛의 자녀가 되라. 요한 12:36

솜씨, 고통, 불행, 용기, 행복_10월 28일

우리가 부르는 행복과 불행은 우리들에게 유익하다. 특히 그것들을 우리 자신이 시험해 볼 때 더욱더 유익하다. 톨스토이

죽지 않고 영원히 살아야만 한다는 형벌로 괴로움을 겪는다는 유대인의 전설은 옳다. 이와 마찬가지로, 아무런 괴로움도 없는 삶을 살아가야만 한다는 형벌을 받았다는 사람의 전설도 있다.

톨스토이

태어나서부터 죽을 때까지 고통은 우리의 육체의 필수조건이고 괴로움은 우리의 정신의 필수조건이다. 아우렐리우스

너는 날 때부터 죽을 때까지 너에게 닥치는 모든 것을 환영해야 한다. 왜냐하면 세상의 존재와 목적은 이러한 일들이 일어나는 데 있기 때문이다. 아우렐리우스

너는 폭풍우 속에서만 진정한 뱃사람의 솜씨를 알아볼 수 있다. 너는 전쟁터에서만 군사의 용기를 알아볼 수 있다. 단순한 사람의 용기는 그가 삶의 어렵고 위험한 상황을 어떻게 처리하느지에 따라 드러날 수 있다. D. 아킨스키

October 29

10월 29일_본보기, 부화뇌동, 생각, 영향력

독자적으로 생각하지 않는 사람들은 자기를 대신해서 생각하는 다른 어떤 사람의 영향력 아래 놓인다. 네가 자신의 생각을 다른 어떤 사람에게 내맡긴다면 그것은 너의 육체를 다른 사람의 소유로 내주는 것보다 더 수치스러운 노예상태이다. 톨스토이

본보기보다 더 중요한 것은 없다. 그러한 본보기가 우리를 불가능했을 선행들로 인도한다. 그러므로 우리가 방탕하거나 격정적이거나 잔인한 사람들을 모범으로 삼는다면, 그러한 행동들은 우리 영혼을 파괴시키므로 그 반대되는 경우가 옳다. 톨스토이

다른 수많은 사람들이 하듯이 너도 어떤 사람을 모범으로 삼아 따르고 싶어 한다면, 우선 멈추고 나서 그러한 일반적인 본보기를 따를 가치가 있는지 여부에 대해 심사숙고해 보라. 톨스토이

악영향은 좋은 영향에 의해서만 없어질 수 있다. 그리고 좋은 영향을 받는 방법은 선한 삶을 사는 것이다. 톨스토이

매우 참혹한 일들을 두려워하지 않는 사람들은 허위의 본보기들을 따르고, 이러한 사람들은 파멸에 이르는 길을 걷는다.

불교의 지혜의 책 담마파다

욕망, 자기희생, 자만_10월 30일

욕망은 가장 무서운 폭군이다. 우리는 그 욕망에 노예가 될 수 있다. 오로지 자기희생만이 우리를 이 노예상태에서 벗어나게 해 줄 수 있다. — 톨스토이

하늘 높은 줄 모르고 한없이 치솟는 자만심은 과대망상증이라고 하는 정신병이다. — 톨스토이

사람들은 자기희생이 자유를 침해한다고 생각한다. 그들은 자기희생이 우리에게 완전한 자유를 주고, 우리를 자기 자신으로부터, 방종이라는 노예상태로부터 해방시켜준다는 사실을 모른다.

— 톨스토이

이 세상에 얼마나 많은 곤충들이 있는지 다른 사람들에게 가르칠 때, 태양의 흑점들을 관찰할 때, 오페라를 작곡하거나 소설을 쓸 때 우리는 각각 다른 목적으로 이러한 일을 한다. 그러나 사람들에게 선행을 가르치는 것은 오로지 자기희생, 다른 사람들에 대한 봉사의 목적으로만 가르치는 것이다. 이러한 가르침은 자기희생이 없이는 이루어질 수 없다. 그리스도는 십자가 위에서 서상한 목적을 위해 자기 목숨을 바쳤는데 그것은 헛된 일이 아니었다. 그리고 희생이나 고통은 결코 헛된 것이 아니고 모든 것을 누르고 승리할 것이다. — 톨스토이

10월 31일_거짓말, 발전, 전통, 편견, 선악

전통에 대한 무시는 낡은 편견들, 전통, 관습, 그리고 현재 존재해서는 안 되는 조직들이 초래한 극심한 불행의 1000분의 1마저도 야기하지 않았다. —톨스토이

낡은 편견들을 유지하려는 의욕 이외에는 아무 것도 이 세상에서 진리의 성장을 막을 수 없다. —톨스토이

인류는 인간의 삶의 의미를 더욱 더 잘 이해하는 방향으로 천천히 그리고 끊임없이 전진하고 있다. —톨스토이

모든 거짓말 가운데 가장 지독한 거짓말은 어린아이들에게 거짓된 신앙을 가르치는 것이다. —톨스토이

사람들은 하느님이 자신의 모습에 따라 사람을 창조했다고 말한다. 이 말은 사람이 자기 모습에 따라 하느님을 만들어냈다는 것을 의미한다. —G. 리히텐베르크

우리가 배운 것들을 믿는다면 거기에는 선과 악이 동시에 존재한다. —H. 조지

NOVEMBER

11월

삶의 가장 중요한 문제들을 연구하려면 누구나 삶의 모든 진지한 문제들과 관련하여 과거 수천 년 동안 만들어진 편견들과 거짓말들을 없애야 한다.

톨스토이

November 1

11월 1일_겸손, 의무

자기가 자기 삶의 지배자라고 생각하는 사람은 결코 겸손해질 수 없다. 왜냐하면 그는 자기가 아무에게도 의무를 지지 않는다고 생각하기 때문이다. 하느님을 섬기는 일이 자기 삶의 목적이라고 여기는 사람은 언제나 겸손하다. 왜냐하면 그는 자신의 의무를 완수하지는 못했다고 느끼기 때문이다. 톨스토이

너희에게 겨자씨 한 알만한 믿음이라도 있다면 이 뽕나무더러 뿌리째 뽑혀서 바다에 그대로 심어져라 해도 그대로 될 것이다. 저희는 보잘것없는 종입니다. 그저 해야 할 일을 했을 따름입니다 하고 말하라. 루가 17:5, 10

친절한 사람들은 자기가 과거에 한 선행들을 모두 잊어버린다. 그들은 현재 자기가 하고 있는 일에 너무나도 몰두해 있기 때문에 과거에 한 일들을 잊어버린다. 중국의 지혜

사람은 자기 자신을 잘 알면 알수록 자기를 더욱 보잘것없고 하찮은 존재인 듯이 여기며 하느님을 향해 자신을 한층 더 높이 들어올린다. 토마스 아 켐피스

칭찬, 판단, 하느님의 법, 영예, 행동_11월 2일

다른 사람들에 대한 판단은 너의 행동의 목적이 아니라 그 결과가 되도록 하라. 오로지 하느님을 위해서만 살려면 너는 아무도 발견하지 못할 선행을 해야만 한다. 그렇게 하라. 그러면 너는 특별한 기쁨을 맛볼 것이다. 톨스토이

오로지 영예를 얻기 위해서만 하는 행동은 그 결과가 어떠한 것이든 상관없이 항상 나쁜 행동이다. 선행도 하고 동시에 영예도 얻으려는 동기에서 나온 행동도 마찬가지다. 행동은 오로지 하느님의 법을 지키려는 동기에서 나올 때에만 선한 것이다.

톨스토이

칭찬을 받는 데에만 지나치게 관심을 기울인다면 너는 결국 중요한 일을 전혀 이루지 못하고 말 것이다. 사람들은 제각기 나름대로 평가한다. 너는 "훌륭한 사람들이 나를 높이 평가해주기를 바란다."고 말하겠지만, 네가 자기 행동을 칭찬하는 사람들만 존중할 것임을 이미 알고 있다. 톨스토이

우리는 자신이 실제로 살아가고 있는 삶에 만족하지 않는다. 우리는 허구의 삶, 즉 다른 사람들의 눈에 우리가 실제의 우리 자신과는 다른 존재인 듯이 비치는 삶을 살아가기를 바란다. 파스칼

November 3

11월 3일_거짓말, 법, 하느님의 법, 편견

세상에 진정한 법은 오로지 하나, 즉 모든 인류에게 공통된 하느님의 법만 있을 뿐이다. 인위적인 법은 하느님의 법과 조화를 이룰 때에만 유효하다. 톨스토이

하느님의 법을 지키는 것을 막는 첫 번째이자 가장 어려운 장애물은 우리 사회의 기존 법률들이 하느님의 법과 완전히 상반된다는 사실이다. 톨스토이

삶의 가장 중요한 문제들을 연구하려면 누구나 삶의 모든 진지한 문제들과 관련하여 과거 수천 년 동안 만들어진 편견들과 거짓말들을 없애야 한다. 톨스토이

하느님의 법은 인위적 법과 상반된다. 그러므로 우리는 무엇을 해야만 하는가? 하느님의 법을 감추고 인위적 법을 선포해야만 하는가? 사람들은 이러한 행동을 거의 1900년 동안 해왔다. 그리고 이 두 가지 법은 더욱 심하게 상반되는 것이 되었다. 해결책은 오로지 하나뿐이다. 그것은 기존의 법률들을 버리고 하느님의 법을 채택하는 것이다. 톨스토이

인위적 법률들은 하느님의 법에 기초를 둔 것만 좋은 법률이다. 하느님의 법과 상반되는 법률들은 악법이다. 우리는 이러한 악법들을 바꾸어야만 한다. 마치니

논쟁, 말, 잘못, 침묵_11월 4일

아무리 자기 자신이 옳다고 해도 논쟁에서 침묵을 지킬 수 있는 사람은 힘을 지닌다. 톨스토이

논쟁은 진리를 드러내기보다 감추는 경우가 더 많다. 참된 진리는 사람이 홀로 있을 때 드러난다. 진리가 그렇게 드러날 때에는 네가 그것을 논쟁이나 토론이 없이도 받아들일 수 있다는 사실이 너에게 분명해진다. 톨스토이

너는 말을 하려고 안달하면 할수록 어리석은 말을 할 가능성이 더욱 커진다. 톨스토이

너는 논쟁을 피해야 한다. 논쟁이란 사람들을 설득하는 비논리적 방법이다. 사람들의 주장이란 못과 같다. 네가 못을 세게 때리면 때릴수록 못은 더욱 깊이 박힌다. 유베날리스

네가 홀로 살아가고 있다면 너의 잘못들을 반성하라. 네가 다른 사람들과 어울려서 살고 있다면 다른 사람들의 잘못들을 잊어버려라. 중국의 지혜

November 5

11월 5일_고독, 생각, 등불, 심사숙고, 경박함

생각은 진리의 찬미이다. 그러므로 나쁜 생각이란 사람이 생각을 끝까지 하지 않고 중간에 그만 둔 생각이다. 톨스토이

너는 머릿속에 떠오르는 나쁜 생각을 버릴 수는 없지만 이 나쁜 생각을 약화시키거나 없앨 다른 생각들을 할 수는 있다. 예를 들면 내가 너의 친구나 이웃이 어떤 결점이 있다고 상상하는데 이 생각을 물리칠 수가 없다고 치자. 그러나 나도 불완전한 인간이기 때문에, 또한 내 안에 계시는 하느님이 그 사람 안에도 계시기 때문에, 남을 비판하는 것은 나쁜 일이라는 생각에 몰두한다면 나는 그 사람을 사랑하지 않을 수 없다. 톨스토이

등불이 주위를 잘 비추게 하려면 너는 그것을 바람에 노출되지 않은 장소에 놓아두어야 한다. 바람이 부는 곳에 놓이면 등불은 흔들리는 긴 그림자들을 남길 것이다. 이와 마찬가지로 나쁜 생각은 너의 영혼의 흰 표면에 그림자들을 드리울 것이다. 인도의 지혜

너는 홀로 있으면서 유혹을 받지 않을 때 너의 목적을 설정하라.

J. 벤덤

심사숙고는 영원함에 이르는 길이고 경박함은 죽음에 이르는 길이다. 심사숙고한 사람은 결코 죽지 않고 경박한 사람은 나에게 죽음을 상기시킨다. 불교의 지혜

말조심, 비난, 용서_11월 6일

너의 이웃을 비난하는 것은 너 자신에게나 다른 사람들에게나 모두 해롭다. 톨스토이

어제 어느 파티에서 한 손님이 작별 인사를 하고 떠났을 때 남은 사람들이 모두 그를 비방했다. 두 번째 사람이 떠났을 때에도 똑같은 일이 벌어졌다. 남은 손님들이 하나씩 떠날 때마다 언제나 똑같은 일이 벌어졌다. 마지막 손님이 이렇게 말했다. "내가 여기 머물러 밤을 새우고 가게 해주시오. 먼저 떠난 모든 사람들이 비방을 당하는 것을 나는 보았으니 나도 비방을 당할까 염려가 되거든요." 톨스토이

나는 말을 한 마디 하고나서는 몇 초 동안 쉬고 난 후에 말을 잇는 노인을 만났다. 그는 혹시라도 말로 잘못하지나 않을까 염려해서 느리게 말을 한 것이다. 톨스토이

서로 용서하자. 서로 용서할 수 있다면 우리는 평화롭게 살 수 있다. 톨스토이

단어는 생각을 표현하는 것이다. 생각은 신성한 힘을 표현하는 것이다. 그러므로 단어들은 우리가 진정으로 의미하는 바와 일치해야만 한다. 말도 이와 다를 수가 없다. 그것은 악한 것을 표현하는 것이 되어서는 안 된다. 톨스토이

너 자신에게는 엄격하고 다른 사람들은 용서하라. 그러면 너에게는 적이 하나도 없을 것이다. 중국의 지혜

November 7

11월 7일_삶, 영혼, 죽음

"죽은 뒤에 무슨 일이 일어날 것인가?"라고 묻는다면 우리는 질문을 잘못하고 있다. 미래에 관해서 말할 때 우리는 시간에 관해서 말한다. 그러나 우리는 죽을 때 시간을 뒤에 남겨둔다.

톨스토이

너는 삶을 죽음인 듯이, 그리고 죽음을 잠에서 깨어나는 것인 듯이 바라볼 수 있다. 톨스토이

나는 나 자신이 태어나기 이전에는 이미 죽은 상태였고 사후에는 그와 똑같은 상태로 돌아갈 것이라고 생각하지 않을 수 없다.

G. 리히텐베르크

나는 내가 여기서 태어났고 내 생애의 일부를 여기서 보낸 것에 대해 유감으로 여기지 않는다. 왜냐하면 나는 내 생각에 유익하다고 여기는 방식으로 살았기 때문이다. 죽음이 닥칠 때 나는 나의 집이 아니라 여관을 떠나는 것과 마찬가지고 나의 삶을 떠날 것이다. 왜냐하면 이승의 나의 삶은 잠시 여기 머물러 있는 것이고 죽음은 다른 상태로 이전하는 것에 불과하다고 내가 생각하기 때문이다. 키케로

영혼은 영원하다는 나의 말이 틀린다 해도 나는 이렇게 잘못 말한 것에 대해 만족한다. 그리고 내가 살아 있는 한, 그 누구도 완전한 평온함과 대단한 만족감을 주는 이 확신을 나에게서 빼앗아갈 수 없다. 키케로

하느님, 하느님의 뜻_11월 8일

사람들은 각자 서로 다른 방식으로 하느님을 이해한다. 그러나 동일한 방식으로 그분의 뜻을 이행한다. 톨스토이

우리는 세상과 그 안의 모든 사람들에 대한 우리의 관계를 이해하는 것과 똑같은 방식으로 하느님에 대한 우리 삶의 관계를 이해하게 된다. 톨스토이

훌륭한 일꾼은 자기 주인의 삶의 세부사항들을 아마도 모를 것이다. 오로지 게으른 일꾼만이 자기 주인의 비위를 맞추기 위해 그의 생활양식, 취향, 선호하는 것 등에 관해 더욱 많이 알아내는 것 이외에는 아무 일도 하지 않으려고 한다. 하느님에 대한 개인의 태도에 관해서도 똑같이 말할 수 있다. 그분을 너의 주인으로 받아들이고 그분이 원하시는 너의 할 일이 무엇인지 아는 것이 중요하다. "그분은 누구신가?", "그분은 어떻게 사시는가?"라는 질문들에 대한 대답을 나는 결코 알지 못할 것이다. 나는 그분과 대등하지 않기 때문에 그러한 대답을 결코 찾아내지 못할 것이다. 나는 그분의 일꾼이지 그분의 주인이 아니다. 톨스토이

하느님을 이해하는 근본적인 기반은 우리 내면에 있다. 채닝

우리의 문제는 마음이 작용하지 않은 채 이성만 가지고 하느님을 이해할 수 있는지 여부이다. 우리의 마음이 하느님을 이해할 때 우리의 이성도 그분을 찾기 시작한다는 것이 사실이다.

G. 리히텐베르크

November 9

11월 9일_오만, 완성, 이기주의, 선생

삶에 있어서 가장 중요한 것은 완성에 이르는 길이다. 그런데 사람이 오만하고 자기만족에 빠져 있다면 어떠한 종류의 완성이 그에게 존재할 수 있겠는가? 톨스토이

자화자찬은 오만의 시작이다. 오만은 낭비된 자화자찬이다.

톨스토이

물체는 가벼울수록, 밀도가 적을수록 차지하는 공간도 더 적다. 오만한 사람이 자기 자신에게 부여하는 장점들도 이러한 물체와 비교될 수 있다. 톨스토이

자신의 이기심, 다른 모든 사람보다 자기가 잘났다고 여기는 태도를 미워하지 않는 사람들은 눈이 멀었다. 왜냐하면 이러한 행동은 진리와 상반되기 때문이다. 파스칼

그 누구보다도 먼저 배워야 마땅한데도 다른 사람들의 선생이라고 자처하는 사람들이 많다. 동양의 지혜

거짓말, 교회, 그리스도교, 하느님의 법_11월 10일

진정한 교회가 존재한다면 그 안에 있는 사람들은 밖에서 그것을 볼 수 없다. — 톨스토이

종교단체의 구성원들이 "성령은 우리 가운데 계신다."라고 말한 그 순간부터, 그들이 다른 모든 권위를 능가하는 최고의 권위를 지녔다고 주장할 때부터, 그들이 모든 사람들 안에 존재하는 신성한 불꽃, 즉 이성과 양심보다도 자기들의 심사숙고의 결과가 더 가치 있는 것이라고 받아들일 때부터 어마어마한 거짓말이 시작되었다. 이것은 무수한 사람들의 육체와 영혼을 속이는 거짓말, 수백만 명의 목숨을 빼앗아간 거짓말, 그리고 그 참혹한 짓을 여전히 계속하고 있는 거짓말이다. — 톨스토이

어느 주교를 비판하는 책을 저술한 영국의 존경 받는 시민인 레이턴 박사(Dr. Leyton)는 1682년 재판에 회부되어 심한 처벌을 받았다. 우선 그는 사정없이 매를 맞았고 한 귀가 잘렸다. 며칠이 지나 그의 등에 난 상처가 아물지도 않은 상태에서 다시금 매를 맞았고 나머지 귀도 잘렸다. 그리고 코도 베어졌다. 이러한 짓은 그리스도교의 이름으로 자행된 것이다. — R. T. 데이빗슨

그리스도는 결코 어떠한 교회도 설립하지 않았고, 어떠한 국가도 창설하지 않았으며, 어떠한 법도 제정하지 않았고, 어떠한 정부나 권위도 세우지 않았다. 그는 사람들이 스스로 다스리도록 만들기 위해 하느님의 법을 그들의 마음속에 심어주기를 원했다.

— H. 뉴턴

11월 11일_개선, 노력, 완성, 친절, 진주

외부적 결과들은 우리가 통제할 힘이 없다. 통제하려고 노력하는 것만이 가능하다. 그리고 내면적 결과들은 항상 우리의 노력을 뒤따른다. — 톨스토이

도덕적 완성은 도달이 불가능한 목표이다. 그러나 그것을 향한 전진은 인간의 삶의 법칙이다. — 톨스토이

어떤 사람들은 "인간은 이기적이고 탐욕스러우며 방탕하고 다른 사람들에게 친절할 수가 없다."고 말한다. 이것은 사실이 아니다. 우리는 선한 사람이 될 수 있다. 네가 되어야만 하는 그러한 종류의 사람을 네 마음속에서 느껴라. 이러한 느낌은 너에게 힘을 줄 것이다. — 톨스토이

어떤 여인이 귀중한 진주를 실수로 바다에 빠뜨린 뒤 삽으로 바닷물을 한 삽씩 퍼내기 시작했다. 바다의 요정이 다가와서 "물 퍼내기를 언제 그만 둘 작정입니까?" 하고 물었다. 그 여인은 "바닷물을 모조리 퍼내고 내 진주를 바닥에서 찾아낼 때 그만 둘 겁니다." 바다의 요정이 진주를 찾아다가 그 여인에게 돌려주었다.

— 톨스토이

토지_11월 12일

토지는 모든 사람이 보편적으로, 동등하게 소유하는 것이다. 그러므로 개인들의 소유물이 될 수 없다. ―톨스토이

토지를 재산으로 소유하는 것은 자연을 거스르는 범죄들 가운데 가장 심한 범죄의 하나다. 우리가 사는 세상에서 이것이 법으로 받아들여졌기 때문에 우리는 이 범죄의 공포를 깨닫지 못한다.

―톨스토이

토지는 매도될 수 없다고 이성은 나를 가르친다. ―블랙 호크

땅은 아주 팔아넘기는 것이 아니다. 땅은 내 것이요. 너희는 나에게 몸 붙여 사는 식객이다. ―레위 25:23

솔직히 말하면 토지의 주인은 둘이다. 하나는 전능하신 하느님이시고 또 하나는 그분의 아들들, 즉 토지 위에서 일을 했고 앞으로 일을 할 모든 사람이다. ―칼라일

모든 사람은 첫 번째 사람부터, 아무런 법률행위도 없이 토지를 소유해야 한다. 그들은 자연과 기회가 그들을 인도한 곳에서 살 수 있어야 한다. ―칸트

November 13

11월 13일_선행, 완성, 불만족

자기완성은 사람의 가장 중요한 동기가 되어야 한다. 너는 자기 자신에게 충실하다면 결코 자기 자신에 대해 만족하지 않을 것이다. 톨스토이

자기완성을 위해 사는 사람들은 오로지 앞을 바라볼 따름이다. 전진하기를 멈춘 사람들은 자신의 성과를 돌아다본다. 톨스토이

불만족은 지성적 삶의 필수조건이다. 네가 일을 하도록 밀어주는 것은 오로지 이 불만족뿐이다. 톨스토이

사람은 선행을 하는 자신의 능력을 언제나 향상시켜야 한다. "너 자신을 향상시켜라."고 하는 것은 모든 사람의 목표가 되어야 한다. 칸트

좋은 성과를 얻는 첫째 법칙은 "오로지 자기완성만 생각하라. 그리고 다른 사람들의 칭찬은 생각하지 말고 그렇게 하라."는 것이다. 중국의 지혜

악행을 버리고 선행을 하는 사람은 구름 뒤에서 나오는 달처럼 이 세상을 밝게 비춘다. 이것은 세상에서 가장 좋은 일이며 신성에 이르는 첫걸음이다. 불교의 지혜의 책 담마파다

성욕, 지식_11월 14일

가장 중요한 지식은 네가 살아가는 방식을 인도해주는 지식이다.

톨스토이

네가 배고프지 않을 때에는 음식을 먹는 것이 네게 해롭다. 네게 성욕이 없을 때에는 성행위가 너에게 앞의 경우보다 한층 더 해롭다. 그러나 네가 무의미한 지적 활동을 바라지 않거나 그러한 것에 개입하고 싶지 않을 때에는 생각하려고 애쓰는 것이 너에게 앞의 경우보다 훨씬 더 해롭다. 많은 사람들은 자기 지위를 향상시키기를 바랄 때 이렇게 행동한다. 톨스토이

지식에 관해서 중요한 것은 양이 아니라 질이다. 어떤 지식이 중요하고 어떤 지식이 덜 중요하며 어떤 지식이 하찮은 것인지 아는 것이 중요하다. 톨스토이

너의 의지는 네가 너의 이성의 습관들을 바꿀 때까지는 좋은 것이 아니다. 그리고 그 습관들은 삶의 영원한 법칙들을 따를 때에만 개선될 것이다. 세네카

오로지 참된 지식을 가진 사람들만이 무엇을 해야 좋을지 안다.

인도의 지혜

November 15

11월 15일_부자, 재산

너의 마음이 있는 바로 그곳에 너의 보물이 있다. 재산을 가장 중요한 보물로 삼고 있는 사람의 마음은 오물 속에 묻혀 있다.

톨스토이

재산이 주는 기쁨은 지속성이 없다. 톨스토이

정신적 삶을 살아가는 사람들에게는 재산이 불필요한 것일 뿐만 아니라 불편한 것이기도 하다. 그것은 사람의 진정한 삶의 발전을 멈추게 한다. 톨스토이

사람들이 더 많은 돈을 긁어모을 목적으로 창조되었다는 것이 사실인가? 아니다. 하느님께서는 자기 자신의 모습에 따라 사람들을 창조하셨다. 그분께서는 네가 그분의 뜻을 실현할 수 있도록 너를 창조하셨다. 요한 크리소스토무스

사람이 왜 부자가 되어야만 하는가? 그는 왜 비싼 말들, 비싼 옷들, 넓고 멋진 방들, 그리고 오락 장소들을 찾아다닐 여가를 가져야만 하는가? 그것은 그가 자기 이성을 동반할 생각이 충분하지 않기 때문이다. 이러한 사람에게 자기 이성의 내면적 일을 주어라. 그러면 그는 가장 부유한 사람보다 더 행복해질 것이다.

에머슨

신앙, 정신_11월 16일

신앙은 이성이 해답을 제시할 수 없지만 반드시 물어보아야만 하는 질문들에 대해 해답을 제시한다. 톨스토이

우리에게는 오류가 없는 유일한 길잡이가 있다. 그것은 우리가 모두 개인이라 해도 우리 모두 안에 침투하는가 하면, 해야 할 필요가 있는 모든 일을 우리가 하도록 촉구하는 보편적 정신이다. 나무 안에 존재하고 나무가 자라서 씨를 맺도록 촉구하는 그 정신은 우리 안에도 존재하고 우리가 하느님께 더욱 가까이 가도록 촉구하며 우리가 서로 더욱 가까워지도록 만든다. 톨스토이

사람은 살아 있을 때 믿는다. 그의 신앙이 진리에 가까우면 가까울수록 그의 삶은 더욱 행복하다. 그의 신앙이 진리에서 멀면 멀수록 그는 더욱 불행하다. 그는 신앙 없이는 살아 있지 않고, 요절하거나 자살한다. 톨스토이

서로 다른 많은 신앙이 존재한다고 해도 진정한 종교는 하나밖에 없다. 칸트

강력한 신념들, 활력, 그리고 사회의 병폐를 치유하는 단결을 초래하는 것은 오로지 신앙뿐이다. 마치니

November 17

11월 17일_현재, 미래

우리는 현재를 잊어버리기 때문에 과거에 시달리고 미래를 망친다. 톨스토이

미래가 줄 수 있는 가장 좋은 것은 꿈이다. 실제로 존재하는 것은 단 하나, 현재뿐이다. 톨스토이

과거도 미래도 존재하지 않는다. 이 두 가지 허구의 나라에 들어간 사람은 아무도 없다. 존재하는 것은 오로지 현재뿐이다. 존재하지 않는 미래에 대해 걱정하지 마라. 오직 현재를 위해서 살라. 너의 현재가 좋은 것이라면 영원히 좋다. 톨스토이

네가 어려운 시기에 처해 있거나 사랑하는 사람들의 죽음이나 미래에 대한 두려움 때문에 괴로워한다면, 삶은 오로지 현재 안에서만 존재한다는 것을 명심하라. 또한 너의 모든 생각과 기억을 현재의 시간에 집중하라. 그러면 과거에 대한 너의 모든 번민과 미래에 대한 모든 걱정이 사라질 것이다. 그로인해 너는 자유와 행복을 느낄 것이다. 톨스토이

현재에 주목하라. 우리는 현재의 시간 안에서만 영원을 이해할 수 있다. 괴테

너의 육체, 즉 너의 그릇을 오늘 사용하라. 그것은 내일 부서질 수 있다. 탈무드

삶, 선행_11월 18일

우리는 자기가 하는 일을 의식하지 못할 때 자기 자신을 잊어버리고, 다른 사람들 안에서 살 때 선행을 한다. 톨스토이

너는 선행을 궁핍의 절박감이나 희생으로는 측정할 수 없고 오로지 주는 사람과 받는 사람 사이에 성립된 하느님과의 교류에 의해서만 측정할 수 있다. 톨스토이

모든 사람은 정도의 차이는 있어도 양극단 가운데 하나에 더 가깝다. 양극단이란 자기 자신을 위한 삶과 하느님을 위한 삶이다.

톨스토이

삶은 그 자체가 유익한 것이 아니라 올바르고 미덕을 실천하는 삶이 유익한 것이다. 세네카

나는 선행에 이어서 다른 선행을 중단 없이 계속하는 삶을 행복한 삶이라 부른다. 아우렐리우스

November 19

11월 19일_악인, 극기, 악행, 완성

악인이 초래한 물질적 피해는 악인 자신에게 돌아가지 않는다. 그러나 악행에서 유래한 나쁜 감정은 그의 영혼 안에서 곪아, 머지 않아 그를 괴롭힐 것이다. 톨스토이

어떠한 물질적 이익도 네가 저지르는 악행이 영혼에게 입히는 피해를 보상할 수 없다. 톨스토이

아침에 어떤 사람이 다른 사람들에게 악행을 저지르려고 한다면 그 악행은 밤에 그에게 돌아올 것이다. 인도의 지혜

악인은 다른 사람들을 해치기 전에 자기를 제일 먼저 해친다.

아우구스티누스

다른 사람들에게 이러저러한 사람이 되라고 가르칠 때 자기가 그런 사람이 된다. 자기 자신을 이기는 사람들은 다른 사람들을 이길 것이다. 자기 자신을 이기는 일이 가장 어렵지만, 누구에게나 그 힘은 있다. 불교의 지혜의 책 담마파다

사랑, 박해, 하느님의 법, 인내, 정의_11월 20일

다른 사람들의 사랑을 추구하지 마라. 그들이 너를 사랑하지 않는다고 불평하지도 마라. 어떤 사람들의 사랑은 잘못된 것이고 옳지 않다. 그러므로 사람들보다는 오히려 하느님을 기쁘게 하려고 노력하라. 톨스토이

끝까지 고통을 참고 견디는 사람들이 구원을 받는다는 것을 명심하라. 사람은 절망하거나, 목적을 달성하는 데 적은 노력만이 필요할 때 목적의 추구를 포기하는 경우가 많다. 톨스토이

박해와 고통은 그리스도교의 법을 준수하는데 필수조건이다. 박해는 개인이 진정한 신앙으로 사는지 여부를 드러내주기 때문에 귀중하다. 톨스토이

너희들을 법정에 넘겨주고 회당에서 매질할 사람들이 있을 것이니 그들을 조심하라. 마태오 10:17

옳은 일은 패배할 수 없다. 그것은 너의 의지가 아니라 하느님의 영원한 법에 따라 이루어지는 것이기 때문이다. 칼라일

11월 21일_영혼, 도구, 일, 행동

삶에 있어서 네가 취할 수 없을 정도로 불가능한 행동은 없다. 너는 한 가지 영웅적 행동을 하듯이 너의 일생 전체를 살아야만 한다. 톨스토이

나는 하느님께서 일에 사용하시는 도구이다. 나의 미덕은 그분의 일에 참여하는 것이다. 그리고 나는 나에게 주어진 도구, 즉 나의 영혼을 순결한 상태로 보존한다면 그분의 일에 참여할 수 있다.

톨스토이

모든 일들, 심지어 가장 복잡한 일들마저도 네가 다른 사람들로부터 분리하여 하느님 앞에 놓고 판단을 구한다면 단순하고 분명해진다. 톨스토이

우리가 하느님을 섬기는 것 이외의 모든 행동은 우리가 중요하다고 여기든 말든 상관없이 전혀 하찮은 것들이다. 우리는 우리의 행동들이 무슨 결과를 초래할지는 알지 못할지라도 우리가 무엇을 해야만 하는지는 알고 있다. 톨스토이

잠에서 깨어나 "오늘 나는 무슨 좋은 일을 할 것인가?"라고 너 자신에게 물을 때마다 너는 저녁에 서산에 지는 해가 너의 삶의 일부분을 가져가 버린다는 사실을 명심하라. 인도의 지혜

개인의 미덕은 그의 탁월한 노력이 아니라 일상적인 행동으로 측정된다. 파스칼

건설, 지배, 개선, 자유, 진리_11월 22일

너는 내면적 삶의 개선을 위해 바쁠수록 사회생활에서 다른 사람들을 도우면서 더욱 활발하게 활동하게 된다. 톨스토이

건설은 결코 하지 말고 언제나 심어라. 건설의 경우, 자연은 네가 힘들여 만들어 놓은 것을 방해하고 파괴할 것이다. 그러나 심는 경우, 자연은 네가 심은 모든 것을 자라게 하여 너를 도울 것이다. 이와 똑같은 일이 너의 정신적 삶에서도 일어난다. 그러니까 인간 본성의 영원한 법칙과 조화를 이루는 것들은 자라겠지만, 사람들의 일시적 요구에 부응하는 것들은 자라지 못할 것이다.

톨스토이

많은 사람이 한 사람을 지배하는 것이 옳지 않는 것과 마찬가지로 한 사람이 많은 사람을 지배하는 것도 옳지 않다.

V. 체르트코프

진리란 무엇인가? 과반수의 사람들에게 진리란 개표된 투표용지의 과반수다. 칼라일

바닷가에 앉아서 모래톱에서 부서지는 파도 소리에 귀를 기울일 때 나는 모든 의무에서 벗어나 자유롭다고 느끼는가 하면, 내가 없어도 세상의 모든 사람들이 자기의 기질을 고칠 수 있다는 생각이 든다. H. D. 소로

November 23

11월 23일_마약, 삶, 술, 영혼, 장수

네가 자신의 삶의 의미를 이해하지 않은 채 살기를 원한다면 방법은 단 한 가지밖에 없다. 그것은 술, 담배, 마약에 중독되고 끊임없는 환락의 세계에서 사는 것이다. 톨스토이

삶의 의미라고 하는 문제는 해결될 수 없는 어려운 문제이다. "하느님께서는 왜 우리를 이 세상에 내보내셨는가?"라는 문제도 역시 그러하다. 그러나 사람이 "무엇을 '나'는 해야만 하는가?"라고 자신에게 물을 때 삶의 의미는 대단히 단순해진다. 톨스토이

너의 삶은 언제든지 끝날 수가 있다. 그러므로 너의 삶은 매우 중대한 목적, 즉 장수 또는 단명 여부에 달려 있지 않을 의미를 지닌다. 톨스토이

이 세상은 시련의 장소이다. 더 나은 영원한 세계로 가는 중간역이다. 우리의 목적은 우리와 함께 사는 사람들과 우리 뒤에 올 사람들을 위해서 이 세상을 더 나은, 더 즐거운 거주지로 만드는 것이다. 톨스토이

우리 영혼의 완성이 우리 삶의 목적이다. 죽음을 염두에 둔다면 다른 모든 목적은 헛된 것이다. 톨스토이

도움, 겸손, 미덕, 분노, 자기희생, 자선, 친절_11월 24일

다른 사람들을 돕는 것은 물질적 도움의 형태뿐만 아니라 너의 이웃에 대한 정신적 지원의 형태도 포함한다. 너의 이웃에 대한 비난을 멈추고 그의 인간적 존엄성을 존중하라. 톨스토이

비방과 악담에 전혀 신경을 쓰지 않는 사람은 미덕을 실천하는 사람이다. 톨스토이

너의 잘못들에 대한 부끄러운 기억을 어두운 구석에 숨기려고 애쓰지 마라. 오히려 그러한 기억들은 네 곁에 가까이 두고, 네 이웃을 판단하기 전에 그것을 상기하라. 톨스토이

네가 남는 재산을 가난한 사람에게 주었다고 해서 너 자신이 후한 사람이라고 생각하지 마라. 네가 진정으로 후한 사람이 되려면 그 가난한 사람이 너의 마음 한 구석을 차지하도록 해야만 한다.

"신성한 사상의 책"

너는 어떤 일이든 충실해야 하며 분노를 피해야만 한다. 또한 너는 다른 사람들이 달라고 요청하면 주어야만 한다. 왜냐하면 그들은 너에게 사소한 것들을 요청하기 때문이다. 너는 이 세 가지를 명심해서 따르면 너는 더욱 거룩해질 것이다.

불교의 지혜의 책 담마파다

겸손, 친절, 자기희생으로 너는 어떠한 적을 만나도 그의 무기를 뺏을 것이다. 장작이 모자라면 어떠한 불도 꺼질 것이다.

불교의 지혜

November 25

11월 25일_생명, 전쟁

전쟁은 살인이다. 살인을 저지르기 위해 얼마나 많은 사람이 모이든, 그들이 자기 자신을 무엇이라고 부르든 상관없이 살인은 세상에서 가장 나쁜 죄다. 톨스토이

대부분의 사람들은 이제 어떠한 전쟁에 대해서든 그 무익함뿐만 아니라 어리석음과 잔인함도 이해한다. 톨스토이

사람들이 통치하고, 세금을 걷고, 법을 제정하고, 형벌을 집행하는 정부의 권력을 배척할 때가 오기까지는 결코 전쟁이 그치지 않을 것이다. 전쟁은 정부의 권력의 결과이다. 톨스토이

지구라는 혹성의 사람들은 매우 낮은 발전의 단계에 있다. 너는 날마다 신문에서 군사조약들, 전쟁준비, 대량학살에 관한 뉴스를 읽는다. 사람들은 각 개인의 생명이 그 사람 자신의 사유재산이라는 것을 이해하지 못한다. C. 플라마리옹

마음, 책, 기도, 본보기, 선행, 영향력, 예술_11월 26일

촛불 하나가 다른 촛불에 불을 붙일 수 있고 수 천 개의 다른 촛불에도 불을 붙일 수 있는 것과 마찬가지로, 마음 하나도 다른 마음 하나를 밝게 비출 수 있고 수천 개의 마음을 밝게 비출 수 있다.

톨스토이

좋은 책들은 좋은 영향력을 미친다. 좋은 예술은 좋은 영향력을 미친다. 기도도 역시 영향력을 미친다. 그러나 가장 큰 영향력을 미치는 것은 선한 삶의 모범이다. 선한 삶은 그러한 삶을 사는 본인들에게는 물론이고 그러한 삶을 보고, 알고, 이해할 수 있는 사람들에게도 축복이다. 톨스토이

너의 영혼에 해로운 사람들의 무리를 조심하라. 그들을 피하려고 애써라. 너는 선한 사람들을 칭찬하고 그들과 어울리도록 노력하라. 톨스토이

완성에 도달하는 것이 불가능하기 때문에 선행하기가 불가능하다고 너를 설득시키는 사람을 경계하라. 러스킨

교훈을 가르쳐서 사람들이 선행을 하도록 만들기는 어렵다. 그러나 모범을 보여서 선행하도록 만들기는 쉽다. 세네카

November 27

11월 27일_영혼, 욕망, 정신, 등불

욕망이 너를 사로잡는다면, 너는 그것이 네 영혼의 일부가 아니라 네 영혼의 진정한 특질들을 가리는 검은 장막임을 명심하라.

톨스토이

욕망을 느낀다면, 즉시 너의 신성한 본성을 이해하도록 노력하라. 하지만 너의 신성한 본성이 작용하지 않고 너 자신이 욕망에 사로잡혀 있다고 느낀다면, 즉시 그 욕망과 싸워 이겨라. 톨스토이

너는 너 자신의 등불이 되어야 한다. 네 안에 있는 등불에 가깝게 다가가고 다른 피난처는 찾지 마라. 불교의 지혜

사람의 정신은 자기 안에 있는 불빛으로 비추어지는 투명한 공과 비교할 수 있다. 이 내면의 불빛은 모든 불빛과 진리의 원천일 뿐만 아니라 네 주위의 모든 것을 비추어주기도 한다. 이러한 상태에서는 정신이 자유롭고 행복하다. 너의 정신은 외부의 어떤 것에 중독될 때에만 혼란스럽고 이 내면의 빛을 거부하게 될 것이다. 마음을 산란하게 만드는 것들은 네가 갈 길을 비추어주는 불빛을 가린다. 아우렐리우스

영혼은 네가 신성한 이성의 모습을 볼 수 있는 거울이다.

러스킨

삶, 영생, 영원, 장수, 죽음_11월 28일

영원성에 대한 믿음은 명상할 때가 아니라 살아갈 때 우리에게 주어진다. 톨스토이

삶은 죽음에 의해서 파괴되는 것이 아니라 변화될 뿐이다.

톨스토이

사후의 삶의 필연성에 대해 너를 확신시키는 것은 논리가 아니라 본보기다. 네가 어떤 사람과 손을 잡고 나란히 걸어가다가 그가 심연 속으로, "저 너머로" 사라질 때에는 심연 바로 앞에서 걸음을 멈추고 그 안에서 그를 찾으려고 노력하라. 톨스토이

죽음에 대해 네가 느끼는 두려움의 정도는 삶에 대한 너의 이해 정도와 같다. 너는 죽음에 대한 두려움이 적을수록 자유와 평온함, 그리고 너의 정신의 위대성과 삶의 기쁨에 대한 이해가 더욱 많아진다. 영원성에 대한 이해는 인간의 영혼 본성의 일부이다.

톨스토이

우리의 미래란 현재 상태에서 연역된 환상에 불과하다. 중요한 것은 장수하는 것이 아니라 삶의 깊이이다. 가장 중요한 것은 삶을 좀 더 오래 연장시키는 것이 아니라, 모든 고귀한 행동이 그러듯이 너의 영혼을 시간에서 벗어나게 만드는 것이다. 너의 삶은 그러한 경우에만 완성된다. 그리고 시간에 대해서는 너 자신에게 질문하지 마라. 예수는 삶의 영원성에 관해 단 한 가지도 설명하지 않았지만 그의 영향력은 사람들을 영원한 삶으로 인도했다.

에머슨

November 29

11월 29일_거짓말, 원수, 말

한 마디 말은 한 가지 행동이다. — 톨스토이

네 원수들이 네 친구들보다 너에게 더 유익할 수 있다. 왜냐하면 친구들은 너의 결점들을 자주 용서해 줄 수 있지만, 원수들은 네 결점들을 알아채고 네가 그것들에 주목하도록 만들기 때문이다. 네 원수들의 의견을 무시하지 마라. — 톨스토이

거짓말이 정당화되는 경우는 결코 단 하나도 없다. — 톨스토이

네 영혼이 암흑에 물들게 하지 않으려면 네 마음에 내키지 않는 말은 일체 하지 마라. — "신성한 사상의 책"

현명한 사람은 다른 사람들의 기준으로 판단하지 않는다. 하물며 하찮은 사람의 말이라 해도 소홀히 듣지 않는다. — 중국의 지혜

사람의 혀는 인간 정신이 만들어낸 생각을 전달하기에 충분한 도구이다. 그러나 진실하고 깊은 감정의 영역에서는 우리의 혀가 불충분하다. — L. 코수트

겸손, 주변 여건_11월 30일

사람은 겸손할수록 더욱 자유롭고 더욱 강하다. 톨스토이

겸손한 사람은 자기 자신을 잊어버릴 때 하나님과 결합한다.

톨스토이

주변 여건을 억압하려고 애쓰는 사람들은 주변 여건의 노예가 된다. 주변 여건을 이용하는 사람들은 주변 여건의 지배자가 된다.

탈무드

이 세상에는 물보다 더 부드럽고 유연한 것은 없지만 단단하고 강한 것들은 물에 대항할 수 없다. 약한 것은 강한 것을 이기고 부드러운 것은 단단한 것을 이긴다. 누구나 이 법칙을 알지만 아무도 이 법칙에 따라 행동하지 않는다. 세상에서 가장 약한 것이 가장 강한 것을 이긴다. 그러므로 겸손과 침묵에 대단히 유익하다. 이 세상에서는 극소수의 사람들만이 진정으로 겸손하다. 노자

seine Liebe nicht ab-
halten durch Entsagen, schließ-
en am Schicksal ist. Wie wun-
derlich doch die Herzen geboren!!
Da warb lange dazu
kein!! Ein kleines Menschenkind
die Welt erblickt zu seinen Eltern
Herzlichkeit. Wirklich Glück u.
Das Wonnegefühl Lauras
bei unzulänglich mich
blieben mit seinem warmen
nnen zur Begeisterung zu
t. Welten bewegend denn ich
das Leben ihm hold sei. —
seine des heiteren Gemüts sein
die Güte u. vereinten
ung des Vaters, als Kostbarkeit
heit mitnehmen für seine Liebe.

DECEMBER

12월

사랑은 인생에 의미를 부여한다. 우리는 태고 때부터 이것을 알고 있다. 그러나 사랑은 무엇인가? 무수한 현자들이 모든 시대에 걸쳐서 이 문제를 풀어보려고 애썼다.

— 톨스토이

December 1

12월 1일_남녀, 미모, 분노, 자기희생, 부부

여자와 남자가 하느님을 섬기는 주요 임무에 관한 한 다를 바가 없다. 다만 여자와 남자의 차이점은 이를 섬기는 일의 방법론에 있다. 여자의 삶에 대한 임무와 남자의 삶에 대한 임무가 같고, 하느님을 섬기는 일은 동일한 수단이다. 즉 사랑으로 이루어진다고 해도, 대부분 여자들에게 있어서 하느님을 섬기는 일의 방법은 남자들의 경우보다도 더 특수하다. 이것은 출산과 주님을 위한 새로운 일꾼들을 평생 동안 양육하는 일이다. 톨스토이

대개의 경우 남편이 아내를 선택하는 것이 아니라 아내가 남편을 선택한다. 자기 자녀들을 위해 더 나은 아버지를 발견하려면 여자는 선과 악을 알아야 한다. 그러므로 여자는 무엇보다 먼저 좋은 교육을 받아야 한다. 톨스토이

여자에게는 자기희생보다 더 자연스러운 것은 없다. 여자에게는 이기심보다 더 불쾌한 것은 있을 수 없다. 톨스토이

여자의 친절이 무한하다면, 여자의 분노도 무한할 수 있다. 좋은 아내는 남편에게 가장 좋은 선물이고 악처는 남편에게 무서운 종양이다. 탈무드

여자는 아름다울수록 더욱 정직해야만 한다. 왜냐하면 그녀는 자신의 미모가 초래할 수 있는 모든 불행과 피해에 대해 오로지 정직함을 통해서만 대처할 수가 있기 때문이다. 레싱

동물애호, 살해, 육식_12월 2일

더욱 많은 사람들이 교육을 받고 인구가 증가할수록 더욱 많은 사람들이 육식을 버리고 채식을 하게 될 것이다. —톨스토이

"죽이지 마라." 이 말은 살인뿐만이 아니라 살아 있는 모든 것을 죽이는 일에 대해서도 적용된다. 이 계명은 시나이 산에서 들리기 이전에 사람들의 마음속에 새겨진 것이다. —톨스토이

채식주의를 반대하는 어떠한 주장이 제기되든 상관없이 사람들은 양이나 소나 닭을 죽이는 데 동정심과 혐오감을 느끼지 않을 수 없다. 대부분의 사람들은 이러한 동물들을 직접 죽이기보다는 차라리 육식을 그만 두려고 할 것이다. —톨스토이

육식의 물리적, 도덕적 어리석음, 불법성, 그리고 피해는 너무나도 명백한 것이기 때문에 이론이 아니라 낡은 전통과 편견이 그것을 지지한다. 우리는 심지어 육식을 지지하는 논리가 없다는 것마저도 논의해서는 안 된다. 그것은 자명하다. —톨스토이

글을 읽고 쓰는 것은 사람들이 모든 동물들에게 좀 더 친절해지도록 돕지 않는다면 그들을 교육하는 것이 아니다. —러스킨

December 3

12월 3일_예술, 학자

새로운 예술작품은 우리 삶에 새로운 감동을 초래한다.

톨스토이

예술은 예술가가 자신의 감정을 다른 사람들이 똑같이 절실하게 느끼도록 만들려고 그 감정을 다른 사람들에게 옮길 목적이 있기 때문에 자기가 사용할 수 있는 특정한 수단을 의식적으로 사용하려고 하는 행위이다. 톨스토이

진정한 예술의 창작에서는 예술가와 예술작품 사이뿐만 아니라 예술작품과 그것을 체험하는 다른 사람들 사이에도 경계선은 없다. 진정한 예술의 주요 매력은 양자의 결합에 놓여 있다.

톨스토이

에머슨은 음악이 사람들로 하여금 자기 영혼 안에서 위대성을 발견하도록 돕는다고 말했다. 이것은 다른 모든 형태의 예술에 대해서도 적용할 수 있다. 톨스토이

현재의 예술가들과 학자들은 자기 의무를 이행하지 않고 또한 이행할 수도 없다. 왜냐하면 그들은 자기 의무를 권리로 변모시켰기 때문이다. 톨스토이

명예, 사랑, 양심, 영혼, 존엄성_12월 4일

너의 양심에 거스르는 일은 다른 사람들과 공동으로든 단독으로든 전혀 하지 마라. — 톨스토이

신성한 법의 본질이 하느님과 너의 이웃을 사랑하는 것이라는 말이 우연히 나온 것은 아니다. 이웃들은 왔다가 가지만 하느님은 항상 존재하신다. 그러므로 사람은 사막에 홀로 있을 때나 감옥에 갇혔을 때나 이 법을 준수할 수 있다. 그는 하느님을 사랑할 수 있고 자신의 생각, 기억, 상상 속에서마저도 하느님의 모습을 사랑할 수 있다. — 톨스토이

너에게 생명을 주는 하느님의 정신, 그와 똑같은 정신이 모든 사람 안에 존재한다는 것을 명심하라. 그러므로 너는 모든 사람의 영혼을 신성한 장소로서 사랑뿐만 아니라 존중도 해야 한다.

— 톨스토이

누구나 자기 이웃에 대한 의무 이외에도 하느님의 외아들에 대한 의무와 마찬가지인 자기 자신에 대한 의무도 진다. — 톨스토이

나는 어떤 사람이 죽거나 그가 돈, 토지, 전 재산, 또는 개인에게 속할 수 있는 모든 것을 잃어도 슬퍼하지 않는다. 그러나 그의 가장 큰 재산, 즉 인간적 존엄성을 잃는다면 그것은 참으로 가련하다. — 에픽테투스

사람들은 무엇보다도 자기 자신 안에 존재하는 인간성을 존중해야만 하는데 현대인들은 이것을 잊어버린다. — 에머슨

December 5

12월 5일_법, 이성, 비판, 종교, 편견

인류는 오래 존속하면 할수록 편견에서 더욱 벗어나게 되고 생명의 법을 더욱 명확하게 깨닫는다. — 톨스토이

너의 이성이 옛날이야기들과 전설들을 문제 삼는 방식에 대해 두려워하지 마라. 순수한 이성은 진리로 대체하지 않고는 아무 것도 파괴할 수 없다. 이것은 순수한 이성의 본질적 특성들 가운데 하나이다. — 톨스토이

우리 시대는 비판의 시대이다. 종교는 자기가 신성하다고 주장하면서, 법은 자기가 강력하다고 주장하면서 각각 비판받기를 피하려고 애쓴다. 그러나 이러한 회피에서 어떤 의혹이 생긴다. 왜냐하면 우리는 오로지 자유롭고 공개적인 시험에 맞서는 것들만 존중하기 때문이다. — 칸트

모든 것을 탐구하라. 그리고 이성을 맨 앞에 내세워라.

— 피타고라스

그릇된 생각, 이기주의, 자선_12월 6일

굶주린 사람들을 먹이고 헐벗은 사람들을 입히며 병자들을 병원에 찾아가서 위로하는 일은 자선행위들이다. 그러나 이러한 것들보다 비할 바 없이 더 큰 자선행위는 너의 형제를 그릇된 생각에서 벗어나게 해주는 것이다. 톨스토이

우리는 비논리적으로 생각하기 때문이 아니라 그릇된 삶을 살기 때문에 그릇된 생각을 가지고 있다. 톨스토이

정신적인 내면의 본성과 물질적인 내면의 본성 사이의 싸움은 어디에서나 전개되고 있다. 그래서 모든 사람들은 그릇된 생각을 가지고 있으며, 많은 사람들은 그릇된 생각을 진리로 착각할 것이다. 톨스토이

무지는 악행으로 인도할 수 없지만 그릇된 생각은 악행으로 인도한다. 그릇된 생각이란 사람들이 모르는 것이 아니라 아는 척하는 것이다. 루소

그릇된 생각은 모두가 독이다. 그릇된 생각 치고 해롭지 않은 것은 하나도 없다. 쇼펜하우어

사람의 나쁜 특질들 가운데 하나는 그가 오로지 자기만을 사랑하고 오로지 자기만을 위한 이익을 바란다는 것이다. 그러나 오로지 자기만을 사랑하는 사람은 불행하다! 파스칼

12월 7일_변화, 삶, 죽음

죽음은 우리 정신과 결합되는 한 가지 형태로 이전하는 변화다. 너는 형태와 결합되는 것들과 그 형태를 혼동해서는 안 된다.

톨스토이

삶은 보이지도 않고 인식되지도 않는 무수한 변화, 즉 태어날 때 시작해서 죽을 때 끝나는 변화들로 구성되어 있다. 우리 인간이 이 모든 변화를 관찰하기란 불가능하다. 톨스토이

밀알 하나가 땅에 떨어져 죽지 않으면 한 알 그대로 남아 있고 죽으면 많은 열매를 맺는다. 누구든지 자기 목숨을 아끼는 사람은 잃을 것이며 이 세상에서 자기 목숨을 미워하는 사람은 목숨을 보존하며 영원히 살게 될 것이다. 요한 12:24, 25

삶은 한 시도 쉬지 않고 변화하고 있다. 오로지 무지한 사람들만이 사물들을 깊이 들여다보지 않는다. 맬러리

너는 왜 변화를 두려워하는가? 변화가 없이는 이 세상의 아무 것도 이루어질 수 없다. 오직 한 가지 원칙만이 변함없이 지켜져야만 한다. 그것은 비인간적인 일은 다른 사람들에게 결코 하지 말라는 것이다. 아우렐리우스

이 세상의 모든 것은 꽃피고 자라고 그 뿌리로 돌아간다. 자기 뿌리로 돌아간다는 것은 자연과 결합한다는 것을 의미한다. 자연과 결합한다는 것은 영원성을 내포한다. 네 육체의 소멸 그 자체에는 아무런 위험이 없다. 노자

법, 삶, 하느님의 법_12월 8일

그리스도교의 가르침에 나타난 하느님의 법은 준수하기가 너무나도 쉬운 것처럼 보인다. 그러나 우리는 그것을 준수하는 것과는 여전히 거리가 너무나도 멀다! 톨스토이

올바른 삶의 길은 현명한 사람에게 처음에는 분명하지 않지만 그가 그 길을 따를 때에는 훨씬 더 분명해진다. 올바른 삶의 길은 보통 사람에게 처음에는 분명하지만 그가 그 길을 따르려고 할 때에는 훨씬 덜 분명해진다. 공자

영원한 법은 단 한 가지만 존재한다. 그것은 변하지 않고 모든 시대에 항상 모든 사람들을 지배한다. 키케로

December 9

12월 9일_가족, 봉사, 악행, 애국심

사람의 목적은 다른 사람들을 해치면서 오로지 한 사람만을 섬기는 것이 아니라 모든 사람들을 섬기는 것이다. 톨스토이

그리스도교 신자에게는 애국심이 자기 이웃에 대한 사랑을 방해할 수 있다. 톨스토이

애국심은 미덕이 아니다. 편견의 화신인 조직을 위해 네 목숨을 희생하는 것은 너의 의무가 될 수 없다. 톨스토이

사람들은 이기적 이유로 많은 악행을 저지르고 자기 가족들을 위해서는 더 고약한 악행들을 저지른다. 그러나 애국심의 이름으로는 가장 고약한 악행들을 저지르고, 간첩행위, 과도하게 무거운 세금의 징수, 사람들의 목숨을 희생시키는 짓, 전쟁의 수행 등의 범죄행위로 오만해진다. 톨스토이

네가 조국을 사랑하는 일과 가족을 사랑하는 일은 둘 다 미덕이지만, 네 이웃에 대한 사랑을 능가하고 해칠 때에는 악덕이 될 수 있는 것이다. 톨스토이

바른 길에서 벗어난 사람들은 자제력의 상실을 변명하려고 애국심 속으로 도피한다. S. 존슨

허세, 부화뇌동, 분주함, 악행, 죄_12월 10일

가능한 최악의 일들 가운데 하나는 "다른 모든 사람들처럼 되고 일반대중을 따라가라."고 하는 명령에 복종하는 것이다.

톨스토이

세상 그 자체 안에는 아무런 악행도 없다. 모든 악행은 우리 영혼 안에 존재하며 근절될 수 있는 것들이다. 톨스토이

사람을 죄짓게 하는 이 세상은 참으로 불행하다. 이 세상에 죄악의 유혹은 있게 마련이지만 남을 죄짓게 하는 사람은 참으로 불행하다. 손이나 발이 죄짓게 하거든 그것을 찍어 던져버려라.

마태오 18:7

우리의 삶에서 앞으로 일어날 긍정적인 변화를 막는 주요 장애요인들 가운데 하나는 우리가 현재의 일이나 활동 때문에 너무 바쁘다는 것이다. 레위는 세금 걷는 일을 그만 두었고, 베드로는 호수에서 고기 잡는 일을 그만 두었으며, 바오로는 사제직을 포기했다. 그들은 모두 자기 직업을 버렸다. 왜냐하면 그것이 필요하다고 생각했기 때문이다. 러스킨

부끄러운 척하는 것은 악마가 즐겨 사용하는 감정이다. 그것은 허세를 부리는 것보다 더 나쁘다. 허세를 부리는 짓은 악행을 조장할 수 있지만 부끄러운 척하는 것은 선행을 막는다. 러스킨

December 11

12월 11일_노동, 농사, 식량

밭을 가는 농부의 노동보다 더 기쁜 일은 없다. ─ 톨스토이

농사를 지어 자기 자신의 식량을 마련하는 일은 모든 사람에게 필요한 것은 아니다. 그러나 어떠한 형태의 다른 일도 인류를 위해 이것보다 더 중요하지 않고, 더 높은 차원의 독립성과 이익을 주지 않는다. ─ 톨스토이

가장 좋은 식량은 너나 네 자녀들이 직접 자기 손으로 마련하는 식량이다. ─ 모하메드

자기 식량을 자기 손으로 직접 마련하는 사람들은 종교인이라고 자처하는 사람들보다 더욱 존경을 받을 자격이 있다. ─ 탈무드

미모, 선행, 악행에 대한 대응, 지성, 친절_12월 12일

친절은 모든 것을 이기며, 결코 패배할 수 없다. 톨스토이

선행이 어떤 다른 동기가 있다면 그것은 진정한 선행이 아니다. 선행으로 보상을 바란다면 그것은 진정한 선행이 아니다. 선행들은 이유와 결과를 초월한다. 톨스토이

우리는 보상을 바라기 때문이 아니라 모든 사람 각자 안에 존재하는 신성한 정신을 보기 때문에 다른 사람들에게 선행을 베푼다.

톨스토이

이 세상에서 악행들을 물리치는 가장 좋고 가장 쉬운 방법은 악담에 대해서는 친절한 말로, 악행에 대해서는 선행으로 대응하는 것이다. 톨스토이

너는 친절을 제외한 다른 모든 것을 거슬러 싸울 때에만 확고하게 버틸 수 있다. 루소

우리 삶에서 조화를 초래하는 것은 악행에 대한 비난이 아니라 선행에 대한 칭찬이다. 맬러리

폭죽과 횃불이 햇빛 아래에서는 보이지 않는 것과 마찬가지로 가장 우수한 지성과 빼어난 미모도 단 한 명의 마음속 친절의 빛 아래에서는 보일 수 없다. 쇼펜하우어

가장 여린 식물들은 가장 강한 바위들을 뚫고 고개를 내밀 수 있다. 친절의 경우도 이와 마찬가지로 참으로 친절하고 충실한 사람은 막을 수 없다. H. D. 소로

December 13

12월 13일_신앙, 인생의 목적, 행동, 신뢰, 하느님

일상생활에서 너의 모든 행동이 신앙과 조화를 이루어 전혀 상반되지 않는 경우에만 네 신앙은 진정한 신앙이 된다. 톨스토이

우리는 인생의 최종목적을 결코 완전히 이해할 수 없다. 건설 현장에서 일하는 노동자는 자기가 짓고 있는 거대한 건물의 최종 형태나 전체적인 설계는 전혀 모르지만, 자기를 위해서나 세상을 위해서 좋은 어떤 것, 아름답고 정교하고 필요한 어떤 것을 짓고 있다는 사실은 알 수 있다. 이것이 신앙이다. 톨스토이

너나 다른 사람들의 말은 믿지 말고 행동을 믿어라. 톨스토이

너는 밤에 평온하게 잠을 잘 수 있도록 낮에 행동하고, 노년에 평온하게 살 수 있도록 젊었을 때 행동하라. 인도의 지혜

자기 자신에 대한 신뢰가 부족한 사람들은 다른 사람들의 신뢰를 일으킬 수 없다. 노자

자기 마음속에서 하느님께 두 번째 자리를 주는 사람들은 그분께 자리를 전혀 내어주지 않는 것이다. 러스킨

신앙, 영혼, 하느님, 행복_12월 14일

너 자신과 하느님의 결합을 이해한다면 너는 네게 무슨 일이 닥치든 결코 불행해지지 않을 것이다. 톨스토이

자기 생각들을 하늘에 닿도록 높이 들어 올릴 수 있는 사람들은 언제나 맑은 날을 누릴 것이다. 왜냐하면 태양은 구름 위에서 항상 비추기 때문이다. 톨스토이

욕망이나 두려움에 극도로 시달리고 있다면, 너는 사랑으로 가득 차 있고 네 안에 존재하시는 하느님을 믿지 않는 것이 분명하다. 그분을 믿는다면, 너는 하느님께서 바라시는 것들은 언제나 실현되기 때문에 네가 아무 것도 바랄 필요가 없다는 것을 알고 있다. 또한 하느님께서 아무 것도 두려워하시지 않기 때문에 네가 아무 것도 두려워할 필요가 없다는 것도 잘 알고 있다. 톨스토이

하느님과 가까워진 사람은 그분께서 자기 안에 사신다는 것을 이해한다. 17세기의 신비 시인인 안젤루스는 "하느님께서 나를 보시는 눈과 똑같은 눈으로 나도 그분을 본다." 고 말했다. 아미엘

사람의 영혼은 하느님의 등불이다. 탈무드

사람들은 하느님의 모습을 모르지만 그분 안에서 살고 그분께서는 그들 안에서 사신다. 이슬람의 일파인 수피의 지혜

영혼의 본성은 너무나도 불가사의하기 때문에 우리는 그것을 이해하려고 아무리 애써도 결코 그것을 정의할 수 없을 것이다.

헤라클레이토스

December 15

12월 15일_그릇된 생각, 거짓말, 미덕, 진리

오로지 그릇된 생각만이 정교한 주장의 지지를 필요로 한다. 진리는 언제나 홀로 서 있을 수 있다. 톨스토이

사람은 항상 완전히 충실할 수는 없다. 왜냐하면 서로 다른 힘들과 열망들이 그의 내면에서 싸우고, 때로는 그가 이러한 것들을 자기 자신에게마저도 표현할 수 없기 때문이다. 톨스토이

그릇된 생각들은 한정된 기간 동안만 존재하지만, 참된 진리는 모든 속임수, 궤변, 거짓말이 사라진 뒤에도 과거와 변함없이 남아 있다. 톨스토이

무엇을 해야 좋을지 배우고, 언제나 진리를 생각하고 말하라. 너는 이것을 배우기 시작할 때에만 우리가 참된 진리에서 얼마나 멀리 떨어져 있는지 이해할 수 있다. 톨스토이

거짓말들은 살아있는 모든 생물에게 항상 해롭다. 톨스토이

죄가 없는 사람은 없다. 항상 충실한 사람도 없다. 이것은 어떤 사람은 미덕을 실천하고 충실하지만, 다른 사람은 죄를 짓고 속인다는 의미가 아니다. 오히려 이것은 어떤 사람은 진리와 미덕을 향해 나아가려고 애쓰지만, 다른 사람은 그렇게 하지 않는다는 의미이다. 톨스토이

진리의 유익함에 비하면 다른 모든 유익함은 아무 것도 아니다. 진리의 감미로움에 비하면 감미로운 다른 모든 것은 아무 것도 아니다. 진리의 희열은 세상의 다른 모든 기쁨을 능가한다.

불교의 지혜

조화, 화해, 사랑, 용서_12월 16일

오로지 한 가지 특질만이 어떤 행동이 선행인지 아니면 악행인지 판가름해준다. 세상에서 사랑을 더욱 증가시키는 행동이라면 그것은 유익하다. 그러나 사람들을 분열시키고 그들 사이에 증오를 증가시키는 행동이라면 그것은 악행이다. 톨스토이

오로지 사람들 사이에 사랑을 널리 전파하는 것만이 기존의 사회구조를 개선할 수 있다. 톨스토이

사랑은 인생에 의미를 부여한다. 우리는 태고 때부터 이것을 안다. 그러나 사랑은 무엇인가? 무수한 현자들이 모든 시대에 걸쳐서 이 문제를 풀어보려고 애썼다. 톨스토이

그 때, 즉 화해, 조화, 용서, 사랑의 그 때가 다가오고 있다. 이것에 의존하라. 우리는 이 때가 좀 더 가까이 다가오도록 하기 위해 우리 힘이 닿는 모든 일을 해야만 하고, 이 때가 다가오는 것을 연기시키는 모든 일을 막아야만 한다. 톨스토이

네가 사람들을 오로지 재산, 권력, 영예만 칭송하도록 가르친다면, 그들은 그러한 것들만 칭송할 것이다. 네가 사람들을 사랑의 감정을 사랑하도록 가르친다면, 그들은 사랑 안에서 살기 시작할 것이다. 묵자

December 17

12월 17일_사랑, 분리

우리는 자신과 다른 사람들의 결합에 대한 이해를 사랑 안에서 드러내고, 그렇게 함으로써 우리 삶을 한층 더 폭 넓게 만든다. 우리가 사랑하면 할수록 우리 삶은 더 넓고 더 크고 더 기쁜 것이 된다. 톨스토이

우리가 우리 자신을 서로 분리된 개별 존재로 이해하는 것은 시간과 공간의 제약을 받는 우리 삶의 조건들에서 나온다. 우리가 이러한 분리를 덜 느낄수록, 그리고 우리 자신과 다른 모든 생물의 결합을 더욱 절실히 느낄수록, 우리의 짐은 더 가벼워지고 우리 삶은 더욱 기뻐질 것이다. 톨스토이

몸은 한 지체로 된 것이 아니라 많은 지체로 되어 있다.

고린토 전서 12:14

커다란 가지에서 떨어져나간 작은 가지는 나무 전체로부터 분리된다. 이와 마찬가지로 한 사람이 다른 사람과 다툴 때 그는 모든 인류로부터 분리된다. 아우렐리우스

하느님께서는 하늘과 땅을 창조하셨지만 하늘과 땅은 자신의 존재의 행복을 이해할 능력이 없다. 그래서 하느님께서는 자신의 존재의 행복을 이해할 수 있고 생각하는 모든 지체들이 모여서 한 몸을 이룰 수 있는 그러한 피조물들을 창조하셨다. 모든 사람들은 이 한 몸의 지체들이다. 그들이 행복해지려면 이 한 몸의 삶을 지배하는 의지와 조화를 이루며 살아야만 한다. 우리는 이 거대한 영혼과 조화를 이루면서 살아야만 하고 이것을 우리 자신보다도 더욱 사랑해야만 한다. 파스칼

노력, 완성, 인생의 목적_12월 18일

인류는 완성을 향해 끊임없이 전진한다. 그것은 모든 사람의 합의를 통해서가 아니라 일부 특정 개인들이 자기 자신의 완성을 향해 기울이는 노력을 통해서 전진하는 것이다. 하느님의 나라는 이러한 개인적 노력을 통해서 이루어질 것이다. 톨스토이

우리는 발전이 저절로 이루어지기 때문에 우리 삶의 개선을 위해서 애쓰거나 악을 물리치고 정의를 세우기 위해서 노력하는 것이 무익하다는 말을 자주 듣는다. 강물을 따라 전진하는 보트를 상상해보라. 뱃전에 앉아 지칠 줄 모르고 노를 젓던 사람들이 노 젓는 일을 그만 두고 모두 육지에 올라갔다고 상상해보라. 그리고 보트에 남아 있는 여행객들은 노를 저어서 배를 전진시키려고 하지 않은 채, 배가 저절로 종전처럼 앞으로 전진할 것이라고 생각한다고 상상해보라. 톨스토이

너의 모든 잘못, 모든 불운에도 불구하고 낙담하지 마라. 결코 낙담하지 말고, 끊임없이 용감하게, 그리고 주저하지 말고 싸워라. 왜냐하면 하느님의 나라는 올 것이기 때문이다. 라므네

삶에 목적이 없으면 무의미하다. 목적이 없다는 것은 하느님의 존재를 부정하는가 하면 우리 삶이 사악하고 어리석은 농담이라고 인정하는 것이다. 마치니

우리는 논리가 아니라 하느님께 복종하고 그분의 법을 준수함으로써 그분을 이해할 수 있다고 우리의 모든 역사가 증명한다. 우리는 오로지 그렇게 해야만 지상에서 바라시는 그분의 뜻을 이해할 수 있다. 러스킨

December 19

12월 19일_선행, 양심, 완성, 쾌락, 행복

진정한 선행은 너의 손에 달려 있다. 그림자가 물체를 따르듯이 선행은 선한 사람을 따른다. ―톨스토이

사람은 쾌락을 누리기 위해 애를 많이 쓰면 쓸수록 진정한 행복이나 사랑을 누릴 가능성은 더욱 적어진다. ―톨스토이

선행을 하면 불행해진다고 말하는 사람들은 하느님을 믿지 않거나 참으로 좋은 어떤 일을 하지 않고 있다. ―톨스토이

우리를 더 편안하고 더 행복하게 만들 수 있는 모든 것은 신이 우리에게 주신 것이다. 우리의 양심이 깨끗하다면 아무 것도 우리를 해칠 수 없다. ―에픽테투스

일생을 정신적 완성에 바치겠다고 결심한 사람들은 결코 실망하거나 불행해지지 않을 것이다. 왜냐하면 그들이 원하는 모든 것이 그들의 힘에 좌우되기 때문이다. ―파스칼

행복, 순수한 행복은 그 자체가 미덕이다. ―스피노자

하느님의 나라, 그리스도교, 종교_12월 20일

하느님의 나라가 오는 것을 너 자신이 직접 볼 것이라고는 생각하지 마라. 그러나 그것이 곧 올 것이라고는 의심하지 마라. 그것은 지체하지 않고 날마다 더욱 가까이 다가오고 있다. 톨스토이

그리스도교의 진정한 목적은 모든 사람들에게 명백하며, 그것을 망치려고 애쓰는 거짓말들보다 더 강하다. 톨스토이

나는 상호신뢰에 기반을 둔 새로운 종교를 본다. 그것은 우리 내면의 가장 깊은 자아에게 호소하며, 사람은 보상이 없어도 선행을 사랑해야 하고 신성한 것이 모든 사람 안에 존재한다고 가르친다.

톨스토이

우리는 예수가 직접 가르친 종교와 예수에 관해서 배우는 종교를 구별해야만 한다. 그렇게 하면 우리는 신약성경의 진정한 의미를 이해하고 그 가르침을 따를 것이다. 아미엘

인류 전체는 서로 다른 방식으로, 서로 다른 언어로 "당신의 나라가 하늘에서 이룩된 것처럼 땅에서도 이룩되기를 빕니다."라는 주님의 기도 구절을 반복한다. 마치니

December 21

12월 21일_고독, 인격, 기도, 욕망

인식의 최고 단계에 이르면 개인은 고독하다. 이러한 고독은 이상하고 특이하며 견디기 어려운 것처럼 보일 수 있다. 어리석은 사람들은 이 높은 단계에서 더 낮은 단계로 도피하기 위해 각종 유흥의 수단으로 고독을 피하려 애쓴다. 그러나 현명한 사람들은 기도의 도움에 의지한 채 이 높은 단계에 머물러 있다. 톨스토이

인격이란 제한된 것이다. 그러므로 우리가 이해하는 그대로의 하느님께서는 인격을 지닌 존재가 아니시다. 기도는 우리가 하느님께 드리는 말이다. 그러면 우리는 어떻게 인격이 없는 존재에게 말을 할 수 있는가? 나는 하느님께서 인격은 지닌 존재가 아니라고 알고 있다 해도 마치 그분이 인격을 지닌 존재라도 되는 듯이 그분께 말을 한다. 톨스토이

사람이 탄광 깊은 곳에 매몰되어 있다면, 얼음 속 깊이 묻혀서 얼어 주어 간다면, 넓은 바다에서 홀로 굶어죽어 간다면, 감옥에 갇혀 홀로 허송세월한다면, 귀먹고 눈 먼 채 그냥 집에서 죽어간다면, 기도가 존재하지 않는 경우 그는 어떻게 자기 삶의 남은 시간을 끝까지 살아갈 수 있겠는가? 톨스토이

사람은 자신의 욕망에 사로잡혀 있을 때 또는 자기 삶을 전부 하느님께 바쳤을 때, 기도 없이 살 수 있다. 그러나 자신의 욕망과 싸우고 아직 자기 의무를 완수하지 못한 사람에게는 기도가 삶의 필수조건이다. 톨스토이

문명, 법, 생각, 존엄성, 형제_12월 22일

폭력적인 허위의 법률들을 용납하고 따른다면 우리는 이 세상에서 진리를 세울 수도 없고 거짓말을 물리칠 수도 없다.

톨스토이

아무 것도 문명의 외형적 변화가 문명의 개선을 초래한다는 주장을 악제하지 않는 듯하다. 이러한 주장은 허위며, 너무나도 많은 사람들로 하여금 우리의 삶을 진정으로 개선할 수 있는 노력을 그만두게 만든다. 톨스토이

문명이란 무엇보다도 도덕적인 것이다. 진리가 없이는 의무에 대한 존중, 이웃에 대한 사랑, 미덕 등 모든 것이 파괴된다. 오로지 사회의 도덕만이 문명의 기반이다. 아미엘

사람의 생각의 올바른 방향은 정부를 위해 새로운 법률들을 제정하는 데 있지 않고 모든 사람의 도덕적 존엄성을 용납하는 데 있다. E. 에이츠

그리스도교와 비교할 때 사회주의는 노동계급의 물질적 필요에 관해서는 오히려 사소하고 이차적인 문제이다. 사회주의는 인간의 삶의 근본적인 문제들을 벗어나 있다. F. 스트라코프

우리는 모두가 같은 아버지의 자녀들이며, "우리 자신을 위해서가 아니라 다른 사람들이 행복해지도록 돕기 위해 살라."는 동일한 일반법을 준수해야만 한다는 것을 무엇보다도 먼저 이해해야 한다. 마치니

December 23

12월 23일_지혜, 철학, 학자, 학문, 물, 현명함

학문은 지혜와 연관되는 경우가 거의 없다. 학자는 불필요한 것들을 많이 안다. 현명한 사람은 아는 것이 별로 없지만, 인류와 자기 자신을 위해 필요한 것이라고 자기가 아는 것은 모두 안다.

톨스토이

지혜란 영원한 진리가 어떻게 삶에 적용될 수 있는지 이해하는 것이다. 톨스토이

소크라테스는 철학을 하늘에서 끌어내렸고, 그것을 사람들에게 분배해주었으며, 그들이 삶에 관한 학문, 도덕, 선악의 결과를 연구하도록 유도했던 최초의 인물이다. 톨스토이

사막에서는 물로 가득 찬 그릇 하나가 산더미 같은 황금에 필적하듯이 지혜가 우리에게 주는 이익은 다른 모든 지식에 필적한다.

톨스토이

자기의 정신을 이해하는 사람은 자기 자신 안에 있는 신성한 불꽃을 이해할 것이다. 키케로

현명한 사람들은 충분히 교육될 수 없고, 교육된 사람들은 충분히 현명할 수 없다. 노자

성장, 영혼, 육체, 정신_12월 24일

정신적으로 성장하라. 그리고 다른 사람들이 그렇게 하도록 도와주어라. 그것이 삶의 의미다. 톨스토이

아주 어려서부터 시작하여 우리는 나이가 들수록 우리의 정신적 힘의 증가와 우리의 육체적 힘의 감소를 느낀다. 톨스토이

우리의 육체적 힘의 증가는 정신적인 일을 위해, 즉 하느님과 인류를 섬기는 일을 위해 우리를 준비시킨다. 그리고 이 일은 우리의 육체가 쇠약해지기 시작할 때 시작된다. 톨스토이

자기 자신 안에서 정신적 성장을 느낄 수 없는 사람들의 상태는 참혹하다. 그들은 오로지 때가 되면 사라질 육체적 삶만 볼 수 있다. 너의 정신적 존재를 이해하고 그것과 더불어 산다면, 너는 절망하는 대신에 결코 소멸하지 않고 항상 증가하는 기쁨을 이해하게 될 것이다. 톨스토이

정신적 삶을 사는 노인들은 정신적 시야를 한층 더 넓히고 인식의 폭을 더욱 넓힌다. 물질적 일상생활에만 매달리는 노인들은 낙이 갈수록 더욱 어리석어진다. 탈무드

사람은 더욱 친절해지기 위해서 늙어간다. 나는 여태껏 이미 저지르지 않은 실수가 없다. 괴테

영혼의 성장과 발전은 권력과 영광보다 더 중요하다. 아미엘

December 25

12월 25일_미덕, 자선, 친절

미덕과 자선은 가정에서 시작된다. 네가 그것을 과시하기 위해 어디론가 간다면 그것은 더 이상 미덕이 아니다. 톨스토이

친절과 미덕은 마음에서 나오는 것이고, 다른 사람들의 의견이나 장래의 보상은 생각하지 않은 채 실천되어야 한다. 톨스토이

부자가 가난한 사람에게 베푸는 도움은 진정한 자선이 아니라 점잖은 태도에 불과한 경우가 너무나도 많다. 톨스토이

자선은 희생인 경우에만 진정한 것이다. 그러한 경우 물질적 혜택을 받는 사람들이 정신적 혜택도 아울러서 받는다. 그러나 그것이 희생이 아니고 남는 것을 처분하는 것이라면 그것을 받는 사람들의 비위를 긁을 뿐이다. 톨스토이

교육, 단순함, 본보기, 일, 친절, 어린 아이_12월 26일

어린 시절은 잠재적인 확신이 형성되는 기간이다. 그러므로 교육의 가장 중요한 부분은 어린 아이가 확신을 가져야만 하는 대상들을 골라내는 일이다. ~톨스토이

말과 논리의 영향력은 진정한 모범이 발휘하는 영향력의 1000분의 1도 못 된다. 올바른 처신에 관한 모든 교훈은 아이들이 실생활에서 반대되는 것을 본다면 아무 소용도 없다. ~톨스토이

삶과 일에서 실천해야 할 친절과 단순함을 아이들에게 가르치는 것은 중요하다. 아이들의 모든 도덕적, 정신적 교육은 너 자신의 좋은 모범으로 뒷받침이 되어야 한다. 너는 미덕을 실천하는 삶을 살거나 적어도 그렇게 노력해야 한다. 네가 선한 삶을 사는 데 성공한다면 바로 그것이 네 자녀들을 교육할 것이다. ~톨스토이

어른들이 선행에 관해서 말만 할 뿐이지 현실에서는 나쁜 짓을 한다면 아이들에게 교육이 무슨 소용이 있는가? ~G. 슈트루베

즐겁고 편안한 삶에 대한 강한 욕구는 어린 아이의 가장 심한 불행이다. 아이들이 어려서부터 일하는 방법을 알아야만 한다는 것은 매우 중대하다. ~칸트

December 27

12월 27일_육체, 이성, 친절

자기 자신을 오로지 물질적 육체로만 실제로 보는 사람이 있다면, 그는 즉시 해결되지 않는 수수께끼, 즉 해결이 불가능한 모순을 본다. 톨스토이

우리가 보는 것과 아는 것은 모두 실제로는 존재하지 않는다. 왜냐하면 그것들은 실재하는 것들을 이해하는 우리의 한정된 능력의 소산이기 때문이다. 톨스토이

오래된 요새들은 파괴되고 왕들의 기념비들도 붕괴되며 노년기는 우리의 육체를 좀먹는다. 오로지 친절에 대한 가르침만이 세월에 파괴되거나 좌우되는 일이 결코 없다. 톨스토이

사물의 참된 본질을 이해하려면 우리는 물질적인 것을 정신적인 것으로 변모시켜야 한다. 톨스토이

세상이 우리의 이성 안에 반영된다고 말하는 대신에 우리의 이성이 세상 안에 반영된다고 말하는 것이 더 낫다. G. 리히텐베르크

우주, 과학_12월 28일

"과학" 은 사람들이 과학이라는 말을 써서 확인하려고 하는 그 개념이 결코 아니다. 그 개념은 우리의 이해력의 가장 높고 가장 중요하고 가장 필요한 대상이다. 톨스토이

과학은 인간의 삶의 법칙을 드러내기 위해 이용될 때 가장 중요하다. 톨스토이

과학의 중요성을 인정하려면 우리는 과학의 활동이 유익하다고 입증해야 한다. 과학자들은 자기들이 무엇인가 일을 하고 있으며 그것이 아마도 앞으로 언젠가는 사람들에게 유익할 수도 있다고 증명한다. 톨스토이

우주는 무한하고 아무도 그것을 이해할 수 없다. 그러므로 우리는 우리 자신의 육체의 생명을 완전히 이해할 수 없다. 파스칼

12월 29일_무저항, 전쟁, 폭력, 군대

군사적 살인의 난폭한 본능은 수천 년에 걸쳐서 사람들 사이에서 발전했고 우리 뇌리에 뿌리를 내리게 되었다. 우리는 우리 사회가 이 끔찍한 범죄에서 벗어날 수 있을 것이라고 기대해야 한다.

톨스토이

전쟁은 사람들이 전쟁에 참여하지 않는다고 해서 모든 사람들로부터 박해를 받을 준비가 되어 있을 때 멈출 수 있다. 방법은 이것뿐이다. 톨스토이

폭력이 존재하는 한 전쟁도 존재할 것이다. 폭력은 더 큰 폭력으로 없앨 수 없다. 그것은 오로지 폭력에 대한 무저항과 참여하지 않는 행위에 의해서만 종식될 수 있다. 레투르노

나의 군사들이 생각을 하기 시작한다면, 단 한 명도 나의 군대에 남아 있지 않을 것이다. 프레데릭 2세

나는 시간이 지남에 따라 상사는 사병에게 지시할 때 항상 옳고 소위는 상사에게 지시할 때 항상 옳다고 생각한다. 이러한 방식은 장군들과 원수들에게도 적용된다. 심지어 상관이 2곱하기 2는 5라고 말한다 해도 그는 항상 옳다고 규정하는 군법을 이해하게 된다. 상관의 명령에 복종하지 않으면 너는 사형 또는 장기 징역으로 처벌된다. E. 애크먼

애국심, 가족, 두려움, 종교, 평등, 형제, 사랑_12월 30일

모든 사람들의 형제관계와 평등에 대한 이해는 날이 갈수록 사람들 사이에 더욱 널리 퍼진다. 톨스토이

가족과 조국은 두 개의 원인이다. 이러한 원인은 인류라고 하는 더 큰 원의 일부분이다. 도덕을 가르치면서 사람의 의무를 가족과 조국에게만 국한시키는 사람들은 우리 모두에게 위험한 이기심을 가르치는 것이다. 톨스토이

자기 자신과 인류 전체의 결합에 대한 이해는 우리 모두 안에 있는 신성한 시작에 대한 이해에서 나오고, 우리 모두에게 가장 큰 이익을 준다. 진정한 종교는 이러한 이해를 낳지만 각종 편견들, 즉 국가, 민족, 계급의 편견은 방해한다. 톨스토이

우리는 우리의 정신적 형제관계를 이해하는가? 우리는 우리가 하나이신 신성한 아버지로부터 유래되었고, 우리 자신 안에 그분의 모습을 지니고 있으며 그분의 완전함을 본받으려고 노력한다는 것을 이해하는가? 우리는 우리 자신뿐만 아니라 모든 사람들 안에도 똑같은 신성한 생명이 있다는 것을 받아들였는가? 그리고 이러한 것이 사람들 사이에 자연적이고 자유로운 유대를 형성한다는 것도 받아들였는가? 채닝

우리는 우리가 두려워하는 사람들도, 우리를 두려워하는 사람들도 사랑할 수 없다. 키케로

December 31

12월 31일_시간, 육체, 정신, 행동

시간은 우리 뒤에 존재하고 우리 앞에 존재하지만, 현재 안에는 시간이 존재하지 않는다. 톨스토이

과거는 존재하지 않는다. 미래는 시작하지 않았다. 현재란 이미 존재하지 않게 된 과거가 곧 닥칠 미래를 만나는, 시간 속에서 무한히 작은 점이다. 이 점에는 시간이 존재하지 않는데, 사람의 실질적인 삶은 이 점 위에 존재한다. 톨스토이

시간은 존재하지 않는다. 존재하는 것은 무한하고 작은 현재뿐이다. 우리의 삶은 오로지 이 현재 안에서만 이루어진다. 그러므로 사람은 자신의 모든 정신적 힘을 이 현재에만 집중시켜야 한다.

톨스토이

우리는 "시간은 지나간다!" 고 말한다. 시간은 존재하지 않는다. 오로지 우리만 움직인다. 탈무드

나는 정신과 육체로 구성되어 있다. 시간은 육체를 좌우하지만 정신의 삶은 과거나 미래 안에서 아무런 의미도 지니지 못한다. 정신의 모든 삶은 현재 안에 집중되어 있다. 아우렐리우스

신성한 정신은 영원하고 시간을 벗어나서 존재한다. 무한한 시간과 공간은 유한한 존재들에게 사용되는 작고 유한한 부분들로 나누어진다. 아미엘

영혼은 육체가 날짜와 시간을 이해할 수 있도록 하기 위해서 우리 육체 안에 넣어졌다. 영혼은 이 사실을 심사숙고하고 그것을 "본성" 이라고 부른다. 파스칼

내용별 상세항목 찾아보기

• 4/5은 4월 5일을 가리킨다

ㄱ

ㄴ

ㄷ

ㅁ

ㅂ

ㅅ

ㅇ

ㅈ

인명별 상세항목 찾아보기

＊4/5은 4월 5일을 가리킨다

ㄱ

가르두앙 Henri Harduin Garduen 7/6

고골리 Nikolai Gogol(1809~1852) 러시아 소설가 : 1/5, 3/10, 5/10

고린토 전서 12/17

골드스타인 Mikhail Goldstein(1853~1905) 러시아 대학교수 : 7/20

공자(孔子) 1/11, 1/29, 2/14, 4/2, 5/3, 5/15, 5/20, 6/14, 6/21, 7/24, 8/17, 9/4, 9/13, 9/21, 10/5, 12/8

괴테 Johann Wolfgang von Goethe(1749~1832) 독일 시인, 작가 : 2/29, 4/7, 8/7, 8/25, 10/26, 11/17, 12/24

ㄴ

노자(老子) 1/6, 1/19, 2/9, 2/10, 2/22, 2/26, 4/15, 5/8, 6/2, 6/8, 6/10, 6/27, 7/16, 9/13, 10/4, 10/13, 11/30, 12/7, 12/13, 12/23

뉴턴 Herbert Newton 11/10

ㄷ

다우드 엘 가페르 Daud el Gaffer : 5/13

달랑베르 Jean d'Alembert(1717~1783) 프랑스 작가, 백과사전파, 수학자 : 2/15
데모스테네스 Demosthenes(385~322 BC) 그리스 철학자, 저술가 : 9/12
데살로니카 후서 8/25, 10/1
데모크리토스 Democritos(460~370 BC) 그리스 철학자 : 5/7
데오그니스 2/23
데이빗슨 Randall Thomas Davidson(1848~1930) 영국 성직자 : 11/10
데카르트 Rene Descartes(1596~1650) 프랑스 철학자 : 5/29
동양의 지혜 : 1/5, 3/29, 4/18, 5/3, 5/7, 6/2, 6/13, 6/26, 7/22, 8/13, 10/14, 11/9
뒤클로 Jean France Duclos : 9/2

ㄹ

라로슈푸코 Francois de la Rochefoucauld(1613~1680) 프랑스 저술가 : 2/24
라마르틴 Alphonse Lamartine(1790~1869) 프랑스 시인, 정치가 : 6/20
라므네 F. Robert de Lamennais (1782~18540) 프랑스 신부, 저술가 : 1/17, 2/7, 3/23, 4/19, 7/3, 8/18, 8/24, 12/18
라브뤼예르 Jean de la Bruyere(1645~1696) 프랑스 저술가 : 3/5, 4/20, 6/25, 8/7
라파에츠키 Zanizad Rafaezsky : 4/11
러스킨 John Ruskin (1819~1900) 영국 저술가, 비평가 : 1/3, 2/3, 3/7, 3/25, 4/4, 4/15, 5/13, 5/21, 5/22, 5/30, 7/2, 7/11, 7/13, 8/23, 8/31, 9/7, 9/8, 9/9, 9/20, 9/23, 11/26, 11/27, 12/2, 12/10, 12/13, 12/18
레싱 Gotthold Ephraim Lessing(1729~1781) 독일 철학자 : 1/29, 4/21, 8/18, 12/1
레위 11/12

레투르노 Letumo : 12/29
로버트슨 Frederick William Robertson(1816~1853) 영국 성직자 : 7/28
루가 St. Luke : 3/20, 4/7, 5/7, 5/8, 6/2, 6/8, 6/30, 7/11, 7/15, 8/6, 8/12, 8/24, 9/4, 11/1
루소 Jean~Jacques Rousseau(1712~1778) 프랑스 철학자, 작가 : 2/25, 3/16, 4/12, 4/26, 5/15, 5/28, 6/19, 7/9, 8/3, 8/15, 10/23, 12/6, 12/12
루터 Martin Luther(1483~1546) 독일 신학자, 종교개혁가 : 9/21
리치 Charles Riche : 9/29
리히텐베르크 George Lichtenberg (1742~1799) 독일 철학자, 물리학자 : 4/1, 4/18, 4/26, 5/5, 7/9, 7/27, 10/31, 11/7, 11/8, 12/27

ㅁ

마누 Manu 저명한 힌두교 현자, 브라마의 아들 : 1/29, 6/8, 8/23
마르몽텔 Jean Francois Marmontel(1723~1799) 프랑스 시인, 소설가 : 5/30
마르티노 Harriet Martineau(1802~1876) 영국 작가 : 5/21, 9/16
마르코 2/18
마이모니데스 Maimonides(1135~1204) 유대인 종교저술가 : 4/14
마치니 Giuseppe Mazzini (1805~1872) 이탈리아 통일운동을 주도한 애국자 : 1/2, 2/28, 2/29, 3/17, 3/26, 4/10, 4/12, 6/19, 7/3, 8/14, 8/16, 8/24, 10/25, 11/3, 11/16, 12/18, 12/20, 12/22
마태오 1/10, 1/12, 1/14, 1/31, 2/8, 2/27, 3/3, 3/11, 3/30, 5/10, 6/27, 6/28, 7/16, 7/31, 8/21, 9/5, 9/8, 9/19, 9/20, 9/26, 11/20, 12/10
맬러리 Lucy Malory 미국 작가, 언론인 : 2/5, 4/20, 5/4, 5/10, 5/22, 6/3, 6/11, 6/25, 7/1, 8/12, 8/22, 9/10, 10/7, 10/12, 12/7, 12/12
메네데무스 Menedemus(350~276 BC) 그리스 철학자 : 5/23

모크 Galston Mohk : 6/17
모하메드 Mohammed(570~632) 이슬람교 창시자 : 3/15, 5/6, 7/11, 12/11
몰리나리 Gustave de Molinari(1819~1912) 벨기에 경제학자 : 9/29
몽테뉴 Michel de Montaigne(1533~1592) 프랑스 철학자, 수필가 : 2/19, 10/1
몽테스키외 Charles de Montesquieu(1689~1755) 프랑스 철학자 : 4/28, 5/27
묵자(墨子) : 12/16
미키에비치 Adam Mickiewicz(1798~1855) 폴란드 시인 : 9/27

ㅂ

바브교 경전 : 7/18
베이컨 Francis Bacon(1516~1626) 영국 철학자, 정치가 : 6/6
벤덤 Jeremy Bentham(1748~1832) 영국 철학자, 법률가 : 2/3, 11/5
보브나르그 Luc de Vauvenargues(1715~1747) 프랑스 작가 : 4/13, 8/9
볼테르 Voltaire(1694~1778) 프랑스 작가 : 2/26, 8/20
불교의 지혜 : 1/6, 1/23, 1/25, 2/16, 2/18, 3/10, 3/31, 4/7, 4/11, 5/6, 5/7, 5/12, 5/23, 6/6, 6/25, 8/11, 9/14, 9/18, 9/20, 10/29, 11/5, 11/13, 11/19, 11/24, 11/27, 12/15
브라민의 지혜 : 7/15
브라운 Edward Brown(1811~1891) 영국 교회 주교, 저술가 : 8/30, 9/27
블랙 호크 Black Hawk(1767~1838) 미국 인디언 추장 : 11/12
비경전 고대문서 : 1/11
비니 Alfred de Vigny(1797~1863) 프랑스 작가 : 4/8
비스마르크 Otto von Bismarck (1814~1898) 독일 통일에 기여한 정치가 : 7/28
빌멩 Abel Villemain(1790~1870) 프랑스 작가, 정치가 : 5/7

ㅅ

사아디 Muslih~ud~din Saadi(1184~1291) 페르시아 시인 : 1/4, 2/26,3/3, 3/5, 3/15, 4/5, 7/16, 7/30, 9/13, 10/25

석가(釋迦) : 6/11

세네카 Lucius Annaeus Seneca(4 BC~65 AD) 로마 스토아 철학자 : 1/1, 3/3, 3/10, 3/20, 3/22, 5/4, 7/19, 8/13, 8/20, 9/18, 10/8, 10/9, 10/16, 11/14, 11/18, 11/26

셸리 Percy Bysshe Shelly(1792~1822) 영국 시인 : 4/21

소로 Henry David Thoreau(1817~1862) 미국 시인, 수필가 : 1/1, 1/9, 1/28, 2/24, 4/6, 5/27, 7/23, 8/27, 9/14, 9/16, 9/25, 11/22, 12/12

소크라테스 Socrates(469~399 BC) 그리스 철학자 : 1/23, 6/25, 8/20

솔론 Solon(638~559 BC) 그리스 입법가, 시인 : 5/9, 10/24

쇼펜하우어 Arthur Schopenhauer(1788~1860) 독일 철학자 : 1/7, 1/9, 2/21, 5/6, 5/13, 7/2, 7/12, 7/20, 8/16, 9/10, 9/15, 10/3, 10/24, 12/6, 12/12

수피의 지혜 : 3/28, 12/14

쉴러 Friedrich von Schiller(1759~1805) 독일 극작가, 시인 : 1/29

슈드루베 Gustav Struve : 12/26

스리 라마크리슈나 경전 Sri Ramakrishna : 5/14, 7/1

스마일스 Samuel Smiles(1812~1904) 스코틀랜드 작가, 사회개혁가 : 4/4

스코보로다 Gregory Skovoroda(1722~1794) 우크라이나 철학자, 시인 : 4/23

스트라코프 Fyodor Strakhov(1861~1923) 톨스토이의 친구, 지지자 : 9/10, 10/27, 12/22

스펜서 Henry Spencer(1820~1903) 영국 철학자 : 9/17

스피노자 Benedictus Spinoza(1632~1677) 네덜란드 철학자 : 6/5, 6/24, 7/21, 12/19

시루스 Publilius Syrus(기원후 1세기) 로마 시인 : 3/18

"신성한 사상의 책" : 1/4, 1/7, 3/3, 5/25, 10/4, 11/24, 11/29
실레시우스 Angelus Silesius 2/22

ㅇ

아널드 Matthew Arnold(1822~1888) 영국 시인, 평론가, 문학사가 : 2/22
아랍 속담 : 10/1
아랍의 지혜 : 3/24
아르칸젤스키 Alexandr Arkhangelsky(1857~1906) 언론인, 톨스토이의 제자 : 7/14
아미엘 Henry Amiel(1821~1881) 제네바 대학교 철학교수 : 1/13, 2/11, 5/10, 5/15, 5/16, 5/22, 5/26, 7/8, 8/9, 8/20, 8/29, 9/8, 9/30, 10/8, 12/14, 12/20 , 12/22, 12/24, 12/31
아우구스티누스 St. Augustinus(354~430) 신학자, 교부, 성인 : 11/19
아우렐리우스 Marcus Aurelius (121~180) 로마 황제, 철학자 : 2/1, 2/4, 2/19, 3/27, 3/30, 4/2, 4/4, 5/12, 5/20, 6/3, 6/24, 8/5, 8/26, 9/18, 9/19, 9/26, 10/22, 10/23, 10/28, 11/18, 11/27, 12/7, 12/17, 12/31
아킨스키 Daniel Achinsky : 10/28
야고보서 1/5, 2/27, 7/22
에라스무스 Erasmus(1446~1536) 네덜란드 인문주의자, 신학자 : 2/12
에머슨 Ralph Waldo Emerson (1803~1882) 미국 시인, 수필가 : 1/1, 1/12, 1/15, 3/21, 4/3, 4/16, 4/23, 5/13, 5/14, 5/28, 5/31, 6/4, 6/12, 6/18, 6/27, 7/10, 8/11, 10/12, 11/15, 11/28, 12/4
에크먼 Edward Ekman(1638~?) 벨기에 작가 : 12/29
에픽테투스 Epictetus (50~130) 그리스 철학자 : 1/6, 2/4, 3/2, 3/30, 4/27, 5/1, 6/23, 7/3, 10/7, 10/18, 10/21, 12/4, 12/19

엘리엇 George Eliot(1819~1880) 영국 소설가 : 3/11
예이츠 Edmund Yates : 12/22
요한 1/14, 1/26, 2/18, 4/22, 6/12, 7/26, 8/23, 10/9, 10/18, 10/27, 12/7
요한 크리소스토무스 St. Johannes Chrysostomus(347~407) 콘스탄티노폴리스 대주교, 교회학자 : 1/26, 3/17, 6/9, 9/12, 11/15
워버턴 William Warburton(1698~1779) 영국 성직자, 저술가 : 9/2
윌킨스 George Wilkins(1785~1865) 영국 성직자, 저술가 : 5/2
유베날리스 Decimus Junius Juvenalis(60~140) 로마 법률가 : 11/4
이슬람의 지혜 : 6/22
이집트의 지혜 : 5/8
인도 속담 : 4/5
인도의 지혜 : 2/22, 3/12, 4/22, 5/18, 6/6, 6/18, 7/22, 8/29, 9/22, 10/3, 10/20, 11/5, 11/14, 11/19, 11/21, 12/13

ㅈ

제퍼슨 Thomas Jefferson(1743~1826) 미국 대통령 : 9/5
조로아스터 Zoroaster(기원전 6세기) 조로아스터교 창시자 : 4/5, 9/21
조지 Henry George(1839~1897) 미국 학자, 개혁가 : 1/16, 3/23, 4/14, 9/17, 10/20, 10/31
존슨 Samuel Johnson(1709~1784) 영국 작가, 사전편찬자 : 12/9
중국 속담 : 1/4, 1/13, 1/17, 2/27, 3/13, 3/28, 5/15, 7/5, 10/21
중국의 지혜 : 2/14, 3/14, 3/28, 4/25, 5/13, 5/17, 5/19, 6/3, 6/7, 7/16, 7/20, 8/1, 8/27, 9/4, 10/19, 10/21, 11/1, 11/4, 11/6, 11/13, 11/29

ㅊ

채닝 William Ellery Channing (1780~1842) 미국 목사, 저술가 : 1/10, 1/15, 2/10, 4/10, 6/26, 7/18, 7/29, 8/23, 8/30, 10/27, 11/8, 12/30

체르트코프 Vladimir Chertkov (1854~1936) 톨스토이의 친구, 출판업자 : 11/22

ㅋ

카펜터 Edward Carpenter (1844~1929) 영국 작가 : 8/4

칸트 Immanuel Kant (1724~1804) 독일 철학자 : 1/10, 1/15, 2/11, 2/13, 2/19, 2/28, 4/1, 4/2, 4/9, 5/9, 5/19, 6/13, 6/16, 6/18, 6/22, 7/14, 8/21, 9/23, 9/26, 9/28, 11/12, 11/13, 11/16, 12/5, 12/26

칼라일 Thomas Carlyle (1795~1881) 영국 역사가, 언론인 : 2/29, 4/14, 4/28, 7/16, 8/4, 11/12, 11/20, 11/22

코란 Koran : 5/9, 7/23

코수트 Lajos Kossuth (1802~1894) 헝가리 언론인, 정치가 : 11/29

콤 Abraham Comb (1785~1834) 영국 철학자 : 8/14

콩시데랑 Victor Considerant (1809~1894) 프랑스 철학자, 사회주의자 : 9/14

콩트 Auguste Comte (1798~1857) 프랑스 철학자 : 3/20

크세노폰 Xenophon (434~355 BC) 그리스 역사가 : 1/25, 7/9, 9/23

키케로 Marcus Tullius Cicero (104~48 BC) 로마 철학자, 웅변가 : 1/30, 2/12, 2/16, 4/3, 5/4, 5/19, 6/23, 7/3, 7/19, 7/25, 8/2, 9/12, 10/6, 10/9, 11/7, 12/8, 12/23, 12/30

ㅌ

탈무드 : 1/6, 1/11, 2/10, 2/14, 3/7, 3/8, 3/12, 3/18, 3/19, 3/29, 3/31, 4/7, 4/15, 5/2, 5/5, 5/12, 5/21, 5/23, 6/14, 6/15, 7/30, 7/31, 8/3, 8/13, 9/18, 10/14, 10/19, 11/17, 11/30, 12/1, 12/11, 12/14, 12/24, 12/31

토리클리디스 Toriclidis : 9/22

토마스 아 켐피스 Thomas a Kempis(1380~1471) 독일 종교작가 : 11/1

토크빌 Alexis de Tocqueville(1805~1859) 프랑스 역사가 : 3/21

ㅍ

파스칼 Blaise Pascal (1623~1662) 프랑스 수학자, 신학자 : 2/12, 3/5, 3/14, 4/11, 4/18, 4/26, 6/26, 7/1, 7/5, 8/19, 9/6, 9/14, 9/20, 9/22, 9/29, 10/5, 11/2, 11/9, 11/21, 12/6, 12/17, 12/19, 12/28, 12/31

파커 Theodore Parker(1810~1860) 미국 목사 : 4/8, 4/17, 8/2, 10/4

팬 Pan : 8/7

페늘롱 Francois Fenelon(1651~1715) 가톨릭 신학자 : 10/26

페르시아 속담 : 1/5, 1/24

페르시아의 지혜 : 5/1, 5/3, 5/14, 5/18

페일리 Willam Paley(1743~1805) 영국 신학자 : 2/23

프랑스 Anatole France(1844~1924) 프랑스 작가, 비평가 : 4/19, 6/17

프레데릭 2세 Frederick II(1712~1786) 프러시아 국왕 : 12/29

플라마리옹 Camille Flammarion (1842~1925) 프랑스 천문학자, 저술가 : 11/25

플루타르코스 Plutarchos(46~120) 그리스 역사가 : 8/15, 9/19, 9/24

플뤼겔 Ewald Fluegel(1863~1914) 독일계 미국 철학자 : 1/2

폰 침머만 6/20
피타고라스 Pythagoras(580~500 BC) 그리스 철학자, 수학자 : 5/6, 7/5, 12/5
필레몬 Philemon(360~263 BC) 그리스 극작가 : 9/3

ㅎ

하이네 Heinrich Heine(1797~1856) 독일 시인 : 1/31
허버트 Edward Herbert(1582~1648) 영국 철학자 : 7/30
헤라클레이토스 Heracleitos(540~475 BC) 그리스 철학자 : 12/14
헤르첸 Alexander Herzen(1812~1870) 러시아 시인, 작가 : 6/30
홈즈 Oliver Wendell Holmes(1809~1894) 미국 시인, 언론인 : 1/24

memo

memo

memo